Neue

Kleine Bibliothek 265

Domenico Losurdo

Der westliche Marxismus

Wie er entstand, verschied und auferstehen könnte

Aus dem Italienischen
von Christa Herterich

PapyRossa Verlag

Editorische Notiz
Nicht in allen Fällen ist es gelungen, bei wörtlichen Zitaten, die aus deutschsprachiger Primär- oder Sekundärliteratur stammen, die Originalquellen ausfindig zu machen. Sofern es sich dabei um Rückübersetzungen aus dem Italienischen handelt, wird nach der diesbezüglichen im Literaturverzeichnis genannten italienischen Quelle zitiert.

Titel der Originalausgabe:
Il marxismo occidentale. Come nacque, come morì, come può rinascere
Published in 2017 by Gius. Laterza & Figli S.p.A, Bari / Roma

Luxemburger Str. 202, 50937 Köln
Tel.: +49 (0) 221 – 44 85 45
Fax: +49 (0) 221 – 44 43 05
E-Mail: mail@papyrossa.de
Internet: www.papyrossa.de

Umschlag: Verlag, unter Verwendung eines Scherenschnitts von Luise Duttenhofer, der Ludwig Tieck (1773–1853) sitzend und lesend zeigt
Druck: CPI – Clausen & Bosse, Leck

Die Deutsche Nationalbibliothek verzeichnet diese Publikation in der Deutschen Nationalbibliografie; detaillierte bibliografische Daten sind im Internet über http://dnb.d-nb.de abrufbar

ISBN 978-3-89438-694-8

Inhalt

II. Kapitel

Sozialismus contra Kapitalismus oder Antikolonialismus contra Kolonialismus?

III. Kapitel

Westlicher Marxismus und antikoloniale Revolution: Eine verpasste Begegnung

Vorwort

Was bedeutet »westlicher Marxismus«?

Der Begriff, dem dieses Werk den Titel verdankt, geht auf ein Buch zurück, mit dem 1976 ein englischer Philosoph, Marxist und aktiver (trotzkistischer) Kommunist, den »westlichen Marxismus« aufforderte, endlich seine vollständige Loslösung und Unabhängigkeit von jener Karikatur des Marxismus zu erklären, der in den offiziell sich sozialistisch und marxistisch nennenden Ländern im Osten gepflegt wird. Die Sowjetunion wurde dabei besonders ins Visier genommen. Nach seiner Meinung war dort, trotz der Revolution und der Lehre Lenins, der Marxismus inzwischen »eine Erinnerung an die Vergangenheit«; Stalin und die »Kollektivierung« hätten »jeglicher seriösen theoretischen Arbeit ein Ende« gesetzt. Nicht viel besser stehe »Volkschina« da: Es als »Alternativmodell« zu sehen, hieße, »die politische Fremdbestimmung des westlichen Marxismus« zu bekräftigen. Die Verurteilung traf auch die kommunistischen Parteien des Westens, die durch »absolute Treue den sowjetischen Positionen gegenüber« und folglich in der Tat als Parteien östlichen Typs oder das östliche Modell nachahmend charakterisiert seien.

Das war ein Vorwurf, der nicht einmal jene Partei verschonte, die mit Gramsci und Togliatti – unter Würdigung des universalen Wertes der Oktoberrevolution – beharrlich die tiefen politischen und kulturellen Unterschiede zwischen Ost und West und die Notwendigkeit der Herausbildung einer Theorie betonte, die einen nationalen Weg zum Sozialismus begründet, der den Erfordernissen eines fest im Westen verankerten Landes entsprach. Der englische Philosoph war unerbittlich: »Die Intellektuellen (und, was das angeht, auch die Arbeiter), die in einer kommunistischen Massenpartei eingeschrieben waren, konnten sich, so sie nicht in die Leitungsgruppe gewählt waren, nicht die kleinste persönliche Meinung über die entscheidenden politischen Probleme erlauben«. Oder: »Gramsci wurde die offizielle ideologische Ikone des PCI: er wurde bei jeder Gelegenheit angerufen, aber seine Schriften wurden manipuliert und nicht beachtet« (1976, S. 59 u. 55). Auf welche Weise es den stumpfsinnigen Wächtern einer abstoßenden kulturellen Wüste gelang, erfahrene und beschlagene Intellektuelle in Massen anzuziehen, außerordentlichen Einfluss und Hegemonie in der italienischen Kultur auszuüben und großes Prestige auf internationaler Ebene zu genießen, das alles blieb ein Mysterium.

Perry Anderson war nicht der erste, der die zwischen dem westlichen und dem östlichen Marxismus entstandene Kluft wahrnahm. Ein wichtiger französischer Philosoph, Maurice Merleau-Ponty, der in den ersten Jahren des Kalten Kriegs schrieb, hatte beobachtet:

> »Die revolutionäre Politik, die in der Sicht von 1917 die »liberale« Politik historisch ablösen musste, ist im Gegenteil – unter dem Druck schwieriger Probleme der Organisation, der Verteidigung und der Produktion – immer mehr zu einer Politik neuer Länder geworden, zum Mittel, von halbkolonialen Ökonomien (oder seit Jahrhunderten paralysierten Gesellschaften) zu modernen Produktionsformen überzugehen. Der dabei aufgebaute immense Apparat mit seinen Regeln und Privilegien schwächt im gleichen Moment, in dem er sich als effizient erweist, eine Industrie zu errichten oder ein noch jungfräuliches Proletariat in Arbeit zu bringen, die Position des Proletariats als führende Klasse und lässt das Geheimnis der Zivilisation, das das westliche Proletariat nach Marx in sich trug, ohne Erben zurück« (Merleau-Ponty 1955, S. 431).

Im Jahr zuvor war die mächtige und erfahrene Armee des kolonialen Frankreich bei Dien Bien Phu von der vietnamesischen Volksbewegung und der Armee des vietnamesischen Volkes unter Führung der Kommunistischen Partei krachend geschlagen worden. In ganz Asien war das Echo des strategischen Sieges des Antikolonialismus zu vernehmen, der zur Gründung der chinesischen Volksrepublik geführt hatte. Ja, der Kommunismus erwies sich als führende Kraft in den antikolonialen Revolutionen und, sobald die Macht errungen war, bei einer beschleunigten Entwicklung, deren die »halbkolonialen Ökonomien« dringend bedurften. Das waren nicht zu leugnende Ergebnisse und Erfolge, doch – fragte sich der französische Philosoph – was war mit dem Kommunismus, den das »westliche Proletariat« errichten sollte, zumindest in den Augen von Marx und des »›westlichen‹ Marxismus« (Merleau-Ponty 1955, S. 238 ff)?

Hier begegnen wir zum ersten Mal dem Begriff »›westlicher‹ Marxismus«. Dieser wurde jedoch nicht positiv dem östlichen gegenübergestellt. Wenn überhaupt, so nur im Rahmen einer umfassenden Kritik an Marx und am Kommunismus, war es gerade der »westliche« Marxismus, der das Hauptziel abgab. Waren die anfänglichen Hoffnungen auf eine radikal neue Gesellschaft und das »Absterben des Staates« erst zerstreut, drängte sich eine Schlussfolgerung auf: »Der Kommunismus liegt heute nah beim Progressismus«, und der Progressismus konnte die konkreten Bedingungen des Landes oder des Gebiets, in der die politische Aktion stattfand, nicht ignorieren. War Schluss gemacht mit der messianischen Perspektive einer totalen Erneuerung der Menschheit, musste man sich von Fall zu Fall orientieren: »Wo die Wahl besteht zwischen Hunger und dem kommunistischen Apparat, ist die Entscheidung [zugunsten des Letzteren] abgemacht«, und vielleicht war für den französischen Philosophen auch die Entscheidung abgemacht, wenn es zu wählen galt zwischen kolonialer Unterwerfung und antikolonialer (oft von Kommunisten geleiteter) Revolution. Der Westen aber bot ein ganz anderes Bild: War die kommunistische Revolution tatsächlich notwendig und vorteilhaft, und was wären ihre konkreten Erfolge (Merleau-Ponty 1955, S. 430 u. 432)?

Diese Position hatte viele Schwachpunkte. Um sie schließlich besser bekämpfen zu können, betonte der französische Philosoph die messianische Tendenz, die bei Marx und Engels vorhanden war. Er berücksichtigte nicht, dass diese bald von der »Abschaffung des Staates« als solchem sprachen, bald von der »Abschaffung des Staates im gegenwärtigen politischen Sinn«; nur die erste Formulierung kann des Messianismus (und des Anarchismus) geziehen werden (Losurdo 2000, V, 1-2). Zweitens vermied es Merleau-Ponty, sich nach der möglichen Beziehung zwischen der Zerschlagung des Kolonialismus in all seinen Formen und dem Aufbau der postkapitalistischen Gesellschaft zu fragen. Drittens und vor allem: Können wir den antikolonialen Kampf als exklusives Problem des Ostens betrachten? Den Kampf gegen die koloniale und neokoloniale Unterwerfung zu unterstützen und gleichzeitig den Verantwortlichen für solche Politik die Absolution zu erteilen, wäre inakzeptabel. Und nicht nur aus ethischen Gründen. Es geht noch um mehr: Die beiden Weltkriege hatten gezeigt, dass der koloniale Expansionismus zu ruinösen innerimperialistischen Rivalitäten mit globalen Auswirkungen führte; das Feuer, das Hitler wenige Jahre zuvor mit dem Versuch, ein deutsches Kolonialreich in Osteuropa zu errichten, gelegt hatte, hatte schließlich den Westen und Deutschland selbst in Brand gesteckt.

Nun, da diese Kritik geäußert ist, kann dem französischen Philosophen das Verdienst zugutegehalten werden, als erster die objektiven politisch-sozialen Gründe identifiziert zu haben, die das Auseinanderdriften der beiden Marxismen vorantrieben. Im Osten und praktisch in allen Ländern, in denen die Kommunisten die Macht erobert hatten, war für die politische Führung das prioritäre Problem nicht, die »Abschaffung des Staatsapparats« voranzutreiben, sondern ein völlig anderes: Wie die Gefahr der kolonialen und neokolonialen Unterwerfung vermeiden und wie dann die Kluft zu den industriell weiter entwickelten Länder schließen?

Merleau-Ponty war weit davon entfernt, den östlichen Marxismus im Namen des westlichen zu missbilligen. Will man einen Vorläufer für Andersons Einstellung finden, muss man in einer anderen Richtung suchen. Vor dem englischen und dem französischen Philosophen war es 1942 Max Horkheimer, der die Aufmerksamkeit auf die Wende im Lande der Oktoberrevolution lenkte: Die sowjetischen Kommunisten hatten die Perspektive der »Unterdrückung des Staates« hinter sich gelassen, um sich auf das Problem der beschleunigten Entwicklung des »industriell rückständigen Vaterlands« zu konzentrieren (vgl. unten, III, 7). Das war eine treffende Beobachtung, die leider wie eine verächtliche Verurteilung formuliert war. Die Wehrmacht stand vor den Toren Moskaus und es war grotesk, die Tatsache zu bedauern oder sich über sie zu empören, dass die sowjetischen Führer sich nicht damit beschäftigten, wie das Ideal des Absterbens des Staates zu realisieren sei (Hitler seinerseits hätte Bedauern und Empörung geteilt!). Der deutsche Philosoph verstand nicht, dass gerade das von ihm zur Anklage gebrachte Verhalten der Sowjetunion erlaubte, der kolonialen Unterwerfung und Sklaverei zu entrinnen, denen das Dritte Reich sie unterziehen wollte. Der verzweifelte Kampf, der im Osten geführt wurde, um schließlich einem Kolonialkrieg zur Vernichtung und Versklavung zu widerstehen, schien in den Augen eines Philosophen im Westen irrelevant, dem es bei Marx nicht um das Programm der revolutionären Transformation des Bestehenden ging, sondern nur um die Verfolgung des Ideals einer Gesellschaft, die keine Gegensätze und Konflikte kennt und die folglich keinen Staatsapparat braucht.

Mehr als ein Vierteljahrhundert später hat Horkheimer (1968b, S. 154 u. 160) erneut das Thema der Abschaffung des Staates aufgegriffen, diesmal aber nicht mit Bezug auf die Autoren des *Manifests*, sondern auf Schopenhauer. Während er im Übrigen einerseits Marx huldigte (»es ist der Moment gekommen, aus der marxistischen Lehre im Westen endlich einen der Hauptgegenstände der Erziehung zu machen«), drückte er auf der anderen Seite seinen Abscheu darüber aus, dass diese Lehre »in vielen östlichen Ländern als nützliche Ideologie fungiert, um den vom Westen in der industriellen Produktion erreichten Vorsprung aufzuholen«. Die hier gerühmte »Marx'sche Lehre« hatte keinerlei Bezug zu dem Problem der Entwicklung der Produktivkräfte, das sich zum Beispiel Nordvietnam aufdrängte, das sich gegen eine barbarische Aggression wehren musste, die bereit war, auf chemische Waffen zurückzugreifen, und die dennoch von Horkheimer mit Nachsicht bedacht und sogar unterstützt wurde. Wie 1942 blickte die Utopie auch 1968 mit Verachtung auf die dramatischen Kämpfe im Osten, die nicht aus einer subjektiven Wahl resultierten, sondern zuallererst aus einer objektiven Situation. Ohne sich des Ausdruckes »westlicher Marxismus« zu bedienen, hatte dieser dem östlichen bereits den Rücken zugekehrt.

Wir sehen uns gezwungen, uns einige Fragen zu stellen: Wann begann sich die Kluft zwischen beiden Marxismen zu zeigen? Mit dem Aufkommen der Autokratie Stalins, wie Anderson meint? Und wenn sie sich im Gegenteil schon einen Tag nach der Wende von 1917 abgezeichnet hätte? Und wenn die ersten Risse schon damals entstanden wären, als die Einheit fester denn je schien, zementiert, wie sie war, durch die kollektive Empörung über das widerliche Blutbad des Ersten Weltkriegs und das kapitalistisch-imperialistische System, dem vorgeworfen wurde, ihn provoziert zu haben? Und wenn die Risse und die darauffolgende Entfremdung, außer auf die Unterschiedlichkeit der objektiven Situation und der kulturellen Tradition, auf die theoretischen und politischen Grenzen vornehmlich des westlichen Marxismus zurückgingen, jenem, der spitzfindiger und auf der akademischen Ebene versierter war?

Lang war der Weg bis zu jenem Manifest, mit dem Anderson die Überlegenheit eines westlichen Marxismus verkündete, der endlich von der erdrückenden Umarmung des östlichen Marxismus befreit war. Zum ersten Mal schien sich ein neues und herrliches Leben abzuzeichnen; in Wirklichkeit war es der Prolog auf den Selbstmord. Wir sind mit wichtigen, weithin unbekannten Kapiteln der politischen und philosophischen Geschichte konfrontiert, die mein Buch rekonstruieren will, auch um nach den Aussichten auf eine Wiedergeburt des westlichen Marxismus auf neuer Grundlage zu fragen.

I. Kapitel

1914 und 1917: Die Geburt des westlichen und des östlichen Marxismus

1.
Die Wende vom August 1914 im Westen …

Die Geschichte, die ich rekonstruieren möchte, nimmt ihren Ausgang zwischen dem August 1914 und dem Oktober 1917, zwischen dem Beginn des Ersten Weltkriegs und dem Sieg der Oktoberrevolution. Auf der Woge dieser epochalen Ereignisse erlebt der Marxismus eine weltweite Verbreitung, die ihn weit über die Grenzen des Westens, innerhalb derer er zur Zeit der Zweiten Internationale eingeschlossen war, hinausträgt. Aber dieser Triumph hat auch noch eine andere Seite: Das Zusammentreffen derart unterschiedlicher Kulturen, geopolitischer Situationen und ökonomisch-sozialer Bedingungen regt einen internen Differenzierungsprozess an, wobei bisher nicht gekannte Widersprüche und Konflikte entstehen. Um diese zu verstehen, müssen wir nach den grundlegenden Motivationen fragen, die Menschen dazu bringen, sich der kommunistischen und marxistischen Bewegung anzuschließen, die in diesen Jahren Gestalt annahm.

Im Westen ist der radikale, ja apokalyptische historische Wendepunkt zweifellos der Beginn, das Auflodern des Ersten Weltkriegs. Überdruss, Ekel und Empörung über das endlose Massaker, all dies fördert die rasche Ausbreitung der kommunistischen Bewegung. Symptomatisch ist, was in Italien bereits in den Monaten oder Wochen vor der Machtübernahme durch die Bolschewiki, geschieht. Zwischen Februar und Oktober kommen zwei Beauftragte der provisorischen Regierung, die sich nach dem Sturz der Autokratie des Zaren in Moskau konstituiert hatte, nach Turin, um Kontakte zu einem in dem gegenwärtigen Krieg verbündeten Land aufzunehmen und den wachsenden pazifistischen Tendenzen entgegenzuarbeiten. Noch vor ihrer Ankunft machen sie ihre eindeutige Feindseligkeit gegenüber den Bolschewiki deutlich (die sofortigen Frieden fordern). Als jedoch die beiden Gesandten der Kerenski-Regierung auf dem Balkon des Siccardi-Palastes erscheinen, bricht die wartende Menge von 40.000 Arbeitern in den Schrei »Viva Lenin!« aus.

Es ist, um genau zu sein, der 13. August 1917. Zehn Tage später werden Barrikaden errichtet, um den Protest gegen den Krieg zu verstärken, mit der Folge, dass Turin selbst zum Kriegsgebiet erklärt wird: das Wort haben die Kriegsgerichte (Fiori 1966, S. 128f). Man könnte sagen, dass die Masse der Demonstranten und Aufrührer schon Anhänger der Oktoberrevolution waren, noch ehe diese stattgefunden hatte, und sie tun dies auf der Woge des Kampfes gegen den Krieg. Heute gilt es als politisch korrekt, vom Oktober 1917 in Russland nicht als von einer Revolution, sondern von einem Staatsstreich zu sprechen; jedoch sehen wir, wie der Protagonist des vorgeblichen Staatsstreichs tausende Kilometer entfernt eine Quasi-Revolution auslöst, und zwar nur durch seinem Namen und noch vor seiner Machtübernahme! Das kommt daher, dass sein Name und die von ihm geführte Partei unauflöslich verbunden sind mit der rückhaltlosen Verdammung des Krieges und des politisch-sozialen Systems, das ihn hervorgebracht hat.

Es ist dieses geistige Klima, das die gewaltige Anziehungskraft erklärt, die die Oktoberrevolution im Westen nicht nur auf die Massen, sondern auch auf die hervorragendsten Intellektuellen ausübt. Man denke an die Entwicklung von Georg Lukács. In seiner Autobiografie erinnert er sich: »Das Interesse für Ethik hat mich zur Revolution gebracht«; und das Interesse für Ethik fällt mit der Ablehnung des Krieges zusammen, der als Totalnegation der elementaren moralischen Normen angesehen wird:

> »Bezüglich des Krieges kann ich nur sagen, dass ich schärfster Kriegsgegner war [...] Meine Positivismus-Gegnerschaft [hatte] auch politische Gründe. So sehr ich nämlich die ungarischen Zustände verurteilte, so war ich doch absolut nicht bereit, den englischen Parlamentarismus als Ideal zu akzeptieren [selbst ja Protagonist des Kriegsmassakers]. Aber in jener Zeit sah ich nichts, was ich an die Stelle des Bestehenden hätte setzen können. Und von diesem Gesichtspunkt aus war die Revolution von 1917 ein so großes Erlebnis, denn dort zeigte sich mit einem Mal am Horizont, dass die Dinge auch anders sein könnten. Gleich welche Einstellung man zu diesem ›Anders‹ hatte, dieses ›Anders‹ hat unser aller Leben, das Leben eines beträchtlichen Teils meiner Generation verändert« (Lukács 1980, S. 69f).

In ähnlicher Weise argumentiert Ernst Bloch, wenn er sowohl über den jungen ungarischen Philosophen als auch über sich selber spricht: »Am Anfang des Krieges, 1914, fühlten wir uns vollkommen verloren. Dieser Krieg wurde ein entscheidender Faktor für die Entwicklung eines jeden von uns. Seinetwegen war die Verbindung mit der kommunistischen Bewegung gleichzeitig Stütze und Zuflucht« (in Coppellotti 1992, S. 370). Ohne engere Beziehungen zur Partei oder zur kommunistischen Bewegung zu unterhalten, kommt der junge deutsche Philosoph gedanklich zu Schlussfolgerungen, die sich nicht von denen des jungen ungarischen Philosophen unterscheiden. Später erklärt Bloch, er habe von der russischen Revolution mit einem befreiten Jubel ohnegleichen gehört (1977, S. 43). Laut dem *Geist der Utopie* – vorwiegend in den Kriegsjahren geschrieben, in einer der »schmachvollsten Stunden der Weltgeschichte«, als Europa, verantwortlich für den Krieg, »der baldige ewige Tod« drohte – ist die Tatsache zu begrüßen, dass das aus der Oktoberrevolution hervorgegangene Land der Aggression der einen wie anderen kapitalistischen Macht widersteht. Ja, »die marxistische russische Republik bleibt unbezwungen«. Jedenfalls ist mehr denn je die »allererst echte Gesamtrevolution«, die Marx beschwor, notwendig, damit sie Freiheit realisiere und »den Beginn der Weltgeschichte nach der Vorgeschichte« markiere (Bloch 1923/1985a, S. 295 ff).

Die Oktoberrevolution ist die endlich gefundene Wahrheit für diejenigen, die entschlossen sind, den Kampf gegen den Krieg aufzunehmen, ja gegen den »Völkermord«, um auf die Worte zweier Anführer der sozialistischen und antimilitaristischen Bewegung zurückzugreifen, nämlich Rosa Luxemburg und Karl Liebknecht. Auch die künftigen Führer der Oktoberrevolution (einige von ihnen im Westen ausgebildet) verstehen und erleben den Ersten Weltkrieg als die endgültige Demonstration des Grauens, das dem kapitalistisch-imperialistischen System innewohnt, und für die absolute Notwendigkeit seines Sturzes. Um nur einige Beispiele zu nennen: Bucharin spricht von »schrecklicher Leichenfabrik«, Stalin von »Massenvernichtung der lebendigen Kräfte der Völker«. Besonders beredt ist das von Trotzki gezeichnete Bild: »Das Kainswerk der ›patriotischen‹ Presse« beider gegnerischer Lager ist »der unwiderlegbare Beweis der moralischen Dekadenz der bürgerlichen Gesellschaft«. Ja, die Menschheit falle in eine »blinde und schamlose Barbarei« zurück: wir erleben, wie der »Wettstreit eines blutigen Wahnsinns« um sich greift, um die fortgeschrittenste Technik zu kriegerischen Zwecken zu nutzen; es sei eine »wissenschaftliche Barbarei«, die die großen Entdeckungen der Menschheit ausnutzt, »um die Grundlagen des kulturellen Zusammenlebens zu zerstören und den Menschen auszulöschen«. Alles, was die Zivilisation an Gutem hervorgebracht hat, versinke im Blut und im Schlamm der Schützengräben: »Gesundheit, Komfort, Hygiene, die gewohnten Alltagsbeziehungen, freundschaftliche Bindungen, berufliche Pflichten und in letzter Instanz die scheinbar unerschütterlichen Regeln der Moral«. Später, aber immer noch in Verbindung mit der 1914 ausgebrochenen Katastrophe, taucht auch der Begriff »Holocaust« auf: Am 31. August 1939 klagt Molotow Frankreich und England an, sie hätten die sowjetische Politik der kollektiven Sicherheit in der Hoffnung zurückgewiesen, das Dritte Reich gegen die UdSSR loszulassen, ohne zu zögern, auf diese Weise »ein neues großes Massaker, einen neuen Holocaust der Nationen« zu provozieren (Losurdo 2012a, S. 310).

2.
… und die Wende vom Oktober 1917 im Osten

Der Erste Weltkrieg ruft in Asien bei weitem nicht die gleichen Emotionen hervor wie in Europa, und das nicht nur weil die Schlachtfelder tausende von Kilometern entfernt sind. In den Kolonien und den Halbkolonien offenbarte das kapitalistisch-kolonialistische System seine schreckliche Mission aus Unterdrückung und Gewalt ziemlich lange vor dem August 1914. Für China besteht der tragische Wendepunkt eindeutig in den Opiumkriegen. Auch um dic »britischen Drogenhändler« zu neutralisieren und dem Opiumhandel ein Ende zu setzten, dessen verheerende Effekte inzwischen alle vor Augen haben, entwickelt sich zwischen 1851 und 1864 der Aufstand in Taiping, »der blutigste Bürgerkrieg in der Weltgeschichte mit geschätzt 20 bis 30 Millionen Toten« (Davis 2001, S. 22 u. 16). Nachdem der Westen ihn mächtig geschürt hatte, wird er zum Nutznießer der Situation, kann er doch seine Kontrolle über ein zerrissenes und immer wehrloseres Land ausdehnen. Es beginnt die historische Periode des »gekreuzigten China« (den westlichen Schlächtern haben sich inzwischen Russland und Japan angeschlossen). Zu den »ausländischen Kanonen« und den »schrecklichsten Erhebungen der Geschichte« kommen Naturkatastrophen hinzu, denen ein in Trümmern liegendes Land keinerlei Widerstand entgegenzusetzen vermag: »Zweifellos ist die Zahl der Opfer in der Weltgeschichte nie so hoch gewesen« (Gernet 1972, S. 565 f u. 579).

Angesichts dieser ungeheuren Tragödie ist der Ausbruch des Ersten Weltkriegs eine ziemlich geringfügige Sache. Sun Yat-sen, Präsident der Republik, die aus der Revolution von 1911 und dem Sturz der Mandschu-Dynastie hervorgegangenen ist, als er aufgefordert wurde, an der Seite Großbritanniens zu intervenieren, »erklärte Lloyd George in einem berühmten Brief, dass die Streitigkeiten der Weißen China nicht interessierten« (Bastid, Bergère, Chesneaux 1969-72, Bd. 2, S. 221): der Sieg des einen oder des anderen Lagers hätte in keiner Weise das unterdrückerische Verhalten des kapitalistischen und kolonialistischen Westens verändert. Was im Gegenteil die Hoffnung auf ein Ende der mit den Opiumkriegen begonnenen Tragödie und damit die Begeisterung von Sun Yat-sen weckte, ist die Erringung der Macht durch die Bolschewiki. Diese verspricht, dem Krieg ein Ende zu setzen, aber vor allem auch der kolonialen Sklaverei.

Es ist dieser zweite Aspekt, der den chinesischen Führer die Bilanz eines historischen Kapitels ziehen lässt, dessen Ende dank der Oktoberrevolution endlich absehbar ist: »Die Rothäute Amerikas sind bereits ausgerottet« und Ähnliches drohte auch den anderen Kolonialvölkern, einschließlich des chinesischen. Ihre Situation ist verzweifelt; doch »plötzlich sind 150 Millionen slawische Menschen aufgestanden, um sich dem Imperialismus und dem Kapitalismus zu widersetzen, gegen die Ungleichheit zu kämpfen und die Menschlichkeit zu verteidigen«. Und so »wurde eine große Hoffnung für die Menschheit geboren, ohne dass es jemand erwartet hätte: die russische Revolution«. Natürlich lässt die Antwort des Imperialismus nicht auf sich warten: »Die Mächtigen haben Lenin angegriffen, weil sie einen Propheten der Menschlichkeit zerstören wollen«, der jedenfalls nicht so leicht auf die Perspektive der Befreiung der von der Kolonialherrschaft unterdrückten Völker verzichten wird (Sun Yat-sen 1924, S. 55 ff). Natürlich ist Sun Yat-sen kein Marxist und kein Kommunist; doch ausgehend von der »großen Hoffnung«, die von ihm in einer bisweilen naiven und deshalb umso wirksameren Sprache beschrieben wurde, kann man die Gründung der Kommunistischen Partei Chinas am 1. Juli 1921 verstehen.

Im Lichte all dessen ist die Charakterisierung des 20. Jahrhunderts als ein »kurzes Jahrhundert«, das nach Hobsbawm mit der traumatischen Erfahrung des Ersten Weltkriegs begonnen hatte, von Eurozentrismus infiziert. Eine Kritik *ante litteram* solcher Ansicht geht bereits aus der Rede hervor, die am 26. Dezember 1920 »der Delegierte Indochinas« auf dem Kongress der Sozialistischen Partei Frankreichs in Tours hielt:

> »… vor einem halben Jahrhundert [ist] der französische Kapitalismus nach Indochina gekommen. Er hat uns mit der Spitze der Bajonette und im Namen des Kapitalismus erobert. Seit jenem Zeitpunkt werden wir nicht nur schändlich unterdrückt und ausgebeutet, sondern auch noch erbarmungslos gemartert und vergiftet. […] Es ist mir unmöglich, in wenigen Minuten alle Gräuel aufzuzählen, die in Indochina durch die Banditen des Kapitals verübt werden. Mehr Gefängnisse als Schulen werden eröffnet und auf entsetzliche Weise bevölkert. Jeder Einheimische, der sozialistischer Ideen verdächtigt wird, wird ohne Gerichtsurteil eingekerkert und manchmal in den Tod geschickt. Die sogenannte indochinesische Justiz dort unten misst mit zweierlei Maß. Die Annamiten haben nicht die gleichen Garantien wie die Europäer und die Europäisierten.«

Nach diesem schrecklichen Anklageakt schließt »der Delegierte Indochinas« (der später in der ganzen Welt unter dem Namen Ho Chi Minh bekannt werden sollte): »Wir sehen in der Mitgliedschaft in der Dritten Internationale das formelle Versprechen, dass die Sozialistische Partei endlich den Kolonialproblemen das Gewicht gibt, das sie verdienen« (in Lacouture 1967, S. 36f). Trotz der vorsichtigen und bedachten Wortwahl und der Bemühung Polemiken zu vermeiden, kommt ein Punkt doch klar heraus: Der Zeitpunkt der weltgeschichtlichen Wende datiert nicht vom August 1914, der *auch Europa* mit einer Tragödie überzieht, die in den Kolonien seit langem in Gange ist, sondern vom Oktober 1917, also der Revolution in Russland, die Hoffnung auf ein Ende jener Tragödie *auch in den Kolonien* weckt.

Schon Lenin hebt selbstverständlich den Horror des Kolonialismus hervor: »Die liberalsten und radikalsten Männer des freien Britanniens [...] werden in ihrer Rolle als Machthaber Indiens zu wahren Dschingis Khans« (Lenin, Werke [= LW] 15 , S. 178). Dahinter steht die Erkenntnis von Marx, der die Behandlung Irlands (einer immerhin in Europa liegenden Kolonie) durch das liberale England anprangert: Es ist eine noch erbarmungslosere Politik als jene des zaristisch-autokratischen Russland zum Schaden Polens; sie ist dermaßen terroristisch, dass sie »In Europa [...] unerhört« ist und man etwas Ähnliches allenfalls bei den »Mongolen« finde (Marx-Engels-Werke [= MEW] 16, S. 552). Wie schon Ho Chi Minhs Appell an seine Parteigenossen zeigt, indem er sie anhält, die Kolonialfrage nicht aus den Augen zu verlieren, findet die Aussage von Marx über die gewaltigen Bestimmungen zum Ausschluss der Kolonialvölker von der liberalen Freiheit verständlicherweise im Osten aufmerksamere Hörer als im Westen. Das ist ein erster relevanter Unterschied, aber sicher nicht der einzige.

3.
Staat und Nation in West und Ost

In Europa, wo es vor allen Dingen der Kampf gegen den Krieg ist, der zur Revolution treibt, nimmt die Kritik am bestehenden System vor allem den Staats- und Militärapparat aufs Korn. Lukács denunziert die Zwangsrekrutierung als »unwürdigste Sklaverei, die es je gegeben hat«, und verurteilt den »Moloch des Militarismus«, der Millionen Menschenleben verschlingt (1915/1984, S. 366 u. 360). Einige Jahre später sieht Walter Benjamin in der »allgemeinen Wehrpflicht«, die sich im Herzen des Militarismus befinde, der als »Zwang zur allgemeinen Anwendung von Gewalt« und »als Mittel zu Zwecken des Staates« verstanden werden muss, und kommt ebenso zu einer umfassenden und unwiderruflichen Verdammung der existierenden Ordnung: Um zu zeigen, zu welcher Infamie jene fähig ist, dafür stehe der »letzte Krieg« (1920-21/1972-99, Bd. 2.1, 186). Erregt über den Horror der Totalmobilmachung, das Militärrecht und die Exekutionskommandos bezeichnet Lukács 1915 in einer noch unfertigen Jugendschrift über Dostojewski den Staat als »organisierte Tuberkulose«, oder als »organisierte Immoralität, die sich »nach außen als Wille zur Macht, zum Krieg, zu Eroberung und Rache« manifestiert (in Löwy, 1988, S. 157).

Ja – fügt Bloch hinzu – der Staat hat sich »als eigene, heidnische, satanische Zwangswesenheit enthüllt«. Man muss mit diesem Monstrum Schluss zu machen, »mag er auch noch, bolschewistisch, eine Zeitlang als überleitend notwendiges Übel funktionieren«. Es ist das vaterländisch-chauvinistische Pathos, das »den Kriegsstaat« nährt, den Moloch, den unersättlichen Menschenverschlinger. Auch gegen den hat Bloch feurige Worte: »Der mörderische Zwang der allgemeinen Wehrpflicht« ist nicht Dienst an der Nation, wie die offizielle Ideologie vorgibt, sondern an der kapitalistischen »Börse« und der »Dynastie« der Hohenzollern. Zusammen mit dem vaterländisch-chauvinistischen Pathos wird jedoch letztendlich die Idee der Nation selbst zurückgewiesen: Der »Schollenphrase« und dem »Traditionalismus vaterländischer Kultur« werden die »wahrhaft christliche [...] Menschheitsidee« und der »mittelalterliche« Universalismus entgegengestellt, die keine nationalen (und staatlichen) Grenzen kennen (Bloch 1923/1985a, S. 294ff). Der Einfluss des Anarchismus ist hier evident wie bei Benjamin, der, ausgehend von der Denunziation der militärischen Zwangsaushebung, dazu kommt, diese als Gewalt, Recht und Macht in einem zu bestimmen und entsprechend zu kritisieren.

Es wäre vergeblich, solche anarchistischen Töne in der marxistisch-kommunistischen Bewegung zu suchen, die sich im Osten auf der Woge der Oktoberrevolution bildet. Es ist ein Unterschied, dessen Grundlagen bereits bei Lenin ausgemacht werden können. Im Lauf des Krieges und mit Blick auf Europa verurteilt der große Revolutionär wiederholt Militarisierung und totale Mobilmachung, die der Bevölkerung auferlegte »militärische Versklavung« (LW 27, S. 423). Nicht nur die Front ist betroffen von Reglementierung, Kriegsgesetz und Terror; auch das »Hinterland« ändert sich, wird schließlich »in den fortgeschritteneren Ländern« zu »Militärzuchthäusern für die Arbeiter«. Geschrieben und veröffentlicht, während mehr denn je das Schlachten auf den Kriegsschauplätzen wütet und am Vorabend der Revolution, die berufen ist, dem ein Ende zu setzen, formuliert *Staat und Revolution* die These, dass das siegreiche Proletariat »nur einen absterbenden Staat braucht« (LW 25, S. 395 u. 415). Er ist das »überleitend notwendige Übel«, von dem auch Bloch spricht. Andererseits bezeichnet Lenin den Imperialismus als Anspruch angeblicher »Musternationen«, die sich selbst »das ausschließliche Privileg auf staatliche Konstituierung« vorbehalten möchten (LW 20, S. 442). Mit anderen Worten, neben der ökonomischen Plünderung ist es die politische Unterdrückung der Nationen und deren Hierarchisierung, die den Imperialismus auszeichnen. Diejenigen, die ausgebeutet und unterdrückt werden, werden als unfähig zur Selbstverwaltung und zur Bildung unabhängiger Staaten gebrandmarkt; der Kampf, dieses Stigma abzuschütteln, ist ein Kampf um Anerkennung. Es geht darum, die koloniale Unterwerfung zu beseitigen, um einen unabhängigen Nationalstaat aufzubauen: Was die Revolution der Kolonialvölker zu inspirieren vermag, ist nicht die Parole eines »Staates auf dem Weg seiner Auflösung«, sondern eines Staates auf dem Weg seiner Bildung.

So sind die Töne gut zu verstehen, die im Osten widerhallen. Nehmen wir Sun Yat-sen. Er hat lange im Ausland gelebt und im Ausland Begeisterung und Ansporn gesucht, um die morsche Mandschu-Dynastie zu stürzen und die erste chinesische Republik zu gründen; er ist also nicht der Xenophobie verdächtig. Und doch fasst er den Gedanken der antikolonialen Bewegung, einschließlich der kommunistischen Fraktion so zusammen: »Die Nationen, die sich des Imperialismus bedienen, um die anderen Völker zu erobern und auf diese Art und Weise ihre privilegierte Position von Herren und Souveränen der Welt zu erhalten, sind für den Kosmopolitismus und möchten, dass die Welt ihnen zustimmt«; deshalb tun sie alles dafür, den Patriotismus als »etwas

Kleinkariertes und Antiliberales« in Misskredit zu bringen (Sun Yat-sen 1924, S. 43 f).

Hinter der Haltung von Sun Yat-sen wie auch der Gründung der chinesischen KP wirken zwei Ereignisse: Am 25. Juli 1919 erklärt Lew Michailowitsch Karachan, Vizevolkskommissar des Äußeren, dass Sowjetrussland bereit sei, auf vom Zarenreich geraubte »territoriale und andere Vorteile« zu verzichten, und stellt in der Tat die »ungleichen Verträge« zur Diskussion, jene Verträge, die China unter der Drohung der Kanonenboote und der Invasion der Armeen unterschrieben hat (Carr 1950, S. 1270 ff). Im Sommer desselben Jahres überträgt der Vertrag von Versailles, der den Ersten Weltkrieg beendet, die Rechte auf Shandong der Kolonie, die das kaiserliche Deutschland seinerzeit der Pekinger Regierung geraubt hatte, auf Japan. In China entwickelt sich eine große Protestwelle: Es ist die Bewegung vom 4. Mai, aus der nicht wenige Führer und Kämpfer der chinesischen KP hervorgehen. Nun ist allen klar, dass die westlichen Demokratien, die doch mit der Fahne der Freiheit und der Selbstbestimmung der Völker in der Hand den Krieg gegen die Mittelmächte geführt haben, nicht zögern, die halbkoloniale Verfassung Chinas zu perpetuieren; die einzige Hoffnung kommt aus jenem Land und jener Bewegung, die aus der Oktoberrevolution hervorgegangen sind, auf sie schauen die Kommunisten, die entschlossen sind, sich an die Spitze der nationalen Befreiung zu setzen. Um es mit Mao zu sagen: »Die Chinesen gelangten zum Marxismus durch Vermittlung der Russen. Vor der Oktoberrevolution waren den Chinesen nicht nur Lenin und Stalin, sondern auch Marx und Engels unbekannt. Die Geschützsalven der Oktoberrevolution brachten uns den Marxismus-Leninismus« (1949/1969, Bd. 4, 439).

Während er sich im nationalen Widerstandskampf gegen den japanischen Imperialismus befindet, der »das gesamte China zu unterwerfen und die Chinesen zu seinen Kolonialsklaven zu machen« sucht, erinnert sich Mao (in den letzten Jahren des Mandschu-Reichs) an seine erste Annäherung an die Sache der Revolution:

> »In jener Zeit begann ich, einen Schimmer von politischem Bewusstsein zu haben, vor allem nach der Lektüre eines Büchleins über die Zerstückelung Chinas [...] Diese Lektüre erweckte in mir großes Interesse für die Zukunft meines Landes und ich begann zu begreifen, dass wir alle die Pflicht hatten, es zu retten« (in Snow, S. 99 u. 149).

Mehr als zehn Jahre später, am unmittelbaren Vorabend der Proklamation der Volksrepublik, tritt Mao auf und prägt die Geschichte seines Landes neu. Insbesondere ruft er den Widerstand gegen die Hauptmächte der Opiumkriege ins Gedächtnis, die Revolte von Taiping gegen die Mandschu-Dynastie bzw. »die Qing, Sklaven des Imperialismus«, den Krieg gegen Japan 1894/95, »den Krieg gegen die verbündeten Streitkräfte der acht Mächte« (nach dem Boxer-Aufstand) und schließlich »die Revolution von 1911 gegen die Qing, Lakaien des Imperialismus«. So viele Schlachten, aber alle verloren. Wie ist die Umkehrung zu erklären, die an einem bestimmten Punkt eintritt?

> »Während dieser Widerstandsbewegung hatte das chinesische Volk lange Zeit, d.h. in den mehr als 70 Jahren vom Opiumkrieg 1840 bis zum Vorabend der Bewegung des 4. Mai 1919, dem Imperialismus keine ideologische Waffe entgegenzusetzen. Die ideologischen Waffen des erstarrten alten Feudalismus waren zerschlagen, konnten nicht standhalten und mussten den Bankrott erklären. So blieb den Chinesen nichts anderes übrig, als sich gezwungenermaßen solche ideologischen Waffen und politischen Rezepte anzueignen wie die Evolutionstheorie, die Theorie des Naturrechts und die bürgerliche Republik, die alle dem Arsenal der Periode der bürgerlichen Revolutionen des Westens, der Heimat des Imperialismus, entlehnt sind. [...] Alle diese ideologischen Waffen erwiesen sich jedoch, genauso wie die des Feudalismus, als sehr schwach, konnten nicht standhalten, mussten zurückgezogen und für bankrott erklärt werden. Die russische Revolution von 1917

> erweckte die Chinesen, und sie lernten etwas Neues kennen, den Marxismus-Leninismus. Die Entstehung der Kommunistischen Partei in China war ein epochemachendes Ereignis [...] Seitdem die Chinesen den Marxismus-Leninismus beherrschen, haben sie aufgehört, geistig passiv zu sein, und haben die Initiative ergriffen. Von diesem Augenblick an muss die Periode der jüngsten Weltgeschichte, in der man auf die Chinesen und auf die chinesische Kultur herabgeblickt hat, abgeschlossen sein« (Mao Zedong, Bd. IV, S. 484 ff).

Während im Westen Kommunismus und Marxismus die endlich gefundene Offenbarung und Waffe sind, um den Krieg zu beenden und seine Wurzeln auszureißen, sind im Osten Kommunismus und Marxismus-Leninismus die Offenbarung und die ideologische Waffe, die in der Lage sind, die Situation der Unterdrückung und Verachtung durch Kolonialismus und Imperialismus zu beenden. Die Suche hatte mit den Opiumkriegen begonnen, noch vor der Herausbildung des Marxismus-Leninismus und des Marxismus überhaupt (1840 war Marx noch Student). Es ist nicht der Marxismus, der die Revolution in China auslöst; genauer genommen ist es der ein Jahrhundert währende Widerstand, die in Gang befindliche Revolution des chinesischen Volkes, das es nach langer und ermüdender Suche endlich erreicht, sich mit der marxistischen oder marxistisch-leninistischen Ideologie vollständig seiner selbst bewusst zu werden und der Kolonialherrschaft ein Ende zu setzen. Einige Tage nach der oben zitierten Position erklärte Mao: »Unsere Nation wird nicht mehr eine der Beleidigung und Erniedrigung unterworfene Nation sein. Wir haben uns aufgerichtet [...] Die Ära, in der das chinesische Volk für unzivilisiert gehalten wurde, ist nun beendet« (Mao Zedong 1949/1998, S. 87 f).

Kehren wir zum »Delegierten Indochinas« zurück, der 1920 auf dem Parteitag der französischen Sozialistischen Partei sprach. Während er auf die Mitgliedschaft in der Kommunistischen Internationale drängte, nannte er sich noch Nguyen Ai Quoc oder »Nguyen der Patriot« (Ruscio 2003, S. 383); er ist sich keines Widerspruchs zwischen Internationalismus und Patriotismus gewahr, wiewohl der Letztere, angesichts der Lage in der Indochina, als konkreter Ausdruck des Internationalismus aufgefasst wird. Einige Jahrzehnte später, als Führer Vietnams, das im Norden seine Unabhängigkeit zu genießen beginnt, lädt Ho Chi Minh die Jugend dazu ein, ein Studium aufzunehmen, indem er sich mit folgenden Worten an sie wendet:

> »Achtzig Jahre haben unser Land herabgewürdigt. Müssen wir heute das von unseren Vorfahren hinterlassene Erbe entgegennehmen [...] Wird Vietnam den Ruhm kennenlernen? Wird sein Volk einen ehrenhaften Platz einnehmen, ebenbürtig den anderen Völkern der fünf Kontinente?« (in Lacouture 1945/1967, S. 119).

Neun Jahre vor seinem Tod, als in Indochina einer der barbarischsten Kolonialkriege des 20. Jahrhunderts wütet, erinnert sich Ho Chi Minh anlässlich seines 60. Geburtstags an seinen intellektuellen und politischen Weg: »Was mich eigentlich drängte, an Lenin und die Dritte Internationale zu glauben, war der Patriotismus, nicht der Kommunismus«. Große Gefühle verdankten sich in erster Linie jenen Appellen und Dokumenten, die den Befreiungskampf der Kolonialvölker unterstützten, indem sie ihr Recht unterstrichen, sich als unabhängige Nationalstaaten zu konstituieren: »Die Thesen Lenins [über die nationale und koloniale Frage] weckten in mir große Emotionen, großen Enthusiasmus, großen Glauben und halfen mir, die Probleme klar zu sehen. Meine Freude war so groß, dass ich darüber weinte« (in Lacouture 1960/1967, S. 39f). In seinem *Testament* skizziert Ho Chi Minh, nachdem er seine Landsleute zum »patriotischen Kampf« und zu Engagement »für das Heil des Vaterlands« aufgerufen hat, auf persönlicher Ebene folgende Bilanz: »Das ganze Leben habe ich mit Leib und Seele dem Vaterland, der Revolution und dem Volk gedient«.

4.
Die »Geldwirtschaft« in West und Ost

Als Folge des imperialistischen Kampfes um die Eroberung von Märkten und Rohstoffen und der kapitalistischen Jagd nach Profit und Extraprofit, aber auch und vor allem moralisierend verstanden, eher als Produkt der *auri sacra fames*, des Hungers nach Gold, als eines bestimmten Sozialsystems, ruft der Erste Weltkrieg im Westen ein geistiges Klima hervor, das in Bloch seinen bedeutendsten Ausdruck findet. In seinen Augen muss die Überwindung des Kapitalismus »die Befreiung vom Materialismus der Klasseninteressen als solcher« mit sich bringen, ja »die Aufhebung jeder besonderen ökonomischen Komponente«. Nicht einmal die großen Revolutionäre hätten dem genügend Aufmerksamkeit gewidmet:

> »[D]er Mensch lebe nicht vom Brot allein. So wichtig die äußere Welt auch sein möge, so diene sie nur als Ansporn, sie erschaffe nicht, denn die Menschen machten die Geschichte und nicht die Dinge, nicht ihr machtvoller Lauf, der sich außerhalb von uns abspielt und vermeintlich über uns hinweg geht. Was in der Wirtschaft verwirklicht werden muss, den notwendigen ökonomischen und gesellschaftlichen Wandel habe Marx dargelegt, aber der erstrebenswerten Autonomie des neuen Menschen, dem Schwung der Kraft der Liebe und des Lichts, dem Sittlichen selber sei hier noch nicht die wünschenswerte Selbständigkeit in der endgültigen sozialen Ordnung zugewiesen« (Bloch 1923/1985a, S. 303).

So sind – fügt er in der ersten Ausgabe von *Geist der Utopie* hinzu – die in Russland regierenden Sowjets aufgerufen, nicht nur »aller Privatwirtschaft« ein Ende zu setzen, sondern auch jeder »Geldwirtschaft« und mit ihr der »Kaufmannsmoral, die alles, was schlecht ist im Menschen, heiligt«. Zusammen mit der ökonomischen Macht sei es die Macht als solche, die zur Diskussion gestellt gehöre; in letzter Instanz müsse »ein Umbruch der Macht zur Liebe« wirksam werden (Bloch 1918/1985b, S. 298). In Wirklichkeit sei es so – merkt seinerseits Benjamin (1920-21/1972-99, Bd. 2.1, S. 195) an, – dass »die heutige Wirtschaft als Ganzes gesehen viel weniger einer Maschine vergleichbar ist, die stillsteht, wenn ihr Heizer sie verlässt, als einer Bestie, die rast, sobald ihr Bändiger ihr den Rücken gekehrt hat«. Mit anderen Worten gehe es nicht darum, die »Maschine« der Ökonomie, dank der revolutionären Umwälzung, effizienter oder weniger zerstörerisch zu machen; es gehe im Gegenteil darum, diese Bestie, die trotz jeder politisch-sozialen Transformation weiterhin Ökonomie als solche bleibt, in einen Käfig zu stecken oder zu töten.

Russland gehört zu den Hauptakteuren des Gemetzels, das von der imperialistischen Konkurrenz provoziert wurde, und auch hier verbreitet sich nach der Oktoberrevolution eine Sicht, die die Welt der Ökonomie als Ganzes mit Abscheu betrachtet und nicht zufällig in der Einführung der NÖP einen Skandal erkennt, der Neuen Ökonomischen Politik, die 1921 auf einen »Kriegskommunismus« folgt, der ein egalitärer, aber aussichtsloser und erzwungener Asketismus war. Dies ist eine Vision mit wenig Unterschied zu derjenigen, die für den Westen analysiert wurde, und an sie wird in den 1940er Jahren von einem Mitglied der Kommunistischen Partei der Sowjetunion folgendermaßen erinnert:

> »Wir jungen Kommunisten waren alle in der Überzeugung aufgewachsen, dass das Geld ein für alle Mal aus dem Weg geräumt werden müsse [...] Wenn das Geld wieder auftauchte, kämen dann nicht auch die Reichen wieder? Fanden wir uns nicht auf einem abschüssigen Hang, der uns zum Kapitalismus zurückbrachte?« (in Figes 1996, S. 926).

Nur mit Beharrlichkeit und ohne auf die Verratsvorwürfe zu achten, gelingt es Lenin, das Problem der ökonomischen Entwicklung eines zurückgebliebenen Landes ins Zentrum der Aufmerksamkeit zu rücken, eines Landes, das geschwächt aus dem Welt- und Bürgerkrieg hervorgegangen ist und sich mit einer internationalen Lage konfrontiert sieht, die von Gefahren strotzt. Noch unmittelbar vor seinem Tod fühlt Stalin sich bemüßigt, gegen diejenigen zu polemisieren, die im Namen des Kampfes gegen den Kapitalismus die »Warenproduktion« beenden wollen, die »Zirkulation der Waren« und »die Geldwirtschaft« (1952/1971-73, Bd. 17, S. 266 u. 268 f).

Ganz anders das Bild, das China bietet. Schauen wir, was in den abgelegenen »befreiten« und von der Kommunistischen Partei seit dem Ende der 1920er Jahre regierten Gebieten geschieht. Die antikommunistische Kuomintang und die von ihr kontrollierte Regierung von Nanking versuchen, sie mittels militärischer Gewalt, aber auch ökonomischer Strangulation zur Kapitulation zu zwingen. Im Lauf seiner Reise beobachtet Snow (1938, S. 285): »Der Handel zwischen roten und weißen Bezirken war von Nanking verboten, doch über unwegsame Bergpfade und nachdem sie die Grenzwächter gut ›geschmiert‹ hatten, erreichten es die Roten, zu bestimmten Zeiten einen blühenden Exportkreislauf in Gang zu setzen« und sich so die »notwendigen Produkte« zu besorgen. »Geldwirtschaft« und Handel, in Russland und in Europa dämonisiert als Ausdruck einer gierigen und morbiden Welt, die man ein für alle Mal zerschlagen müsse, sind hier im Gegenteil Synonyme für physisches Überleben und Verteidigung des revolutionären Projekts, das China retten und eine neue, bessere Welt aufbauen soll.

Der Widerspruch zwischen Ost und West wird in den folgenden Jahren deutlicher. Nach dem Aufkommen des Faschismus und des Nazismus stellt der Kampf um Löhne und bessere Lebensbedingungen in Ländern wie Italien, Deutschland und Japan gleichzeitig die Produktions- und Kriegsanstrengungen und die Kriegsmaschine der Aggressoren und der Verfechter der Wiederbelebung des kolonialen Expansionismus in Frage. Während in China die japanische Invasion gewaltig wütet, bildet sich im Gegensatz dazu das heraus, was Mao (1938/1969-75, Bd. 2, S. 223) als »Identität von nationalem und Klassenkampf« definiert hat. Von da an werden der Einsatz in der Produktion und die Entwicklung der Ökonomie vor allem in den befreiten, von der KP kontrollierten Gebieten zum integralen Bestandteil sowohl des nationalen wie des Klassenkampfes. Damit wird verständlich, dass Mao, (1943, Bd. 3, S. 151) unbeschadet des Wütens der Waffen, die kommunistischen Führer dazu aufruft, der ökonomischen Dimension des Konflikts große Aufmerksamkeit zu widmen:

> »Unter den Bedingungen des Krieges müssen sich alle Institutionen, Lehranstalten und Truppenteile intensiv mit Gemüsebau, Schweinezucht, Holzeinschlag und Holzkohlegewinnung sowie mit der Entwicklung des Handwerks befassen und einen Teil ihres benötigten Getreides anbauen [...] Die leitenden Funktionäre aller Partei-, Macht- und Militärorgane sowie aller Lehranstalten müssen sich die Kunst der Anleitung der Massen in der Produktion in vollem Umfang zu eigen machen. Wer das Studium der Produktion auf die leichte Schulter nimmt, kann nicht als guter Leiter angesehen werden.«

5. Wissenschaft zwischen imperialistischem Krieg und antikolonialer Revolution

Kommen wir noch einmal auf den »Delegierten Indochinas« beim Kongress von Tours im Dezember 1920 zurück. Wir haben gesehen, dass er sich lange im Westen aufgehalten hat. Warum? Truong Chinh (1965, S. 8), der 1930 mit Ho Chi Minh an der Gründung der indochinesischen Kommunistischen Partei beteiligt ist, erklärt es uns. Nach seinem Zeugnis hält sich der künftige Führer Vietnams in Frankreich auf, um die Kultur dieses Landes wie »auch Wissenschaft und Technik« kennenzulernen.

So verhalten sich auch die chinesischen Revolutionäre, angefangen bei Sun Yat-sen. Dieser hält sich zwischen 1896 und 1898 in Europa auf und wird »einer der fleißigsten Benutzer der Bibliothek des British Museum«, jener Bibliothek, die Marx liebte. Doch für den künftigen ersten Präsidenten der Republik China geht es nicht so sehr darum, kapitalistische Ökonomie zu studieren: »Das vorwiegende Interesse von Sun blieb das ›Geheimnis‹ des Westens, d.h. seine Technologie unter unterschiedlichen Aspekten und vor allem den militärischen«. Später, bei Gründung der chinesischen Kommunistischen Partei, leisten die Intellektuellen, die sich im Zusammenhang mit Programmen wie »Arbeit und Studium« im Ausland befinden und ganz klar damit beschäftigt sind, dem Westen sein Geheimnis zu entlocken, einen beträchtlichen Beitrag. Unter ihnen sind einige dazu bestimmt, eine Rolle auf höchster Ebene zu spielen: Tschu En-lai, Deng Xiaoping, Chen Yi. Sie sind gleichzeitig mit Ho Chi Minh in Paris, der vielleicht dazu beiträgt, sie »in Kontakt mit den französischen Kommunisten« zu bringen (Pischel 1973, S. 99f u. 159f).

Es ist eine Bewegung, an der Mao nicht unbeteiligt ist. Später, im Gespräch mit Snow berichtet er von seiner endgültigen Entscheidung, auf die Reise nach Europa zu verzichten: »Ich spürte, dass ich mein Land nicht gut genug kannte und deshalb meine Zeit besser in China verbringen sollte«. Das bedeutet nicht Argwohn denen gegenüber, die eine andere Wahl trafen. Maos Erzählung geht folgendermaßen weiter: »Vor dem Verlassen Chinas« wollen die Studenten, die (auf Grundlage des Programms »Arbeit und Studium«) nach Frankreich gehen, »Französisch in Peking lernen«. Und: »Ich half, die Bewegung zu organisieren, und in der Gruppe, die ins Ausland ging, waren viele Studenten der Schule von Hunan [Maos Herkunftsprovinz], die zum größten Teil später berühmte Revolutionäre wurden« (in Snow 1938, S. 170).

Man hat hier eine Arbeitsteilung vor sich: während Mao im Vaterland bleibt, um seine Kenntnis eines Landes, das ein Kontinent ist, zu vertiefen, begeben sich andere junge Revolutionäre nach Frankreich, um die Kultur des Westens zu verstehen und ihre Landsleute damit vertraut zu machen. Dem einen wie den anderen ist die Überzeugung gemeinsam, dass China, will es die nationale Befreiung erlangen, sich kritisch die Wissenschaft und die Technik jener Länder aneignen muss, die ihm das koloniale oder halbkoloniale Joch auferlegt haben. Erhellend dafür ist der Weg von Tschu

En-lai: Als studentischer Anführer der Bewegung vom 4. Mai 1919 war er ein Jahr im Gefängnis, danach bricht er nach Frankreich auf (Snow 1938, S. 57f). In China hat er große Demonstrationen in Gang gebracht, nun erfuhr der antikoloniale Kampf eine zeitweise Umleitung in eines der entwickelten Länder des Westens, dessen Wissenschaft und Technik man studieren musste. Mehrere Jahrzehnte später ruft Deng Xiaoping (1989/1992-95, Bd. 3, S. 303) sein Vaterland dazu auf, einen wichtigen Punkt nicht aus den Augen zu verlieren: »Die Wissenschaft ist eine große Sache und wir müssen ihre Wichtigkeit erkennen«.

Das Vertrauen in Wissenschaft und Technik wird im Westen nicht geteilt. Bucharin, der seit 1911 durch Europa und die Vereinigten Staaten reist (ehe er im Sommer 1917 nach Russland zurückkehrt), denunziert die monströse Ausweitung des Staatsapparats, die seit Beginn des Krieges zutage getreten ist: Das ist »ein neuer Leviathan, demgegenüber die Phantasie von Thomas Hobbes ein Kinderspiel scheint«. Nun ist »alles ›mobilisiert‹ und ›militarisiert‹«; und diesem Schicksal, das die Ökonomie, die Kultur, die Moral und die Religion allesamt betrifft, entgehen nicht einmal »die Medizin«, »die Chemie und die Bakteriologie«. In der Tat hat sich »die ganze grandiose Maschine der Technik« in eine »riesige Todesmaschine« (Bucharin 1915-17/1984, S. 140f) verwandelt. Wir haben hier die erste brillante Analyse dessen vor uns, was später »Totalitarismus« genannt wird, aber man hat den Eindruck, dass diese Analyse dazu tendiert, Wissenschaft und Technik auf der einen und Kapitalismus, Imperialismus und Krieg auf der anderen Seite zu eng zu verkoppeln.

Das ist eine immer wiederkehrende Tendenz in der Kultur Deutschlands zwischen den beiden Kriegen, in dem Land, das sich zwischen 1914 und 1918 vielleicht mehr als jedes andere mit der Entwicklung chemischer Waffen und der systematischen Anwendung der Wissenschaft auf Kriegsoperationen beschäftigte. Benjamin (1928/1972-99, 4.1., S. 147) bemerkt, dass für die »Imperialisten« der »Sinn der Technik« ausschließlich in der »Naturbeherrschung« (die für die Kriegführung ziemlich nützlich sein kann) liegt. In diesem Sinne »hat die Technik die Menschheit verraten und das Brautlager in ein Blutmeer verwandelt«. Zwölf Jahre später stößt Benjamin, bevor er am Ende der Flucht vor seinen Verfolgern freiwillig in den Tod geht, in den *Geschichtsphilosophischen Thesen* einen Alarmschrei aus: Die »Fortschritte der Naturbeherrschung« und der »Ausbeutung der Natur« können im Gleichschritt gehen mit furchterregenden »Rückschritten der Gesellschaft«; die riesige Kriegsmaschinerie des Dritten Reichs ist die radikale und tragische Widerlegung der seit langem von der Arbeiter- und Sozialistenbewegung kultivierten Illusion, wonach Wissenschaft und Technologie an sich ein Instrument der Emanzipation seien (These 11).

Das hier beschriebene ideologische Klima beeinflusst schließlich auch einen organisch der kommunistischen Bewegung verbundenen Autor: *Geschichte und Klassenbewusstsein* scheint die »zunehmende Mechanisierung« mit der »Entseelung« und der »Verdinglichung« gleichzusetzen (Lukács 1922, S. 37). In gewisser Weise ist zu Recht bemerkt worden, dass der Autor dieses Werks »Feindschaft [...] gegenüber den Naturwissenschaften« zeige, und es sich um »ein Element, das dem früheren Marxismus völlig fremd ist« handele (Anderson, 1976, S. 73), einem Marxismus, der noch nicht durch den Horror der Anwendung von Wissenschaft und Technik zugunsten des Kriegshandwerks gegangen ist.

Auch unabhängig vom Krieg werden die Weltwirtschaftskrise von 1929 und die daraus folgende Massenenteignung im Westen als Beweis gesehen, dass der technologische Fortschritt alles andere als das Synonym für Emanzipation ist. Anfängliche Sympathien für Marx hinter sich lassend, schreibt Simone Weil (1934, S. 33): In welchem politisch-sozialen System er auch wirke, »die aktuelle Produktionsform, d.h. die Großindustrie, (reduziert) den Arbeiter auf nichts anderes als ein Getriebe in der Fabrik, auf ein einfaches Instrument in der Hand derer, die ihn steuern«; leer und irreführend seien die Hoffnungen auf »technischen Fortschritt«. Acht Jahre später bemerkt Horkheimer (1942, S. 3) in Anspielung auf die Weltwirtschaftskrise: »Die Maschinen sind Destruktionsmittel nicht bloß im wörtlichen Sinn geworden [wie es im Lauf des Ersten Weltkriegs geschah]; sie haben anstatt der Arbeit die Arbeiter überflüssig gemacht«, wie es dann in Folge der 1929 ausgebrochenen Wirtschaftskrise eintrat.

Insgesamt kann man sagen, dass zwischen den beiden Kriegen im Westen ein Motiv wieder auftaucht, das dem Anarchismus teuer war. Lesen wir Bakunin (1869, S. 270f):

> »Worin besteht heute im Prinzip die Macht des Staates? Es ist die Wissenschaft [...] Militärwissenschaft vor allem, mit all ihren perfektionierten Waffen und ihren gewaltigen Zerstörungsinstrumenten, die ›Wunderdinge vollbringen‹; geniale Wissenschaft, die Dampfschiffe, Eisenbahnen und Telegraphen erfunden hat; die Eisenbahnen, die von der Militärstrategie genutzt werden, verdoppeln die defensive wie offensive Macht der Staaten; die Telegraphen, die, indem sie jede Regierung in einen mit hundert oder tausend Armen verwandeln und ihr die Möglichkeit bieten, vor Ort zu sein, überall zu agieren und zuzuschlagen, schaffen die gewaltigste politische Zentralisierung, die je auf Erden existiert hat.«

In den Augen des anarchistischen Führers erweisen sich nicht nur auf den Schlachtfeldern, sondern auch in der Fabrik Wissenschaft und Technologie als Synonyme für Herrschaft und Unterdrückung: »Es reicht uns aus, das Beispiel der Maschinen zu erwähnen, damit jeder Arbeiter und jeder aufrichtige Unterstützer der Emanzipation der Arbeit uns Recht gibt«. Deshalb wird die »bürgerliche Wissenschaft« auf die gleiche Weise zurückgewiesen und bekämpft wie der »bürgerliche Reichtum«, umso mehr, als »die modernen Fortschritte der Wissenschaft und der Künste« verantwortlich dafür sind, dass die »intellektuelle Sklaverei« sich über die »materielle« hinaus verschärft (Bakunin 1869, S. 269-272).

Seinerzeit von Marx überwunden, erlebt diese historische Bilanz (die die Wissenschaft, die Technik und die Moderne insgesamt liquidiert) im Westen mit dem Ersten Weltkrieg und der Weltwirtschaftskrise ihre Wiederkehr. So wird der Gesichtspunkt, den zwei berühmte Philosophen Mitte des 20. Jahrhunderts formulieren, verständlich: Der »Imperialismus« und der damit verbundene Krieg sind die »furchtbarste Gestalt der Ratio«, aber nicht die einzige. »Die totalitäre Ordnung aber setzt kalkulierendes Denken ganz in seine Rechte ein und hält sich an die Wissenschaft als solche. Ihr Kanon ist die eigene blutige Leistungsfähigkeit« (Horkheimer, Adorno 1944, S. 96 u. 93). Wenn sie auch ihre Triumphe vorwiegend auf den Schlachtfeldern feiert, lässt die Wissenschaft ihre verheerenden Effekte auf jeder Ebene spüren.

An diesem Punkt können wir den Kontrast, der sich bezüglich Wissenschaft und Technik zeigt, folgendermaßen zusammenfassen: Im Westen des »neuen Leviathan« (um es mit Bucharin zu sagen) sind Wissenschaft und Technik integraler Bestandteil der kapitalistischen Bourgeoisie, genutzt mit dem Ziel, sei es den der Lohnarbeitskraft abgepressten Profit zu vergrößern, sei es die »technische Maschine« und die »Todesmaschine« aufzubauen, mit der man die Schlacht um die Weltherrschaft angehen kann; im Osten sind Wissenschaft und Technik wesentliche Bestandteile, um den Widerstand gegen die Politik der Unterwerfung und Unterdrückung zu entwickeln, die von eben jenem »neuen Leviathan« betrieben wird. Während im Westen der Große Krieg, die große Depression, der Beginn von Faschismus und Nazismus und der Zweite Weltkrieg der anarchistischen Bilanz Raum und Glaubwürdigkeit zurückgeben, ist ihr im Osten wenig Glück beschieden. Hier muss die Objektivität der Naturwissenschaften erst noch errungen werden (die seit *Geschichte und Klassenbewusstsein* in enge Verbindung mit der der kapitalistischen Ökonomie innewohnenden Logik des Kalkulierens und Ausbeutens gebracht wird), um einen modernen Industrieapparat zu entwickeln und aus Unterentwicklung und kolonialer oder halbkolonialer Abhängigkeit herauszukommen, und ein solcher Weg impliziert häufig einen Konflikt mit animistischen und vormodernen Visionen, die die Anwendung der Wissenschaft und der Technologie auf die Natur behindern.

6. Westlicher Marxismus und Messianismus

Versuchen wir, eine erste Zusammenfassung der unterschiedlichen Form, die der Marxismus in Europa und Asien annimmt, zu formulieren. Nach Merleau-Ponty (1955, S. 298) stellt sich Marx die von ihm ersehnte »nicht kapitalistische Zukunft« als »ein absolut Anderes« vor. In der Tat fehlt diese, im westlichen Marxismus reichlich präsente Vision im Osten. Die am wenigsten entwickelten Länder müssen und wollen vor der vollständigen Eliminierung des Kapitalismus die »Wunderdinge«, die wunderbare Entwicklung der Produktivkräfte nutzen, die das *Manifest der Kommunistischen Partei* diesem Gesellschaftssystem zu Recht zuschreibt (MEW 4, S. 465). Wir werden sehen, dass Mao 1940 erklärt, dass die von ihm vorangetriebene Revolution, ehe sie den Sozialismus erreicht, »das Terrain für die Entwicklung des Kapitalismus freiräumen« wird, sei es auch eines streng kontrollierten Kapitalismus, kontrolliert von einer politischen Kraft und einer Partei, die entschlossen sind, ziemlich weit über die revolutionäre Transformation der existierenden Gesellschaft hinauszugehen. Für den chinesischen kommunistischen Führer ist die postkapitalistische Zukunft nicht das »absolut Andere« gegenüber jenem Regime, dessen Platz sie einnehmen muss; mehr als einer absoluten Negation sehen wir uns einer Art Hegelscher *Aufhebung* gegenüber, einer Negation, die zugleich, wenn auch im Rahmen eines radikal neuen Kontextes, die Aufnahme des Erbes dessen, was negiert wurde und seiner höchstentwickelten Bestandteile enthält. Es geht darum den Kapitalismus zu überwinden, aber ohne seine Fähigkeit zur Entwicklung der Produktivkräfte zu behindern, im Gegenteil, sie weiter und entschieden zu stärken.

Was den Prozess der Veränderung des Marxismus und seine Unterschiedlichkeit anregt, sind nicht nur objektive Bedingungen, sondern auch kulturelle Traditionen. Im Westen macht sich der jüdisch-christliche Messianismus bemerkbar, noch verstärkt durch den durch den Ersten Weltkrieg hervorgerufenen Horror: Mit dem Ende des Blutbads erwartet man hier eine vom Negativen und Sündigen erlöste Welt. Man denke an Bloch, der im August 1918 den Ersten Weltkrieg als »Kreuzzug« gegen das »radikal Böse« auffasst, das von Deutschland und den Mittelmächten verkörpert wird; ein Kreuzzug, dessen Protagonistin wohl die Entente ist, in erster Linie aber »kämpfende Christenheit, *ecclesia militans*« (Bloch 1918/1985b, S. 316f). Unmittelbar nach der Oktoberrevolution haben wir ihn »den Umbruch der Macht zur Liebe« und die Überwindung der »Kaufmannsmoral«, Hauptquelle des Schlechten und Sündigen, beschwören sehen. Es stimmt, dass der Philosoph in seiner Antwort auf die absehbaren Vorwürfe mehrfach unterstreicht, dass die von ihm verfolgte eine »konkrete Utopie« sei, gründend in einer Ontologie, die nicht das Sein mit dem Faktischen verwechselt und nie das »Noch-nicht-Seiende« aus den Augen verliert; doch diese Kategorie ist so weit und so ohne Bezüge zu Zeiten und Arten der Realisierung der ersehnten Zukunft, dass sie auch die abstrakteste Utopie subsumieren kann.

Ein ausgesprochener Messianismus findet sich bei Benjamin. 1940, am Vorabend seines Selbstmords, kritisiert er in den *Geschichtsphilosophischen Thesen* die »homogene und leere Zeit«, auf der ein Evolutionismus beruhe, der unfähig sei, den qualitativen Sprung zu begreifen oder zu imaginieren, der allein Rettung bringen kann, und bezieht sich dann auf die »messianische Zeit« der jüdischen Tradition; in ihr gebe es »jede Sekunde« »die kleine Pforte, durch die der Messias treten konnte« (These 18). Mehr als die kalte und rationale Analyse ist es die neue und schlimmere über Europa hereingebrochene Tragödie, ist es die verzweifelte Situation, die die Ankunft des Messias nahelegt, als Alternative zu einer Gegenwart, die ausweglos erscheint.

Selbst ein Autor wie Lukács scheint in seinen jungen Jahren und in der Zeit, in der Horror und Empörung über den Krieg noch keine ausformulierte politische Antwort gefunden haben, vom oben beschriebenen Klima beeinflusst. Marianne Weber nimmt ihn als beseelt von »eschatologischen Hoffnungen« wahr und dem »Endziel« der »Erlösung der Welt« zugeneigt, das dank einer »Endschlacht zwischen Gott und Luzifer« zu erreichen sei. Auch wenn es sich auch um eine tendenziöse Beschreibung handelt, gibt doch die Tatsache zu denken, dass Lukács 1916, während das Gemetzel wütet, von seiner Zeit als der »Epoche der vollendeten Sündhaftigkeit« spricht, wobei er sich auf einen Ausdruck Fichtes bezieht. Später wirft derselbe ungarische Philosoph Fichte vor, er habe der »Epoche der vollendeten Sündhaftigkeit« eine »utopistisch aufgefasste Zukunft« gegenübergestellt; das ist eine Kritik, die auch wie eine Selbstkritik klingt und eine Distanzierung von den apolitischen Tönen seiner Jugend (Losurdo 2000, IV.10).

Es versteht sich von selbst, dass es müßig wäre, sich in China, Indochina oder dem östlichen Marxismus überhaupt auf die Suche nach Appellen an die »ecclesia militans«, den »Messias« oder nach einer Vision zu begeben, die der Revolution die Aufgabe der Vernichtung des »radikal Bösen«, der »vollendeten Sündhaftigkeit«, der »Kaufmannsmoral« oder der »Macht« als solcher zuweist. Ich habe schon auf die Andersartigkeit der chinesischen Kulturtradition angespielt. Gewiss brach Mitte des 19. Jahrhunderts in China der Taiping-Aufstand aus, der mit der konfuzianischen Tradition brach und eine radikal neue Ordnung erwartete, das »Himmlische Reich des Friedens«; nicht zufällig jedoch war der Protagonist der gewaltigen Massenerhebung davon überzeugt, ein jüngerer Bruder von Jesus zu sein, und war im Übrigen zutiefst beeinflusst vom Christentum und vom christlichen Messianismus. Der tragische Ausgang der Revolte, der Ströme von Blut kostete und den Untergang des Landes beschleunigte, endete folglich mit der kolonialen oder halbkolonialen Unterwerfung und hat vielleicht die chinesische Kultur letztlich gegen die messianische Versuchung immunisiert; und das kann dazu beigetragen haben, die Theorie von Marx »pragmatischer« zu rezipieren. In Europa und im Westen dagegen fand die große historische Krise (die zwei Weltkriege und dazwischen die Weltwirtschaftskrise und der Nazifaschismus) ihr Epizentrum und loderte besonders traumatisch auf, folgte sie doch unmittelbar auf die *Belle Époque* und den Hundertjährigen Frieden (1814-1914). All das förderte, zusammen mit dem Einfluss der jüdisch-christlichen Tradition, die messianische Lesart der Tragödien dieser Jahrzehnte.

Was bleibt, ist die lange Dauer der messianischen und utopistischen Tendenz des westlichen Marxismus. Er reagiert mit Irritation, als Lukács (1967, S. 12ff) sich selbst für seinen »messianischen Utopismus«, sein »messianisches Sektierertum«, für die in *Geschichte und Klassenbewusstsein* vorhandenen »messianischen Perspektiven« und für die Tendenz kritisiert, sich den Postkapitalismus als etwas vorzustellen, das »auf jedem Gebiet einen totalen Bruch mit allen aus der bürgerlichen Welt stammenden Institutionen und Lebensformen« beinhalte. Noch in den 60er Jahren des 20. Jahrhunderts wird das (Herbert Marcuse teure) Ideal einer Gesellschaft, die auf einer grundlegenden Befreiung von der Arbeit und auf dem endgültigen Triumph des Eros über jede Herrschaftsform (und vielleicht jede Form der Macht) beruht, massenhaft verbreitet und teilweise auch radikalisiert. Wer explizit nach »Unterdrückung der Arbeit« ruft, das ist der Hauptvertreter des italienischen »Operaismus«, Mario Tronti, der einige Jahrzehnte später seine stolze Übereinstimmung mit den »Häresien der Millenaristen« [Anhänger der 1000-jährigen Messias-Herrschaft], der »Arbeiter des 20. Jahrhunderts« versichert (vgl. unten III.3).

Noch viel mehr darüber sagt der außergewöhnliche Erfolg, den ein in erster Ausgabe im Jahr 2000 veröffentlichtes Buch erreichte. Es schließt mit der Beschwörung einer so unglaublichen Zukunft allgemeiner Regeneration, die nicht nur auf die Revolution Marx'schen Andenkens verweist, sondern sogar auf die Apocatastasis [Neuordnung], von der in den ersten christlichen Jahrhunderten besonders enthusiastische Theologen sprechen und die die Ankunft der endlichen Versöhnung nicht nur zwischen den Menschen, sondern auch zwischen Mensch und Natur und den Tiergattungen untereinander verkündet. Wir müssen fast an Autoren wie Origenes oder Johannes Scotus Eriugena denken, die Propheten der Apocatastasis: hier sind sie endlich, »die Tiere, Schwester Mond, Bruder Sonne, die Vögel auf dem Felde, die armen und ausgebeuteten Menschen« – zusammengeschlossen »gegen den Willen der Macht und der Korruption [...]. Bio-Macht und Kommunismus, Kooperation und Revolution in Liebe, Einfachheit und auch in Unschuld vereint« (Hardt, Negri 2002, S. 420).

7. Der Kampf gegen die Ungleichheit im Westen und im Osten

In seiner feurigen Verdammung des Kriegsmassakers und des politisch-gesellschaftlichen Systems, das sie verursacht hat, klagt Bloch die soziale Polarisierung an, die den Kapitalismus trotz seiner prinzipiellen Hochachtung vor der (juristischen) Gleichheit charakterisiert:

> »Das ist, sagt Anatole France, die Gleichheit vor dem Gesetz, das es den Reichen wie den Armen gleichmäßig verbietet, Holz zu stehlen oder unter Brücken zu schlafen. Die wirkliche Ungleichheit hindert es so wenig, dass es sie erst recht beschützt [...] Denn da die Juristen nicht anders als rein formal geschult sind, so finden gerade die Fähigkeiten der Ausbeuterklasse, das Rechnen, Misstrauen und die hinterhältige Kalkulation, in diesem Formalismus verwandten Boden [...] das ganze Recht, zum weitaus überwiegenden Teil auch das Strafrecht, ist ein bloßes Mittel der herrschenden Klassen, die ihre *Interessen schützende* Rechtssicherheit aufrechtzuerhalten.« (Bloch 1923/1985a, S. 297 f).

Die Verdammung ist, wie man sieht, radikal, doch sie basiert nur auf der Analyse der Lage der Volksmassen im Westen. Das gilt auch für Benjamin: Auch er greift die satirische Beobachtung des französischen Schriftstellers über die Gesetze der bürgerlichen Gesellschaft wieder auf, die es »Armen und Reichen gleichermaßen verbieten unter Brückenbogen zu nächtigen«, und die auf politischer Ebene nur die Übertragung der Macht »von Privilegierten auf Privilegierte« ertragen (Benjamin 1920-21/1972-99, 2.1, S. 198 u. 194).

Dagegen gibt es keinerlei Bezugnahme auf die Lage der Völker der Kolonien; im Gegenteil werden wir, was Bloch angeht, gleich sehen, dass er in diesen Jahren gegen jene polemisiert, die in seinen Augen die Kolonialfrage ausufernd hochspielen.

Natürlich kümmert sich Ho Chi Minh auch um die Sache der Ungleichheit, aber seine Prioritäten sind andere. In der Rede, in der er die französischen Sozialisten aufruft, der Kommunistischen Internationale beizutreten, haben wir ihn erklären sehen: »Die sogenannte Ungleichheit da unten in Indochina hat zwei Maße und zwei Gewichte. Die Annamiten haben nicht die gleichen Garantien wie die Europäer und ihre Anhänger«. Die Ungleichheit wird in erster Linie mit Blick auf die Lage der Kolonialvölker angeprangert. Und für den vietnamesischen Revolutionär geht es nicht darum, nur den formalen Charakter der juristischen Gleichheit in Frage zu stellen; nicht einmal diese Gleichheit ist in den Kolonien in irgendeiner Weise realisiert. Es sind nicht nur die Franzosen, die eine entschieden privilegierte Behandlung genießen, sondern auch die Vietnamesen und Indochinesen, die »europäisiert« sind, die z.B. zum Christentum konvertiert sind, zur Religion der herrschenden Kolonialmacht, und die in einem gewissen Maß in den Bereich der Zivilisation aufgenommen worden sind bzw. in die selbsternannte höhere Rasse. Einige Zeitlang trägt sich Ho Chi Minh mit der Idee, Montesquieus *L'Esprit des lois* ins Vietnamesische zu übersetzen (Ruscio 1998, S. 13): Der kapitalistische Westen plustert sich auf mit seinen liberalen Prinzipien, doch in den Kolonien hütet man sich sehr, sagen wir mal, sie nicht nur nicht in die Praxis umzusetzen, sondern sogar sie nur bekannt zu machen!

Auch die materielle Ungleichheit wird vor allem mit Blick auf die Kolonien angeprangert: Die Vietnamesen »leben in Armut, während es Überfluss für ihre Schlächter gibt, und sie sterben vor Hunger, wenn die Ernte gering ist«. Die materielle Ungleichheit ist mit der juristischen verflochten, die Kolonialvölker sind gezwungen, willkürliche Haft und verzweifelten Hunger gleichzeitig zu erleiden: »Algerien leidet an Hunger. Auch Tunesien ist von derselben Geißel heimgesucht. Um dieser Situation entgegenzuwirken, lässt die Verwaltung viele Hungrige verhaften. Und weil die Hungertoten das Gefängnis nicht für ein Hospiz halten sollen, haben sie nichts zu essen. Es gibt einige, die im Gefängnis an Auszehrung sterben«. Vor allem darf der vielleicht wichtigste Punkt nicht aus den Augen verloren werden: Bei der antikolonialen Revolution geht es darum, die Emanzipation auf jeder Ebene nicht nur als Individuen zu erreichen, sondern auch als Nation. Es muss Schluss gemacht werden mit dem »protokollarischen Gruß, der der höheren Rasse von der besiegten geschuldet ist«, es muss auch Schluss gemacht werden mit der auferlegten Verbeugung, die der Vietnamese auszuführen gezwungen ist, wenn er einen Franzosen trifft (Ho Chi Minh 1925, S. 100, 103 u. 71).

Wir haben gesehen, dass Sun Yat-sen der Oktoberrevolution das Verdienst zuerkennt, sich gegen »die Ungleichheit und zur Verteidigung der Menschheit« erhoben zu haben: Die Ungleichheit, um die es hier geht, ist die globale Ungleichheit. Im Lauf der chinesischen Revolution nimmt die Forderung nach Gleichheit regelmäßig die Erniedrigung in den Blick, die die Nation als Ganzes erlitten hat. Laut und immer wiederkehrend ist die Verdammung der »ungleichen Verträge«, die China vom Kolonialismus auferlegt wurden; sie müssen verschwinden für »neue Verträge auf Basis der Gleichheit«. In diesen Kontext reiht sich auch die Verurteilung der »Exterritorialität« ein, die die USA China als erste abgerungen hatten (Mao Zedong, 1945 u. 1949/1969-75, Bd. 3, S. 268 u. Bd. 4, S. 461) und die es den amerikanischen Bürgern, die in dem großen asiatischen Land wohnten (und den konvertierten und verwestlichten Christen), erlaubte, sich zu organisieren und zu benehmen wie ein Staat im Staate. In jedem Falle ist der Kampf für die Anerkennung des Prinzips »der Gleichberechtigung, des gegenseitigen Vorteils und der gegenseitigen Achtung der Souveränität und der territorialen Integrität« ein wesentlicher Aspekt der antikolonialen Revolution auf internationaler Ebene (Mao Zedong 1949/1969-75, Bd. 4, S. 428).

Es versteht sich von selbst, dass weder Mao Zedong noch Ho Chi Minh die Aufgabe aus dem Blick verlieren, eine Gesellschaft ohne soziale Polarisierung aufzubauen, die die vorkapitalistische und die kapitalistische Welt charakterisiert. Es bleibt also die Tatsache, dass die Kommunisten in Asien, im Gegensatz zu Europa, die Oktoberrevolution begrüßen, indem sie aus ihr den Anreiz schöpfen, sich in erster Linie von der furchterregenden Ungleichheit zu befreien, die die fortgeschrittenen Länder, d.h. Kapitalismus und Imperialismus, den Kolonialvölkern aufbürden.

8.
Die verschwimmenden Grenzen zwischen westlichem und östlichem Marxismus

Ich habe westlichen und östlichen Marxismus voneinander unterschieden, indem ich mich auf Westeuropa und auf Asien bezog: Wie Sowjetrussland einordnen? Die Mitglieder der Führungsgruppe der bolschewistischen Revolution haben in unterschiedlichem Maße Lenins Lektion über die zentrale Bedeutung der Kolonialfrage gelernt und erwarten alle in ebenfalls unterschiedlichem Maße die Ausbreitung der Revolution in Europa und die Verwirklichung eines Umbruchs von einer bisher in der Geschichte unbekannten Radikalität. Folglich scheint es in Russland, jedenfalls für eine gewisse Zeit, keine Spur eines Auseinanderdriftens der beiden Marxismen zu geben. Dieses nimmt erst nach und nach Gestalt an, als die Aussicht auf das weltweite Aufkommen einer Gesellschaft, die durch das Verschwinden der Warenökonomie, des Staatsapparats und der staatlichen und nationalen Grenzen, durch das Verschwinden jeglicher Konflikte und Disharmonien gekennzeichnet ist, an Glaubwürdigkeit verliert. Je mehr diese spannende Perspektive verblasst, desto dringlicher wird die Aufgabe, Russland zu regieren, ein Land, das mit historischer Rückständigkeit und den Verwüstungen des Krieges und des Bürgerkriegs zu kämpfen hat, desto mehr ist die bolschewistische Führung gezwungen, sich inmitten von Schwankungen und Widersprüchen einem Lernprozess zu stellen, der sich, angesichts der Gefahren, die der internen wie internationalen Lage innewohnen, ziemlich schnell entwickeln muss.

Exemplarisch ist der Fall Lenin. Eine Zeitlang, während die Revolution sich über die Grenzen Russlands hinaus auszubreiten scheint, teilt er die Illusionen der anderen Bolschewiki, bis zu dem Punkt, dass er eine gewagte Vorhersage traf (vorgetragen im Schlusswort auf dem Kongress der Gründung der Internationale am 6. März 1919), »dass der Sieg der kommunistischen Weltrevolution gesichert ist [...] alle werden sehen, wie die föderative Weltrepublik der Sowjets gegründet werden wird« (LW 28, S. 498f). Anfang Oktober 1920 betont Lenin in einer Atmosphäre anhaltender Euphorie: »Die Generation, deren Vertreter heute etwa fünfzig Jahre alt sind, kann nicht mehr darauf rechnen, die kommunistische Gesellschaft zu erleben. Bis dahin wird diese Generation ausgestorben sein. Aber die Generation, die jetzt fünfzehn Jahre alt ist, die wird die kommunistische Gesellschaft erleben und selber diese Gesellschaft aufbauen« (LW 31, S. 289). Die Illusion des nahen Beginns einer radikal neuen Welt im Zeichen totaler und endgültiger Versöhnung war bald hinfällig.

Zweieinhalb Jahre später kamen in dem berühmten Artikel *Lieber weniger, aber besser*, der am 4. März 1923 in der »Prawda« veröffentlicht wurde, ganz andere Töne und Losungen zum Tragen: »unseren Staatsapparat verbessern«, sich ernsthaft »mit dem Aufbau des Staates« beschäftigen, »eines wirklich neuen Apparats, der wirklich den Namen eines sozialistischen, eines sowjetischen usw. verdient«. Das sei eine Aufgabe von langer Dauer, die »viele, viele Jahre« erfordere, und Sowjetrussland dürfe nicht zögern, bei den weiterentwickelten kapitalistischen Ländern in die Schule zu gehen (LW 33, S. 474ff). Neben der Frage des Staates (und der Nation) waren auch auf dem Gebiet der Ökonomie ein Umdenken und ein Lernprozess erforderlich. Nachdem er den Taylorismus als »ein ›wissenschaftliches‹ System zum Auspressen des Schweißes« des »Lohnsklaven« (LW 18, S. 588) gegeißelt hatte, unterstrich Lenin nach der Oktoberrevolution, dass die Sowjetmacht die Arbeitsproduktivität zu steigern wissen müsse, indem sie den russischen Arbeiter, traditionell ein »schlechter Arbeiter«, besser zu arbeiten lehre und die kritische Anwendung des »Taylor-Systems« und »der jüngsten Fortschritte des Kapitalismus« vorantreibe (LW 27, S. 249).

Man könnte sagen, dass die Trennung von westlichem und östlichem Marxismus in der bolschewistischen Leitungsgruppe in erster Linie eine Frage der Zeit war. Vor der Wende von 1917 haben viele im Westen gelebt, und zwar nicht wie die Chinesen, die sich für kurze Zeit in Frankreich oder Deutschland mit dem Ziel aufgehalten haben, Wissenschaft und Technik zu studieren, um sie möglichst schnell in ihr Heimatland zu bringen. Nein, nicht wenige unter den künftigen Kadern Sowjetrusslands haben einen beträchtlichen Teil ihres Lebens im Westen verbracht, ohne irgendeine Gewissheit, nach Hause zurückkehren zu können; sie waren isoliert in dem Land, in dem sie Zuflucht gefunden hatten, und konnten keinerlei Regierungs- und Verwaltungstätigkeit ausüben, nicht einmal auf bescheidenster Ebene. Noch mehr als während der Französischen Revolution ist eine Gruppe oder eine Schicht »theoretischer« Intellektueller sozusagen von einem Tag auf den anderen aufgerufen, sich in Regierende zu verwandeln.

Ausgehend vom exemplarischen Fall Lenins können wir den Lernprozess verstehen, den die bolschewistische Leitungsgruppe durchlaufen muss: Vor der Eroberung der Macht tendiert sie dazu, sich die postkapitalistische Gesellschaft wie eine totale und unmittelbare Negation der vorhergehenden politisch-sozialen Ordnung vorzustellen; mit den ersten Erfahrungen der Verwaltung der Macht bahnt sich die Erkenntnis den Weg, dass die revolutionäre Transformation keine plötzliche und schmerzfreie Kreation aus dem Nichts ist, sondern eine komplexe und schmerzliche *Aufhebung* (um noch einmal eine zentrale Kategorie der Hegelschen Philosophie aufzugreifen), und das bedeutet eine Negation, die zugleich ein Erbe der höchsten Entwicklungen der negierten und zerstörten politisch-sozialen Ordnung ist.

Es versteht sich von selbst, dass nicht alle gleichzeitig oder auf dieselbe Art und Weise den der objektiven Situation angemessenen Lernprozess vollziehen bzw. zu vollziehen geneigt sind. Mit anderen Worten: Was die sowjetische Revolution angeht, ist die Grenze zwischen westlichem und östlichem Marxismus einerseits temporal, andererseits verläuft sie durch die Leitungsgruppe selbst. Die Widersprüche und Konflikte, die diese schließlich zerreißen, gehen in letzter Instanz auf den Gegensatz zwischen den beiden Marxismen zurück. Trotzki, der die von den Bolschewiki in Russland eroberte Macht als Sprungbrett betrachtet, von dem aus die Revolution auf Europa überspringen muss, repräsentiert in hervorragender Art den westlichen Marxismus. Von seinem Gegenspieler der nationalen und provinziellen Engstirnigkeit geziehen, ist Stalin im Gegensatz dazu die Inkarnation des östlichen Marxismus: Er hat sich nur für kurze Zeit aus Russland wegbewegt und bereits zwischen Februar und Oktober 1917 beschreibt er die von ihm erhoffte proletarische Revolution als das notwendige Instrument, nicht nur zum Aufbau einer neuen gesellschaftlichen Ordnung, sondern auch zur Stärkung der nationalen Unabhängigkeit Russlands, das von der Entente bedroht ist, die es zwingen will, Kanonenfutter für den imperialistischen Krieg zu liefern, und es wie ein Land in »Zentralafrika« behandelt (vgl. unten II, 3). Es ist die vage Vorahnung, dass Sowjetrussland, weit davon entfernt, die Revolution in den Westen »exportieren« zu können, sich anstrengen müsse, um nicht eine Kolonie oder Halbkolonie des entwickelten kapitalistischen Westens zu werden.

9.
Die schwierige gegenseitige Anerkennung zwischen zwei Kämpfen um Anerkennung

Von Anfang an tendierten der westliche und der östliche Marxismus dazu, zwei unterschiedliche Wege zu verfolgen. Gründe für Polemik, mal direkt, mal indirekt, gab es reichlich. Indem er sich der Ideologie des US-Präsidenten Woodrow Wilson anschloss, wonach die Niederlage des Despotismus, den man vor allem dem Wilhelminischen Deutschland vorgeworfen hatte, den Weg zum »endgültigen Frieden« geebnet habe, distanzierte sich Bloch von Lenin, den er dafür kritisierte, die gegnerischen Lager auf dieselbe Stufe zu stellen und damit den demokratischen Charakter Großbritanniens und seiner Verbündeten nicht ernst zu nehmen. In den Augen des deutschen Philosophen »gefällt sich« der russische Revolutionär »in der souveränen Skepsis des Marxisten, der überall Kapitalinteressen und sonst nichts sieht, und den Engländern das Protektorat über das ferne Ägypten zum Vorwurf macht« (Bloch 1918/1985b, S. 319).

Die Reduzierung der kolonialen Frage auf eine Bagatelle springt ins Auge: Das größte Kolonialreich der Zeit wird mit dem Argument freigesprochen, dass es abwegig sei, es wegen einer einzigen Kolonie, besser gesagt, wegen eines einzelnen »Protektorats« zu verurteilen, das im Übrigen »fern« von Europa liege und somit besonderer Aufmerksamkeit nicht würdig sei. Auch macht der deutsche Philosoph keinerlei Andeutung auf die schreckliche Repression, die das irische Volk heimsucht, das sich kurz davor gleichzeitig gegen den Krieg und die Kolonialherrschaft erhoben hat. Welcher Unterschied zu Ho Chi Minh, der diesen Aufstand mit leidenschaftlicher Anteilnahme verfolgt, als nationalen Befreiungskampf eines Volkes, das nicht im »fernen« Nahen Osten, sondern in Europa lebt (Lacouture 1967, S. 27)! Allgemeiner gesagt: Während Bloch Lenin vorwirft, ein zu großes Gewicht auf die koloniale Frage zu legen, kritisiert Ho Chi Minh Marx 1923 aus dem entgegengesetzten Grund: »Marx hat seine Lehre auf eine bestimmte Geschichtsphilosophie gebaut. Welche Geschichte? Die von Europa. Aber was ist Europa? Es ist nicht die Menschheit in ihrer Gesamtheit« (in Ruscio 1998, S. 21).

Die Unterschätzung der kolonialen Frage ist direkter Ausdruck des prowestlichen Chauvinismus. Andererseits verbreitet sich seit dem Entsetzen über das Blutbad des Weltkrieges, der von der einen wie der anderen Seite offiziell im Namen der Verteidigung des Vaterlands geführt wurde, in breiten Kreisen des westlichen Marxismus ein exaltierter und abstrakter Internationalismus, der dazu neigt, die nationale Frage für überwunden zu halten und folglich die nationalen Befreiungsbewegungen der Kolonialvölker zu delegitimieren (ein indirekter Ausdruck des prowestlichen Chauvinismus). Gegen diese Tendenz polemisiert Ho Chi Minh mit einer Anspielung am Anfang seiner Rede auf dem Kongress von Tours im Dezember 1920:

> »Genossen, ich wäre gerne gekommen, um mit Euch mitzuarbeiten am Werk der Weltrevolution, aber mit größter Trauer und tiefster Verzweiflung komme ich heute als Sozialist, um gegen die abscheulichen Verbrechen zu protestieren, die in meinem Heimatland begangen werden« (in Lacouture 1967, S. 36).

Die Parole von der Weltrevolution birgt die Gefahr, die bescheidenere, aber konkretere Aufgabe aus dem Blick zu verlieren, nämlich die politische Unterstützung der Völker, die darum kämpfen, die koloniale Unterwerfung abzuschütteln und sich als unabhängige Nationalstaaten zu konstituieren. Bloch (1923/1985a, S. 304) wird nicht müde, den Militarismus zu verdammen, wirft in diesem Zusammenhang jedoch Marx vor, er habe seinen Angriff quasi »nur gegen den Kapitalismus« gerichtet, statt den Fokus auf den »Militarismus« zu konzentrieren, dessen Inkarnation Preußen darstelle. Ganz anders argumentiert Ho Chi Minh (1925, S. 42, 32 f u. 38), der im Gegensatz dazu Aufmerksamkeit für den »kolonialen Militarismus« einfordert: Er ist es, der in den Kolonien die Jagd auf »Menschenmaterial« entfesselt, auf »schwarzes oder gelbes Fleisch«, das die kapitalistischen Großmächte sich anmaßen, ungestört im Krieg um die Eroberung der Weltherrschaft zu opfern.

Wir werden sehen, dass die Kommunistische Internationale bereits ein Jahr nach ihrer Gründung die Losung ausgibt, dass nicht nur die »Proletarier«, sondern auch die »unterdrückten Völker« der ganzen Welt aufgerufen seien, Vorkämpfer der Revolution zu sein, womit sie ein klares Bewusstsein für die zentrale Bedeutung der »Kolonialfrage« ausdrückt. Allerdings fühlt Ho Chi Minh sich noch 1924 anlässlich des V. Kongresses der Kommunistischen Internationale gezwungen, mit einer kurzen, aber eloquenten Erklärung in die Debatte einzugreifen, die die weiter bestehende Unterschätzung der Kolonialfrage kritisiert: »Ich habe den Eindruck, dass die Genossen nicht vollständig verstanden haben, dass das Schicksal des Weltproletariats [...] eng mit dem Schicksal der unterdrückten Völker der Kolonien verknüpft ist« (in Kotkin 2014, S. 550).

Bloch tendiert hingegen dazu, zusammen mit Großbritannien auch die USA zu verklären. Es sind die Jahre, in denen die nordamerikanische Republik, ohne ihre eigentlichen Kolonien (die Philippinen) sowie die Monroe-Doktrin und die damit verbundene neokoloniale Kontrolle über Lateinamerika aufzugeben, mit Wilson versucht, sich einen »antikolonialen« Anstrich zu geben, indem sie das Banner der Selbstbestimmung der Völker schwingt. Enthusiastisch ist Blochs Zustimmung (1918/1985, S. 431 f), der sich auch in diesem Fall weder um die Kolonien noch um die Halbkolonien noch um die Behandlung schert, die das fortdauernde Regime der *white supremacy*, der ›weißen Vorherrschaft‹, den Völkern kolonialen Ursprungs (besonders den Schwarzen) vorbehält.

Sehen wir uns dagegen Ho Chi Minh an: Als er 1924 auf der Suche nach Arbeit in die Vereinigten Staaten kommt, wird er voller Entsetzen Zeuge eines Lynchmordes, der langsamen und endlosen Qualen eines Schwarzen, denen eine amüsierte und feiernde Menge von Weißen beiwohnt. Wir übergehen die einzelnen Grausamkeiten, um uns auf die politische Zusammenfassung zu konzentrieren: »Auf dem Boden, umgeben von Dreck aus Fett und Rauch, schneidet ein schwarzer Kopf, verstümmelt, geröstet, deformiert, eine schreckliche Grimasse und scheint die untergehende Sonne zu fragen: ›Und das ist Zivilisation?‹«. Es leiden also außer den Kolonialvölkern auch diejenigen unter Unterdrückung, Erniedrigung und Entmenschlichung, die, wiewohl Staatsbürger des Landes, das sich gerne als älteste Demokratie der Welt preist, durch ihre Hautfarbe ihre Nichtzugehörigkeit zur selbsternannten höheren Rasse verraten. In »Correspondance Internationale« (der französischen Ausgabe des Organs der Kommunistischen Internationale) klagt der junge Mann aus Indochina, der sich nun für die kommunistische Revolution entschieden hat, die Infamie des Regimes der weißen Suprematie und des Ku-Klux-Klans an (in Wade 1997, S. 203 f). Die

Reflexion über das Schicksal der Afroamerikaner dürfte auch für die Entwicklung Mao Zedongs eine Rolle gespielt haben: Der Aussage eines maßgeblichen Zeugen zufolge »wusste er Bescheid über die Frage der schwarzen Bevölkerung in den USA und zog einen wenig schmeichelhaften Vergleich zwischen der Behandlung der Schwarzen und der Indianer in Amerika und der gerechten Politik gegenüber den nationalen Minderheiten in der Sowjetunion« (Snow 1938, S. 88f).

Während im Westen und bei der Herausbildung des westlichen Marxismus jene Aspekte bei Lenin ein besonderes Echo erfahren, die der Anprangerung der Kriegsmassaker, der totalen Mobilisierung und Reglementierung gewidmet sind, hallen im Osten und bei der Bildung des östlichen Marxismus jene Aspekte mit besonderer Kraft nach, die den Imperialismus ins Visier nehmen sowie den Anspruch der sogenannten »auserwählten Nationen« oder »Modellnationen«, den Rest der Welt zu beherrschen und auszubeuten. Wir haben zwei Schlachten um Anerkennung vor uns. Was die Kolonien angeht, resultiert dies sicherlich aus der Analyse der von Ho Chi Minh aufgedeckten Prozesse der Entmenschlichung: Die Kolonialvölker sind reduziert auf »Menschenmaterial« oder »schwarzes und gelbes Fleisch«, das in mehr oder weniger versklavter Arbeit zu opfern oder in einem Krieg zu vernichten ist, in dem sich in tausenden Kilometern Entfernung die Herrenvölker in tödlicher Konkurrenz gegenüberstehen.

Bei genauerer Betrachtung entspringt die Forderung nach Anerkennung auch aus dem Kampf, den die Volksmassen im Westen gegen den Ersten Weltkrieg führen. Italien ist, trotz der Opposition der breiten Massen mit katholischer oder sozialistischer Orientierung, in den Krieg hineingerissen, und allen ist der Preis klar, der an Menschenleben gezahlt werden muss. So versteht man die Schlussfolgerung von Gramsci: Schon immer als kindische Masse behandelt und deshalb als unfähig betrachtet, auf politischer Ebene etwas zu verstehen oder zu wollen, können die Volksmassen von der herrschenden Klasse ruhig auf dem Altar ihrer imperialen Projekte geopfert werden. Deshalb muss etwas unternommen werden, damit das »arbeitende Volk« nicht in der Lage der »wohlfeilen Beute für alle« und des einfachen »Menschenmaterials« zur Disposition der Eliten, als »Rohmaterial für die Geschichte der privilegierten Klassen«, verbleibt (Gramsci 1916/1980, S. 175; Gramsci 1920/1987, S. 520).

Es dürfte hier keinen Widerspruch zwischen östlichem und westlichem Marxismus geben: Wir haben es mit Ansichten bezüglich desselben Gesellschaftssystems aus zwei Perspektiven zu tun, die in beiden Fällen von der Analyse ausgehen, die von Lenin entwickelt wurde. Anders gesagt, die Diskussion über Kapitalismus-Imperialismus besteht aus zwei Kämpfen um Anerkennung: zum ersten gehören als Protagonisten ganze Nationen, die die von der Kolonialherrschaft auferlegte Unterdrückung, Erniedrigung und Enthumanisierung abschütteln; Protagonisten des zweiten sind die Arbeiterklasse und die Volksmassen, die es ablehnen, »Rohmaterial« zur Disposition der Eliten zu sein. Und doch sind Konvergenz, Einheit und gegenseitige Akzeptanz dieser beiden Kämpfe um Anerkennung nicht von Anfang an selbstverständlich.

II. Kapitel

Sozialismus contra Kapitalismus oder Antikolonialismus contra Kolonialismus?

1.
Von der »nur proletarischen« Revolution zu den antikolonialen Revolutionen

Bisher haben wir gesehen, wie verschiedene sozialökonomische Situationen und unterschiedliche kulturelle Traditionen dazu beigetragen haben, dass die beiden im Westen bzw. im Osten angesiedelten Marxismen sich auseinanderentwickelt haben. Nun geht es darum, den Einfluss des raschen Wandels des internationalen Rahmens und der immer deutlicher werdenden Diskrepanz zwischen den anfänglich durch die Oktoberrevolution geweckten Hoffnungen und den späteren historischen Entwicklungen zu analysieren. Die Empörung über den Ersten Weltkrieg verbreitete unter den europäischen Kommunisten eine feste Überzeugung: Auf der Tagesordnung stand die Abschaffung des politisch-sozialen Systems, das für das schreckliche Schlachten verantwortlich war, es gab keine Zwischenziele mehr zu verfolgen; alles drehte sich um den Widerspruch Kapitalismus/Sozialismus oder Bourgeoisie/Proletariat. Das war auch Lenins Meinung, der wiederholt versicherte: »Der Imperialismus ist der Vorabend der sozialen Revolution«; er war das »höchste Stadium des Kapitalismus«, eben weil er mit seinen Untaten und den von ihm provozierten Massenerhebungen »den Übergang von der kapitalistischen zu einer höheren Gesellschaftsform« kennzeichnete (LW 22, S. 199 u. 304).

Der qualitative Sprung, der sich am Horizont abzeichnete, sei im Vergleich zu den, wenn auch großen, Umwälzungen in der Vergangenheit von unermesslichem Ausmaß gewesen. Im Januar 1917, bei der Erinnerung an den 12. Jahrestag der russischen Revolution von 1905, die »nach ihrem sozialen Inhalte eine *bürgerlich-demokratische*, nach ihren Kampfesmitteln aber eine proletarische« war (sie wollte die zaristische Autokratie und den Feudaladel vernichten, jedoch noch nicht die kapitalistische Bourgeoisie, doch ihre Stoßkraft machten die Arbeiter aus, die antikapitalistische Klasse par excellence), schloss Lenin, dass die bevorstehende russische Revolution »ein *Vorspiel* der kommenden europäischen Revolution« sein werde, und zwar *nur proletarisch* »in viel tieferer Bedeutung, auch ihrem Inhalte nach, nur eine *proletarische, sozialistische* Revolution« über die bloße Beteiligung der Masse des Proletariats und der Volksklassen hinaus (LW 23, S. 246f u. 261). Unmittelbar am Vorabend der Niederlage der »Regierung des imperialistischen Gemetzels« und der Eroberung der Macht durch die Bolschewiki betonte der revolutionäre Führer, dass die anstehende »große Wende« weit über Russland hinausgehe: es nähere sich die »*proletarische* Weltrevolution«, die »*sozialistische* internationale Revolution«, der Sieg des »Internationalismus« (LW 26, S. 59ff).

Doch je mehr er über das gigantische Gefecht nachdachte, das Europa und die Welt überzog, desto mehr begann Lenin Zweifel an dem theoretisch und politisch soeben Dargestellten zu hegen. Im Jahr 1915 charakterisierte er den ein Jahr zuvor ausgebrochenen Weltkrieg als einen Krieg zwischen Herren und Sklaven, »um die [koloniale] Sklaverei aufrechtzuerhalten und zu verstärken«; »das Eigenartige der Lage besteht darin, dass in diesem Krieg die Geschicke der Kolonien durch den Krieg auf dem Kontinent entschieden werden« (LW 21, S. 301 u. 303f). Eine solche Formulierung deutet an, dass die »eigenartige« Situation, in der nur die »Herren der Sklaven« die politische Initiative ergriffen, also die kolonialistischen und imperialistischen Großmächte, nicht lange dauern würde; die Sklaven der Kolonien würden nicht lange zögern zu revoltieren. Ein Jahr später wies Lenin darauf hin, dass die Revolte in der Tat schon begonnen hatte. Ja, »die Engländer (warfen) in Singapur die Meuterei ihrer indischen Truppen grausam nieder«; etwas Ähnliches war im »französischen Annam« (oder Vietnam) geschehen und im »deutschen Kamerun«. Es handelte sich um einen Prozess, der auch Europa selbst nicht aussparte: auch Irland hatte sich gegen die Kolonialherrschaft erhoben, die von der Regierung in London mit Hinrichtungen wiederhergestellt wurde (LW 22, S. 362).

Das war eine Analyse, die zu Schlussfolgerungen von erstaunlichem Weitblick führte. Noch vor dem Ausbruch des Kriegs und in seinem Verlauf benannte Lenin präzise die zwei Epizentren des gewaltigen revolutionären und *nationalen* Gewitters, das dabei war, sich zusammenzuballen, und das gesamte 20. Jahrhundert markieren sollte: Es waren »Osteuropa« und »Asien« oder »Osteuropa« auf der einen Seite und »die Kolonien und Halbkolonien« auf der anderen (LW 20, S. 423 u. 23, S. 31). In der Tat würde das erste der hier genannten Gebiete die Entfesselung und den Zusammenbruch des Projekts Hitlers erleben, der für Deutschland ein Kolonialreich auf dem Kontinent errichten wollte; das zweite würde entscheidend zum Sturz und zur Vernichtung des weltweiten Kolonialsystems (zumindest in seiner klassischen Form) beitragen (man denke nur an die nationalen Befreiungsbewegungen in China, Indien, Vietnam etc.). Wir sind weit entfernt von der Perspektive der »*nur proletarischen*« Revolution und der »*proletarischen* Weltrevolution« oder der »internationalen *sozialistischen* Revolution«.

Die schon bei Lenin selbst mühselige und nicht von Schwankungen freie Erkenntnis von der andauernden und wachsenden Bedeutung der kolonialen und nationalen Frage traf, trotz des Sieges der Oktoberrevolution und ihres sozialistischen und internationalistischen Pathos, auf starke Widerstände in den Kreisen der marxistischen und kommunistischen Linken in Europa: So legitim sie sein mochten, hatten die Proteste der Kolonialvölker und die Kämpfe um die nationale Befreiung noch einen Sinn? Bewies der 1914 ausgebrochene gigantische Kampf um die Welthegemonie zwischen den gegnerischen imperialistischen Bündnissen nicht die Don-Quichotterie des Versuchs der einen oder anderen unterdrückten Nation, ihre nationale Unabhängigkeit zu erlangen? Was vermochte David gegen Goliath? Wenn sie wunderbarerweise dazu gekommen wäre, ihre politische Unabhängigkeit zu erlangen, würde sie doch ökonomisch abhängig bleiben und müsste weiterhin auf die eine oder andere Art die von der einen oder anderen Macht ausgeübte Unterdrückung ertragen. Folglich bestand das wirkliche Problem doch darin, ein für alle Mal, für immer und weltweit dem kapitalistisch-imperialistischen System ein Ende zu setzen: So argumentierte auf der Woge der Empörung über den Ersten Weltkrieg und des Enthusiasmus für die Oktoberrevolution eine starke Strömung der marxistischen und kommunistischen Linken, die in Europa ziemlich aktiv war.

Dies referierte Lenin, als er zwischen August und Oktober 1916 die Position wiedergab, die eine »Gruppe der Linken, die deutsche Gruppe ›Internationale‹« einnahm, zu der Mehring, Liebknecht und Luxemburg gehörten, der zufolge »es in er Ära des entfesselten Imperialismus keine nationalen Kriege mehr geben könne« (LW 23, S. 28). Unter dieser Voraussetzung kann man das Missfallen gut nachvollziehen, mit dem eine Schweizer Zeitung, die »Berner Tagwacht«, wiewohl überzeugte Kriegsgegnerin, von dem Aufstand sprach, der sich 1916 in Irland ereignet hatte und dessen Protagonist ein Volk war, das begierig war, sich von der englischen Herrschaft zu befreien und sich als unabhängiger Nationalstaat zu konstituieren: Es habe sich um einen »Putsch« gehandelt, der »viel Lärm« verursacht habe, aber politisch unbedeutend sei (LW 22, S. 362f); in der Epoche des Imperialismus hatte es keinen Sinn, auf veralteten und provinziellen Zwischenzielen zu beharren und jenen Kampf aus dem Blick zu verlieren oder zu schwächen, der alleine zähle und der darauf gerichtet sei, in der ganzen Welt das kapitalistisch-imperialistische System als solches zu vernichten.

Auf diese These, die in der radikalen Linken in Deutschland, der Schweiz, im Westen weit verbreitet war, entgegnete Lenin schroff:

> »Denn zu glauben, dass die soziale Revolution *denkbar* ist ohne Aufstände kleiner Nationen in den Kolonien und in Europa [...] heißt *der sozialen Revolution entsagen*. Es soll sich wohl an einer Stelle das eine Heer aufstellen und erklären: ›Wir sind für den Sozialismus‹, an einer anderen Stelle das andere Heer aufstellen und erklären: ›Wir sind für den Imperialismus‹, und das wird dann die soziale Revolution sein! Nur unter einem solchen lächerlich-pedantischen Gesichtspunkt war es denkbar, den irischen Aufstand einen ›Putsch‹ zu schimpfen.
>
> Wer eine ›reine‹ soziale Revolution erwartet, der wird sie *niemals* erleben. Der ist nur in Worten ein Revolutionär, der versteht nicht die wirkliche Revolution« (LW 22, S. 363 f).

Trifft diese letzte kritische Bemerkung letztlich nicht auch die »nur proletarische« Revolution, auf der, wie wir gesehen haben, für eine gewisse Zeit auch die Hoffnungen von Lenin selbst ruhten? Gesichert bleibt, dass der Hauptaspekt seines Denkens seit langem der ist, dass die antikoloniale Revolution integraler Bestandteil der Epoche des Imperialismus (und des Kampfes gegen den Kapitalismus) ist. Das Fortdauern der nationalen Unterdrückung, sei es auf internationaler Ebene, sei es innerhalb der Länder selbst, die mit ihrer Demokratie prahlen (es sei an die Unterdrückung der Afroamerikaner erinnert), beweist »die ungeheure Bedeutung der nationalen Frage« (LW 21, S. 91 f). Es ist leicht zu verstehen, dass diese Sicht in erster Linie in einem Land (dem zaristischen Russland) entsteht, das traditionell als »Völkergefängnis« verurteilt wurde, das folglich die nationale Unterdrückung nicht ignorieren konnte und das im Übrigen im Windschatten der tatsächlichen kolonialen Welt lag. Über die nationale (und koloniale) Frage begann sich in der Epoche des Imperialismus eine spürbare Unterscheidung zwischen westlichem und östlichem Marxismus abzuzeichnen.

Die Scheidelinie zwischen den beiden ist nicht in rein geografischem Sinn zu verstehen, auch deshalb, weil, wie wir wissen, nicht wenige Führer der bolschewistischen Partei aus dem Westen zurückkamen. Und in der Polemik vor allem gegen zwei von ihnen, Parabellum (oder Radek) und Kijewski (oder Pjatakow), klärt Lenin seine Position: Die »Einteilung der Nationen in unterdrückende und unterdrückte [...] macht das Wesen des Imperialismus aus« und der Kampf für seine Überwindung muss »der Zentralpunkt« des revolutionären Programms sein; ja, »diese Einteilung [...] ist eben das Wesentlichste vom Standpunkt des revolutionären Kampfes gegen den Imperialismus« aus (LW 21, S. 416). Im Sommer 1920 bekräftigte der Kongress der Völker des Ostens, der unmittelbar nach dem Zweiten Kongress der Kommunistischen Internationale in Baku stattfinden sollte, diesen Standpunkt und machte ihn offiziell. Er hielt es für notwendig, das Motto, das das *Kommunistische Manifest* abschließt, mit der *Inauguraladresse* an die Internationale Arbeiterassoziation zu vereinen. Das neue Motto lautete: »Proletarier aller Länder und unterdrückte Völker der ganzen Welt, vereinigt Euch!« Nun werden auch die »unterdrückten Völker« neben den »Proletariern« zu anerkannten revolutionären Subjekten. Das Bewusstsein begann sich Bahn zu brechen, dass der Klassenkampf nicht nur der der Proletarier in den kapitalistischen Mutterländern ist, sondern auch der, den die unterdrückten Völker in den Kolonien und Halbkolonien führen. Und es würde vor allem dieser zweite Typ von Klassenkampf sein, der dem 20. Jahrhundert seinen Stempel aufdrücken sollte. Die Oktoberrevolution war zum Sieg gelangt, indem sie im Westen zur sozialistischen und im Osten zur antikolonialen Revolution aufrief. Letztere hatte man nie aus den Augen verloren, nun wurde sie in kurzer Zeit unerwartet zentral und vom westlichen Marxismus mit Argwohn beäugt.

2.
Die nationale und koloniale Frage im Herzen Europas

Tatsächlich taucht die koloniale und nationale Frage schließlich mit Nachdruck jenseits der eigentlichen Kolonialwelt auf. Auch in diesem Punkt erwies Lenin sich als besonders hellsichtig. Wir kennen bereits seine Anspielungen auf die Gewitter, die sich über Osteuropa zusammenballen sollten. Doch da war mehr. Im Juli 1916, nachdem der große Revolutionär das Heer Wilhelms II. bis vor die Tore von Paris vordringen gesehen hatte, betonte er auf der einen Seite den imperialistischen Charakter des im Gang befindlichen Ersten Weltkriegs und forderte auf der anderen Seite, die Aufmerksamkeit auf ein mögliches Umschlagen zu richten; wenn »dieser Krieg mit Siegen in der Art der Siege Napoleons und mit der Versklavung einer Reihe lebensfähiger Nationalstaaten *endete* […], dann wäre ein großer nationaler Krieg in Europa möglich« (LW 22, S. 315).

Man sollte in diesem Kontext eine wichtige Passage von Lenins Essay über den Imperialismus nachlesen: Er sei charakterisiert durch »das Bestreben, *nicht nur* agrarische Gebiete [wie Kautsky meinte], sondern sogar höchst entwickelte Industriegebiete zu annektieren«, und sei es nur mit dem Ziel, den Gegner zu schwächen (LW 22, S. 273). Das imperialistische Rennen um die Welthegemonie kannte keine Grenzen. Kein Land war vor der Gefahr geschützt, in eine Kolonie oder Halbkolonie verwandelt zu werden, egal wie industrialisiert es sein mochte oder wie alt seine Zivilisation war; nicht einmal eine kolonialistische und imperialistische Macht konnte sich auf der sicheren Seite fühlen. Und in der Tat war nach dem Sieg, den Hitler im Frühjahr 1940 »nach Art der Siege Napoleons« errungen hatte, Frankreich eine Kolonie oder Halbkolonie des Dritten Reichs geworden.

Es ist interessant, dass Hitler bereits vor seiner Machtübernahme eine Rassifizierung des französischen Volkes vornahm, indem er es den Kolonialvölkern und minderen Rassen zuschlug: Frankreich sei nicht wirklich Teil der weißen Weltgemeinschaft; es sei auf dem Wege der »*Vernegerung*«, scheue in keiner Weise Ehen und sexuelle Beziehungen zwischen den Rassen und »vernegere« so »sein Blut«. Derart weit fortgeschritten sei dieser ruinöse Prozess, dass man vom »Entstehen eines afrikanischen Staats auf europäischem Boden sprechen« könne; ja es existiere bereits ein »euroafrikanischer Mulattenstaat« (Hitler 1925-27, S. 730; Hitler 1928, S. 152). In die koloniale Welt zurückgejagt, musste das französische Volk, um seine Unabhängigkeit und nationale Würde wiederzugewinnen, bei einer nationalen und antikolonialen Revolution Zuflucht suchen.

Vielleicht noch bedeutender war, was in Italien geschah: Nachdem er mit explizit imperialistischen Parolen (Eroberung eines Platzes an der Sonne, Wiederkehr des Imperiums »auf die Schicksalshügel Roms« etc.) in den Zweiten Weltkrieg eingetreten war, hinterließ Mussolini im Moment seines Sturzes nicht nur ein abgehalftertes und niedergestrecktes Land, sondern auch eines, das in weiten Teilen von einer Armee kontrolliert wurde, die sich wie ein Besatzungsheer benahm und die einheimische Bevölkerung wie ein Kolonialvolk, Teil einer niederen Rasse behandelte. Verräterisch war die Notiz aus Goebbels' Tagebuch (1992, S. 1951 f) vom 11. September 1943: »Aufgrund ihrer Untreue und ihres Verrats haben die Italiener jegliches Recht auf einen Nationalstaat modernen Typs verloren. Sie müssen sehr hart bestraft werden, wie es das Gesetz der Geschichte will«. In der Tat waren die Italiener nun in den Augen einiger Nazibosse »negroid«. Mit ihnen war sexuelle Verunreinigung zu vermeiden und sie sollten nach Kriegsende als mehr oder weniger versklavte Arbeitskraft, als »Arbeiter im Dienst der Deutschen« (in Schreiber, 1996, S. 21 ff) eingesetzt werden. Nachdem es an der Entfesselung eines imperialistischen Kriegs beteiligt gewesen war und Kolonien vor allem in Afrika und auf dem Balkan erobert hatte, stand Italien nun vor der Notwendigkeit, einen nationalen Befreiungskrieg zu führen, um selbst das vom früheren Verbündeten auferlegte Kolonialjoch abzuschütteln und die eigene nationale Unabhängigkeit und Würde wiederzuerlangen.

Zusammenfassend gesagt, wurde, wie Lenin es zeit- und teilweise vorausgeahnt hatte, die Revolution, weit entfernt davon, »nur proletarisch« zu sein, letztendlich mitten im Herzen Europas antikolonial und national.

3. Die sozialistischen Länder in der »Epoche der Napoleonischen Kriege«

War, zumindest was Sowjetrussland anging, der Widerspruch Sozialismus/Kapitalismus oder Proletariat/Bourgeoisie eindeutig der Hauptwiderspruch? Als er seine Parteigenossen von der Notwendigkeit zu überzeugen versuchte, den Friedensvertrag von Brest-Litowsk, so erniedrigend er auch sein mochte, zu unterzeichnen, merkte Lenin im März 1918 an: »Es ist möglich, dass eine andere Epoche – wie es die Epoche der Napoleonischen Kriege war – eine Epoche der Befreiungs*kriege* (der Kriege und nicht nur eines Krieges) sein wird, die Sowjetrussland von den Eroberern aufgezwungen werden« (LW 27, S. 60). Wäre dieses Szenario eingetreten, hätten die Bolschewiki sich in erster Linie im Kampf um die nationale Unabhängigkeit engagieren müssen. In diesem Fall wäre nicht einmal für das Land der sozialistischen Oktoberrevolution der Hauptwiderspruch der zwischen Sozialismus/Kapitalismus oder Proletariat/Bourgeoisie gewesen; und vielleicht hätte sich eine solche Situation tatsächlich auf eine ganze »Epoche« verlängert.

Welche konkrete Gestalt hätte das Aufeinandertreffen von Napoleonismus und Anti-Napoleonismus gehabt? Vor allem zum Ende des Ersten Weltkriegs wurde klar, dass das Deutsche Kaiserreich seinen Feldzug im Osten in einem anderen Geist führte als im Westen. Der Vormarsch im Osten hatte klare rassistische und kolonialistische Töne: Zumindest für die extremsten Kreise ging es darum, Russland hinter die Grenzen zurückzudrängen, die vor den von Peter dem Großen errichteten existierten, und so einen riesigen Raum für die koloniale bzw. halbkoloniale Herrschaft Deutschlands zu öffnen. Kam die Gefahr einer kolonialen Unterwerfung aus nur einer Richtung? Zwischen der Februar- und der Oktoberrevolution verurteilte Stalin das Verhalten der Entente folgendermaßen: Diese versuche mit allen Mitteln Russland zu zwingen, weiter zu kämpfen und Ressourcen und Kanonenfutter für die westlichen Großmächte bereitzustellen. Diese Letzteren hätten vor, das große Land zwischen

Europa und Asien »in eine Kolonie Englands, Amerikas und Frankreichs« zu verwandeln; nicht zufällig verhielten sie sich in Russland so, als seien sie »in Zentralafrika« (Stalin 1917/1971-73, Bd. 3, S. 127 u. 269).

Tatsächlich machte sich unter den herrschenden Klassen im Westen eine offen rassistische Haltung breit: Konnte das Land, das von solchen Barbaren und Wilden, wie die Bolschewisten es waren, regiert wurde, noch als integraler Bestandteil der Gemeinschaft der zivilisierten Völker und der weißen Rasse betrachtet werden? In einem Buch, das beiderseits des Atlantiks einen erstaunlichen Erfolg hatte, prangerte ein US-amerikanischer Autor eine »steigende Flut von Schwarzen« an und verkündete sein unwiderrufliches Urteil: Wegen der Aufstachelung zum Aufstand der Kolonialvölker musste der Bolschewismus als »Renegat, als Verräter im Inneren unseres Lagers, der bereit war, die Zitadelle zu verkaufen«, als »Todfeind der Zivilisation und der Rasse« (der weißen nämlich) betrachtet und behandelt werden (Stoddard 1921, S. 220f). Das war eine These, die in Deutschland Oswald Spengler (1933, S. 150) aufgriff: Indem es sowjetisch geworden war, habe Russland die »›weiße‹ Maske« abgeworfen, um »wieder eine asiatische ›mongolische‹ Großmacht« zu bilden, inzwischen integraler Bestandteil der »gesamten farbigen Bevölkerung der Erde«, beseelt von Hass gegen die »weißen Völker«.

Wir sind im Jahr 1933. Im Jahr zuvor, am 27. Januar 1932, hatte Hitler seine Sicht der Geschichte und der Politik erklärt, als er sich an die Industriellen von Düsseldorf (und Deutschland) wandte und endgültig ihre Unterstützung für seinen Aufstieg zur Macht erlangte. Das ganze 19. Jahrhundert hindurch hatten »die weißen Völker« eine Position unwidersprochener Macht erlangt, als Abschluss eines mit der Eroberung Amerikas begonnenen Prozesses, der sich im Zeichen des »absoluten, angeborenen Herrengefühls der weißen Rasse« fortentwickelt hatte. Indem er das Kolonialsystem zur Diskussion stellte und so die »Konfusion des europäischen weißen Denkens« provozierte und verschärfte, wurde der Bolschewismus zu einem tödlichen Risiko für die Zivilisation. Wollte man dieser Bedrohung entgegentreten, musste man in Theorie und Praxis die »Überzeugung von der Überlegenheit und folglich dem [überlegenen] Recht der weißen Rasse« betonen und die »Position der Herrschaft der weißen Rasse über den Rest der Welt« verteidigen. Damit war deutlich ein konterrevolutionäres, kolonialistisches Programm der Versklavung formuliert. Die notwendige Bekräftigung der weltweiten Herrschaft der weißen Rasse griff die grundlegende Lehre auf, die sich aus der Geschichte des kolonialen Expansionismus des Westens ergab: Man durfte nicht zögern, zum »brutalsten Mangel an Skrupeln« Zuflucht zu nehmen, es war die »Ausübung eines äußerst brutalen *Herrenrechts*« erforderlich (1965, S. 75ff).

Das waren die Grundlagen der barbarischen Aggression, mit der Hitlerdeutschland in Osteuropa sein Kolonialreich zu errichten versuchte, indem es die »Eingeborenen«, die als niedere Rasse verhöhnten Slawen, die nur zu dienender Tätigkeit tauglich waren, versklavte. Diesem Projekt wusste der Große Vaterländische Krieg eine Niederlage zu bereiten; dessen Protagonist war die Sowjetunion, die aus einem Industrialisierungsprozesses mit gewaltsamen Phasen und schrecklichen menschlichen und sozialen Kosten hervorgegangen war. Wenn die Dinge so standen, befand sich dann die Errichtung eines neuen Gesellschaftssystems auf der Tagesordnung der UdSSR oder primär die Abwehr der Gefahr, kolonial unterworfen zu werden? Musste man in erster Linie die gesellschaftlichen Verhältnisse gründlich überdenken und umgestalten oder sich für die Entwicklung der Produktivkräfte und insbesondere das Wachstum der industriellen (und militärischen) Produktion einsetzen? War es notwendig, an den Produktionsstätten und auf den Schlachtfeldern an eine bestimmte Klasse (das Proletariat) oder an die Nation als Ganzes zu appellieren (wo doch die Verteidigung der nationalen Unabhängigkeit auf dem Spiel stand)?

Entsprechende Überlegungen gelten auch für die anderen Länder, die durch eine Revolution sozialistischer Orientierung gegangen sind. In China waren die von der Kommunistischen Partei »befreiten« und regierten Gebiete, die aus dem Rückzug aufs Land infolge der katastrophalen Niederlage der Arbeiterrevolution 1927 in Shanghai hervorgegangen waren, schnell gezwungen, den kolonialen Expansionismus des Reichs der aufgehenden Sonne zur Kenntnis zu nehmen. Seit 1937, d. h. seit der von der Tokioer Regierung ausgelösten großen Invasion, beherrschte schließlich der Kampf gegen den Kolonialismus jeden anderen Aspekt des politischen Lebens; bis zu dem Punkt, dass Mao Zedong unter diesen Umständen von der »Identität zwischen nationalem und Klassenkampf« sprach. Diese Identität beherrschte den Widerstandskampf gegen den japanischen Imperialismus, der, obwohl ein von der Kommunistischen Partei geleiteter Widerstand, dazu berufen war, die chinesische Nation als ganze vor der Versklavung zu retten, zu der sie vom Reich der aufgehenden Sonne bestimmt worden war.

Zusammenfassend lässt sich sagen, dass in dem Kapitel der Geschichte, das mit der Oktoberrevolution begann, sozialistisch orientierte Länder entstanden sind, die mit Aggressionen oder Aggressionsdrohungen zu kämpfen hatten, mit einer »Epoche« von »Napoleonischen Kriegen«, die ihnen von den imperialistischen Mächten aufgezwungen wurden. Es war eine objektive Situation, die das Problem der Errichtung einer sozialistischen oder kommunistischen Gesellschaftsordnung in die zweite Reihe rücken ließ. Es fand etwas statt, das wir als eine Wende in der Wende der Geschichte des 20. Jahrhunderts definieren könnten.

Der epochale Sinn der Oktoberrevolution dürfte allen klar sein. Während sich jedoch die öffentliche Debatte und das politische Gefecht gänzlich um das Dilemma Kapitalismus/Sozialismus zu drehen schienen, kam etwas völlig Unerwartetes dazwischen, das von den meisten Menschen lange Zeit unbemerkt geblieben war: Nach und nach wurde klar, dass die Kolonialfrage auch in dem aus der sozialistischen Oktoberrevolution hervorgegangenen Land eine wesentliche Rolle spielen würde. Wir können heute besser verstehen, warum die anfänglich von einer solchen Revolution angeheizten

Hoffnungen sich nicht erfüllten. Es war die Entwicklung der objektiven Widersprüche, die den Kampf zwischen Imperialismus und Antiimperialismus, zwischen Kolonialismus und Antikolonialismus weltweit auf die Tagesordnung setzte. Und dieser Konflikt blieb weiterhin prioritär, auch wenn die Sache des Antiimperialismus und des Antikolonialismus von politischen Kräften mit kommunistischer Orientierung unterstützt wurde, die entschlossen waren, eine solche Orientierung aufrechtzuerhalten.

Die große historische Krise der ersten Hälfte des 20. Jahrhunderts endete mit der Niederlage des Hitlerschen Projekts, in Osteuropa ein Kolonialreich zu erbauen. So endete der Krieg, »der der größte Kolonialkrieg der Geschichte« genannt wurde (Erichsen 2010, S. 327). Die Definition ist hundertprozentig korrekt, wenn man eine kleine Verbesserung hinzufügt. Es handelt sich um einen der zwei großen Kolonialkriege der Geschichte, wobei der zweite mit der Niederlage des Reichs der aufgehenden Sonne zu Ende geht, das in Asien das von Hitler in Europa in Angriff genommene Programm nachahmen will.

Der im Oktober 1917 begonnene revolutionäre Zyklus endet also mit zwei gigantischen nationalen Kriegen, mit dem Großen Vaterländischen, von der Sowjetunion geführten Krieg und mit dem nationalen Befreiungskrieg, den China gegen den japanischen Imperialismus geführt hat. Damit war nicht nur eine kolonialistische und versklavende Konterrevolution geschlagen, sondern das Ergebnis war die weltweite antikoloniale Revolution, die die zweite Hälfte des 20. Jahrhunderts kennzeichnete und einem globalen System ein Ende setzte, das über Jahrhunderte Bestand hatte und von grausamster Unfreiheit und Unterdrückung geprägt war, ein bahnbrechendes Ergebnis und ein grandioser Prozess der Emanzipation. All das war aber recht unwichtig in den Augen derjenigen, die, vor allem im Westen, die Abschaffung des Staates und das Aufkommen des »neuen Menschen« erwarteten, um auf einen Ausdruck zurückzugreifen der in Blochs (vgl. oben I, 4) *Geist der Utopie* wiederkehrt.

4. Das »Dilemma von Danielson« und die beiden Marxismen

Wir nehmen uns hier eines Problems an, das älter als die Oktoberrevolution selbst ist. Kurz vor seinem Tod hatte Engels beobachtet, dass nun »die Kriegführung ein Zweig der grande industrie wurde«, sodass die grande industrie »eine politische Notwendigkeit geworden« war für ein Land, das nicht unterworfen werden wollte, und dass es diese »nur in einer Form bekommen [konnte]: der *kapitalistischen*« (MEW 38, S. 467 f).

Diese Überlegungen waren in einem Brief an Nikolai F. Danielson enthalten, der die Herausgabe des *Kapitals* in russischer Sprache besorgte. Letzterer hatte ausführlicher das Dilemma erklärt, in dem die Sozialisten sich in Russland befinden würden, wenn sie einmal die Macht erobert hatten: Sollten sie sich grundsätzlich mit dem Prozess der Industrialisierung beschäftigen (und dabei dem Kapitalismus mehr oder weniger Raum lassen), um zu den fortgeschritteneren Ländern aufzuschließen? Der Nebeneffekt wäre die Zuspitzung der sozialen Polarisierung innerhalb des Landes. Oder sollten sie auf eine langsame und schrittweise sozialistische Entwicklung setzen, dabei ausgehend von der MIR, der dörflichen, traditionell mehr oder minder egalitär orientierten Gemeinschaft? Dies hätte vielleicht die Ungleichheiten und Tragödien vermieden, die der kapitalistischen Industrialisierung innewohnen, hätte aber die Rückständigkeit Russlands noch verschärft und es noch mehr »der Kolonialherrschaft der einen oder anderen der großen Weltmächte ausgesetzt« (in Kotkin 2014, S. 65 f). Welche der beiden Ungleichheiten sollte also zuerst ins Visier genommen werden, diejenige innerhalb Russlands oder die globale, weltweite?

»Danielsons Dilemma« wurde umso dringlicher, je mehr die von einer kommunistischen Partei geführte Revolution in Länder übergriff, die von ihren Bedingungen her noch rückständiger waren als selbst das zaristische Russland. Die Priorität des Kampfes gegen die weltweite Ungleichheit und für die rasche Modernisierung drängte sich nicht nur auf, um die Unabhängigkeit zu festigen, sondern auch um ein für alle Mal die Gefahr wiederkehrender Hungersnöte abzuwenden und auf allen Ebenen das Ideal der Gleichheit zu verwirklichen. Exemplarisch dafür ist der Fall Chinas. Nachdem erst der Sieg gegen den japanischen Imperialismus gesichert war, beeilte sich Mao klar zu machen, dass der Kampf gegen Kolonialismus und Neokolonialismus alles andere als abgeschlossen sei: Die »reale und authentische Gleichberechtigung« erfordere einschneidende Veränderungen auf allen Ebenen, um den Rückstand gegenüber den am weitesten entwickelten Ländern aufzuholen; »sonst sind Unabhängigkeit und Gleichheit nominell und nicht wirksam« (Mao Zedong,1945/1969-75, Bd. 3, S. 268). Das Ziel der »Modernisierung«, bereits in der tragischsten Periode der chinesischen Geschichte proklamiert, nahm nach und nach eine immer zentralere Rolle ein, als man sich der Befreiung näherte. Mao (1949/1969-75, Bd. 4, S. 425) beschrieb sein Regierungsprogramm klar: »Nur die Modernisierung« kann »China retten«. Und Modernisierung bedeutete die Verpflichtung, den Rückstand gegenüber den weiter entwickelten Ländern aufzuholen, um auch auf ökonomischer und technologischer Ebene ein Verhältnis der substanziellen Gleichheit mit ihnen herzustellen.

Auch die Eroberung der Macht hatte die politische Agenda nicht verändert. Am Vorabend der offiziellen Proklamation der Volksrepublik schlug der kommunistische Führer Alarm: Washington wolle, dass China »vom USA-Mehl abhängig gemacht« und schließlich »in eine amerikanische Kolonie verwandelt« werde (Mao Zedong 1949/1969-75, Bd. 4, S. 467). Und erneut war, mehr noch als die Errichtung einer neuen Gesellschaftsordnung, der Kampf gegen Kolonialismus und Neokolonialismus die vorrangige Frage. Und dieser Kampf hatte eine wesentliche ökonomische Dimension: Allein die Entwicklung der Produktivkräfte war imstande, der nationalen Unabhängigkeit Substanz zu verleihen und die Gefahr der neokolonialen Abhängigkeit abzuwenden.

Mit dem »Dilemma Danielsons« maß Mao sich auch auf theoretischer Ebene. Er unterstrich für sein Land die Notwendigkeit, der sozialistischen Transformation eine Phase der »neuen Demokratie« vorzulagern:

> »In ihrem ersten Stadium, ihrer ersten Phase, ist zwar diese Revolution der Kolonien und Halbkolonien dem gesellschaftlichen Charakter nach im wesentlichen immer noch eine bürgerlich-demokratische; und ihre objektive Forderung gilt der Wegbereitung für eine Entwicklung des Kapitalismus; doch ist das nicht mehr eine Revolution von altem Typus, bei der die Bourgeoisie die Führung innehat und die Errichtung einer kapitalistischen Gesellschaft sowie eines Staates der Diktatur der Bourgeoisie das Ziel ist, sondern eine Revolution von neuem Typus, die unter der Führung des Proletariats steht und in ihrem ersten Stadium die Errichtung einer neudemokratischen Gesellschaft, den Aufbau eines Staates der gemeinsamen Diktatur der revolutionären Klassen zum Ziel hat. Gerade deshalb ist diese Revolution auch wieder geeignet, einen noch breiteren Weg für die Entwicklung des Sozialismus zu bahnen. Sie kann sich infolge von Wandlungen im Lager des Feindes und unter ihren Verbündeten im Laufe des Fortschreitens in einige Unterabschnitte aufgliedern, doch bleibt ihr fundamentaler Charakter unverändert (Mao Zedong, 1940/1969-75, Bd. 2, S. 360).

In der Marx'schen Bedeutung des Begriffs ist Sozialismus an sich schon eine Phase des Übergangs; der chinesische kommunistische Führer beschrieb eine Art des Übergangs im Übergang. Weit davon entfernt, ihn zurückzustellen oder aus den Augen zu verlieren, wurde der Sozialismus sozusagen zu einem aufgeschobenen Ziel in einer Periode, die viel länger dauern würde, als anfangs vorausgesehen; andererseits wurde der Sozialismus auch im Namen der Eroberung und Verteidigung der Unabhängigkeit beansprucht und verfolgt. Wir haben gesehen, wie Mao 1949 dem Marxismus-

Leninismus bescheinigte, als einzige wissenschaftliche Theorie fähig zu sein, das chinesische Volk zur nationalen Erlösung zu führen. Acht Jahre später fügte der chinesische Führer hinzu: »Nur der Sozialismus kann China retten. Das sozialistische Regime hat die stürmische Entwicklung unserer Produktivkräfte befördert« (Mao 1957/1979, S. 548). Später gab auch Deng Xiaoping die Parole aus, wonach »nur der Sozialismus China retten kann«. Der Sozialismus sollte die ökonomische und technologische Entwicklung sichern, die die Voraussetzung dafür war, eine wirkliche nationale Unabhängigkeit zu erreichen: »Weicht vom Sozialismus ab und China wird unweigerlich in den Halbfeudalismus oder Halbkolonialismus zurückfallen« (Deng Xiaoping 1989 u. 1979/1992-95, Bd. 3, S. 302 u. Bd. 2, S. 176).

Mehr noch als sein Vorgänger insistierte Deng Xiaoping (1987-88/1992-95, Bd. 3, S. 202 u. 273) auf der Tatsache, »dass ein Land, um echte politische Unabhängigkeit zu erlangen, sich von der Armut befreien muss«. Und zusammen mit der Armut musste die technologische Rückständigkeit eliminiert oder drastisch reduziert werden: »Der Abstand Chinas zu den anderen Ländern« war beängstigend auch auf der Ebene der internationalen Beziehungen. Während der neue Führer die Politik der Reformen und der Öffnung förderte, um Zugang zur Technologie der entwickelten kapitalistischen Länder zu erhalten und damit eine Lücke zu schließen, die die nationale Unabhängigkeit untergraben oder bedrohen könnte, pflegten im Westen andere einen entgegengesetzten Traum:

> »Einige Analysten sagten schließlich voraus, dass die Sonderwirtschaftszonen eine Art amerikanische Kolonie in Ostasien würden [...] Die Amerikaner glaubten, dass China dank einer Wiederaufnahme des Systems der Offenen Tür vom Beginn des 21. Jahrhunderts eine gigantische ökonomische Außenstelle der Vereinigten Staaten würde, und nun sehen sie sich im Gegenteil mit einem neuen ökonomischen Rivalen konfrontiert« (Ferguson 2006, S. 585f).

Wie man sieht, charakterisiert der Kampf zwischen Kolonialismus und Antikolonialismus die Geschichte der chinesischen Volksrepublik während ihrer gesamten Entwicklungszeit. Und dasselbe gilt für andere Länder, auch sie von sozialistischer Ausrichtung, aber viel kleiner und deshalb umso mehr der Gefahr ausgesetzt, die Unabhängigkeit zu verlieren. In den 1960er Jahren rief Che Guevara (1960 u. 1965/1969, S. 883 u. 1429) zur Wachsamkeit gegen die »wirtschaftliche Aggression« auf und forderte Kuba und die neuen unabhängigen Länder auf, »sich nicht nur vom politischen, sondern auch vom imperialistischen wirtschaftlichen Joch« zu befreien. Auf der kleinen, von der amerikanischen Supermacht mit der Monroe-Doktrin bedrohten Insel entschied sich die neue, aus der Revolution hervorgegangene Macht für die Sache des Sozialismus und des Kommunismus und bezeichnete dennoch weiterhin den Kampf gegen Kolonialismus und Neokolonialismus als ihre Hauptaufgabe.

Das »Dilemma Danielsons« wurde im Gegensatz dazu vom westlichen Marxismus größtenteils ignoriert. Gegen Ende des Ersten Weltkriegs machte Bloch auf die Kolonialziele des Wilhelminischen Deutschland aufmerksam, das nicht von ungefähr »das Land Tolstois als schwarzen Erdteil« behandele, und auf die für Kolonialkriege typischen Brutalitäten zurückgriff: Neben der Annexion riesiger Gebiete habe es »die Freiheit zertreten und zehntausend ukrainische Bolschewiki bei Taganrog ersaufen« lassen (Bloch 1918/1985b, S. 318f). Das hinderte den deutschen Philosophen nicht, der Sowjetmacht vorzuwerfen, dass sie den Aufbau des Sozialismus und die Realisierung sozialer und ökonomischer Verhältnisse im Zeichen von Freiheit und Gleichheit auf den Sankt-Nimmerleins-Tag verschiebe. Es gebe keinerlei Rechtfertigung für die Politik Lenins, des »roten Zaren«: »denn es besteht die alte Einrichtung des MIR, das ist die halbkommunistische Dorfgemeinschaft, noch ungebrochen genug, um daran anschließend durchaus im Einklang mit dem Willen der Mehrheit des russischen Volkes die ihm einzig vorgezeichnete *agrarproletarische* Politik treiben zu können« (Bloch 1918/1985b, S. 196f).

Diese Einstellung war ähnlich der, die Horkheimer später vertrat, der, während die deutsche Wehrmacht vor Moskau stand, kritisierte, dass die Sowjetmacht das Problem der Abschaffung des Staates missachte. Noch später argumentierte Anderson ähnlich, als er die unendliche Überlegenheit des westlichen Marxismus über den östlichen lobte. Im Jahr zuvor war der Vietnamkrieg mit der überstürzten Flucht der US-Armee aus Saigon zu Ende gegangen. Die Niederlage wurde einer scheinbar unbesiegbaren Supermacht von einem kleinen Volk und einem kleinen Land zugefügt, das von einer kommunistisch-marxistischen Partei geführt und von den sozialistischen Ländern sowie einer kommunistischen Bewegung unterstützt wurde, die dazu beigetragen hatte, den von Washington entfesselten Krieg auch im Westen unpopulär zu machen.

Doch wie der verzweifelte Widerstand der sowjetischen Armee und des sowjetischen Volkes für Horkheimer, so war der siegreiche Vormarsch der vietnamesischen Volksarmee für Anderson ohne philosophische Bedeutung. Letzterer entwickelte eine feinsinnige und interessante Analyse über die unterschiedliche Form der Beziehung zwischen Natur und Geschichte und zwischen Objekt und Subjekt in beiden Marxismen, vermied es aber, sich Fragen zu stellen, die uns heute unausweichlich erscheinen würden: Welche philosophische Theorie und welche politische Linie haben den neuen großen Sieg der antikolonialen Revolution in China 1949 und in Kuba zehn Jahre später ermöglicht? Warum wurde auch diese Revolution von der kommunistischen Bewegung geführt und welches Verhältnis gab es zwischen dieser Revolution und der Sache des Aufbaus einer postkapitalistischen Welt? War in Ländern wie China, Kuba und Vietnam der Kampf um die nationale Unabhängigkeit endgültig vorbei oder eröffnete sich eine neue Phase im Zeichen der wirtschaftlichen und technologischen Entwicklung? Wie mussten also die Produktionsverhältnisse gestaltet werden? Das Fehlen solcher Fragen bewirkte, dass die mangelhafte Realisierung der anfänglichen Erwartungen und Hoffnungen der

Oktoberrevolution letztendlich als eindeutiges Resultat der theoretischen und politischen Degeneration des östlichen Marxismus erschien.

5.
Die beiden Marxismen am Beginn und am Ende des zweiten Dreißigjährigen Krieges

Mit dem unerwarteten Umsichgreifen der nationalen und der kolonialen Frage sowie der weltweiten Ausbreitung des Marxismus vertiefte sich der Unterschied zwischen West und Ost, der bereits in den Entstehungsjahren der modernen kommunistischen Bewegung deutlich geworden war. Schauen wir uns an, was am Vorabend und am Beginn des Zweiten Weltkriegs geschah. Wegen der wachsenden Bedrohung durch das Dritte Reich setzte sich 1935 die Kommunistische Internationale für die Politik der antifaschistischen Volksfront ein und förderte eine Allianz des aus der Oktoberrevolution hervorgegangenen Landes mit Großbritannien, Frankreich und den USA. Dies war eine Wende, die gewiss nicht auf einhellige Zustimmung bei den im Kampf für ihre Emanzipation stehenden Schwarzen traf: Ein Bündnis mit den traditionellen Kolonialmächten und mit jenen Ländern, die das Prinzip der weißen und westlichen Suprematie im Innern wie auf internationaler Ebene verkörperten, bedeutete das nicht, dem Emanzipationskampf der Kolonialvölker den Rücken zu kehren? Das war die Meinung von C. L. R. James, eines großen schwarzen Historikers aus Trinidad, ein glühender Verehrer Trotzkis, der noch 1962 die Entwicklung eines weiteren großen Vertreters der Sache der Emanzipation der Schwarzen, der ebenfalls aus Trinidad stammte, folgendermaßen beschrieb:

> »In Amerika angekommen, wurde er [George Padmore] als Kommunist tätig. Er wurde nach Moskau gebracht, um die Leitung des kommunistischen Büros für Propaganda und Organisation der Schwarzen zu übernehmen und wurde dort zum bekanntesten und treusten der Verfechter der afrikanischen Unabhängigkeit.

> Im Jahr 1935 unterschied der Kreml auf der Suche nach Bündnispartnern Großbritannien und Frankreich als ›demokratische Imperialismen‹ von Deutschland und Japan, also ›faschistischen Imperialisten‹, die Hauptziel der russischen und kommunistischen Propaganda wurden. Diese Unterscheidung reduzierte die Aktivitäten für die afrikanische Emanzipation auf eine Farce: Deutschland und Japan hatten in der Tat keine Kolonien in Afrika. Padmore brach sofort jede Beziehung mit dem Kreml ab« (James 1963, S. 327).

Etwas Ähnliches geschah in Südafrika, damals weißes *Herrschaftsgebiet* des Britischen Empires: Auch hier wurde die Politik der antifaschistischen Einheitsfront häufig kritisiert und verdächtigt, den Kampf gegen das Regime der weißen Suprematie zu unterlaufen; sie wurde von den militanten schwarzen Kommunisten abgelehnt, die dagegen Beachtung für die Rolle Großbritanniens innerhalb des rassistischen Regimes forderten, das sie ausbeutete und unterdrückte (Jaffe 1980, S. 223).

Die Position des östlichen Marxismus war diese: Man konnte das Wesen eines Landes nicht richtig einschätzen, wenn man von dessen Verhalten gegenüber den Kolonialvölkern oder den Völkern kolonialen Ursprungs abstrahierte. Man sollte allerdings hinzufügen, dass es sich um einen provinziellen, kurzsichtigen östlichen Marxismus handelte. Es stimmt, Deutschland und Japan »hatten keine Kolonien in Afrika«, aber sie waren auf dem Wege, ein riesiges koloniales Imperium in Osteuropa bzw. in Asien zu errichten; gewiss waren Deutschland und Japan nicht zu den Hauptkolonialmächten zu zählen, aber sie planten ausdrücklich die Intensivierung und Verbreitung kolonialer Zustände und die Versklavung auch von Völkern, die bisher davon verschont waren. Mit anderen Worten: die Politik der antifaschistischen Volksfront stand nicht im Widerspruch zum antikolonialen Kampf.

Vier Jahre später änderte sich das internationale Bild radikal: Im August 1939 kam es zum Nichtangriffspakt zwischen der Sowjetunion und Deutschland. Er verursachte keine besonderen Unruhen unter den Kolonialvölkern oder jenen kolonialen Ursprungs. Wir werden sehen, wie Du Bois, der große afroamerikanische Historiker und Kämpfer, der sich bereits der kommunistischen Bewegung annäherte, weiterhin das Dritte Reich in die Nähe der USA rückte, weil beide entschlossen waren, die ›weiße Vorherrschaft‹ im Inneren wie auf internationaler Ebene zu verstärken. Auch Gandhi, eine Persönlichkeit die recht weit entfernt von der kommunistischen Bewegung zu verorten war, setzte in einem Interview, das er noch in der Zeit des deutsch-sowjetischen Vertrages gab, Großbritannien und Deutschland gleich: Es handele sich um zwei Großmächte, die dabei seien, ein Kolonialreich zu verteidigen oder zu realisieren (vgl. unten IV, 2).

Der Sturm brach jedoch im Westen aus und traf marxistische und kommunistische Kreise schwer, besonders in den USA. Dort war die vielleicht wichtigste Sektion der IV. Internationale aktiv, die Trotzki kurz zuvor gegründet hatte, und unter den Weißen in dieser Sektion kannte die Empörung keine Grenzen: Die beiden Länder, die den verbrecherischen Pakt geschlossen hatten, seien auf gleicher Ebene anzusiedeln; sie hatten die Vereinbarung getroffen, weil beide den Horror des »Totalitarismus« verkörperten. Diese Kategorie abstrahierte völlig von der kolonialen Frage und vereinte mit ihrem Verdammungsurteil das Land, das schon bei seiner Gründung (mit der Oktoberrevolution) die »Sklaven der Kolonien« aufgerufen hatte, ihre Ketten zu sprengen, mit jenem Land, das vorhatte, die Kolonialtradition aufzunehmen und zu verschärfen, indem es sie auch in Osteuropa durchsetzte und sogar die Sklaverei wiederbelebte. Von diesem Klima beeinflusst, griff Trotzki (1939/1988, S. 1285) auf die Kategorie der »totalitären Diktatur« zurück und verknüpfte innerhalb dieser *Begrifflichkeit* die *Spezies* »stalinistisch« und »faschistisch« (und hitlerisch) miteinander. Der entsprechende Gebrauch der Kategorie Totalitarismus wurde später, im Laufe des Kalten Krieges und im Rahmen der gegenwärtigen Ideologie, zum Gemeingut. Doch reichte dies nicht aus, um einen verheerenden Riss in der trotzkistischen Partei der USA zu verhindern.

Die Dissidenten verlangten, dass die Sowjetunion en bloc als imperialistisch verdammt und für den Ausbruch des Zweiten Weltkriegs genauso verantwortlich gemacht werde wie Hitlerdeutschland. Auch über diesen Punkt brach ein Konflikt zwischen westlichem und östlichem Marxismus aus. War der Zweite Weltkrieg am 1. September 1939 mit der deutschen Invasion in Polen begonnen worden? Auch wenn man sich auf Europa konzentrieren wollte, musste man nicht die Aufteilung der Tschechoslowakei und die italienisch-deutsche Aggression gegen die spanische Republik, die von der Sowjetunion, nicht aber von Großbritannien und Frankreich unterstützt wurde, in das Bild mitaufnehmen? Vor allem aber, warum ignorieren, was in Asien geschah? Im Mai 1938 brachte Mao die Situation auf den Punkt:

> »Gegenwärtig ist bereits ein Drittel der Menschheit in den Krieg hineingerissen. Seht: Italien und Japan, Abessinien, Spanien und dann China. In diesen Ländern, die sich im Krieg befinden, leben rund 600 Millionen Menschen, also fast ein Drittel der gesamten Bevölkerung der ganzen Welt [...] Was wird nun kommen? Zweifellos wird Hitler einen Krieg gegen die Großmächte beginnen.« (Mao Zedong, 1938/1969-75, Bd. 2, S. 153 f)

Der Krieg, der sich vor allem gegen die Kolonialvölker richtete, hatte jedoch bereits begonnen. Stalin (1939/1971-73, Bd. 14, S. 97) teilte diese Ansicht:

> »Schon das zweite Jahr tobt der neue imperialistische Krieg, der sich auf dem gewaltigen Gebiete von Schanghai bis Gibraltar abspielt und eine Bevölkerung von mehr als 500 Millionen erfasst hat. Die Landkarte Europas, Afrikas, Asiens wird gewaltsam umgestaltet.«

Vom chinesischen Standpunkt aus konnte die Periode, in der 1937 »die Schändung von Nanking« durch den japanischen Imperialismus mit einem Massaker an 200.000 bis 300.000 Menschen stattfand, nur schwerlich als eine Periode des Friedens gesehen werden. Weit davon entfernt, die Missbilligung der amerikanischen Trotzkisten (und der »westlichen« Marxisten im Allgemeinen) zu teilen, drückte der chinesische kommunistische Führer seine Genugtuung über den Nichtangriffspakt aus: Er stelle »einen schweren Schlag für Japan und eine gewaltige Hilfe für China« dar, da er der Sowjetunion mehr Möglichkeiten biete, Chinas Widerstand gegen Japan zu unterstützen, er befreie sie für eine bestimmte Zeit von der Bedrohung durch das Dritte Reich und der Gefahr, an zwei Fronten kämpfen zu müssen (Mao Zedong, 1939/1969-75, Bd. 2, S. 271 und 275). Im Zentrum der Aufmerksamkeit des chinesischen kommunistischen Führers stand ganz offenbar der koloniale Unterwerfungskrieg, der vom Reich der aufgehenden Sonne gegen sein Land entfesselt worden war, ein bisweilen auch vom westlichen Marxismus ignorierter Krieg.

Zusammenfassend lässt sich sagen: Die große Krise der ersten Hälfte des 20. Jahrhunderts, die auch als zweiter Dreißigjähriger Krieg bezeichnet wurde, war am Anfang wie am Ende vom Auseinanderdriften des westlichen und des östlichen Marxismus begleitet. Am Anfang unterstrich Ho Chi Minh, dass für die Kolonialvölker die Tragödie und der Horror weit früher als 1914 zu wüten begonnen hatten, und Lenin lenkte die Aufmerksamkeit auf die Tatsache, dass der Erste Weltkrieg in Wirklichkeit die Verflechtung von zwei Kriegen war: der eine, der in Europa zwischen den Sklavenhaltern wütete, und der andere, von den Sklavenhaltern entfesselt, um ihre Kolonien nach Sklaven und Kanonenfutter zu durchkämmen. In der Endphase des zweiten Dreißigjährigen Kriegs datiert der westliche Marxismus den Beginn des Zweiten Weltkriegs auf seinen Ausbruch in Europa und nicht in den Kolonien (insbesondere China). Auf jeden Fall mündete die Deutschland, Japan und Italien beigebrachte Niederlage in die weltweite antikoloniale Revolution, die sich in der zweiten Hälfte des 20. Jahrhunderts ausbreiten würde.

III. Kapitel

Westlicher Marxismus und antikoloniale Revolution: Eine verpasste Begegnung

1. Die Debatte Bobbio – Togliatti im Jahr von Dien Bien Phu

Eine Zeitlang schien – dank des enormen Prestigegewinns der Sowjetunion im Gefolge des in Stalingrad errungenen Siegs und dank des großen, in Asien und in der Welt von der antikolonialen Revolution und der Kommunistischen Partei in China ausgelösten Echos – die latente Spannung zwischen den beiden Marxismen ein nun abgeschlossenes Kapitel der Geschichte zu sein. Es handelt sich aber nur um einen Anschein, wie eine Debatte zeigt, die sich 1954 in Italien entwickelt und deren Protagonisten Norberto Bobbio, ein künftiger Philosoph von Weltrang, Galvano Della Volpe, zu dieser Zeit der berühmteste Philosoph des italienischen Marxismus und Kommunismus, und Palmiro Togliatti, Generalsekretär der Kommunistischen Partei und hochrangiger Führer der internationalen kommunistischen Bewegung, sind.

Der Erstgenannte beginnt die Debatte. In den Jahren der Resistenza und den unmittelbar folgenden – es ist Bobbio (1955a, S. 199) selbst, der daran erinnert – war er »einer derjenigen, die an die inzwischen unwiderstehliche Kraft der Kommunistischen Partei glaubten«. Und – so ist hinzuzufügen – an die unwiderstehliche Kraft der revolutionären Woge, die weiter zunahm:

> »Wir haben die Dekadenz, die der ideologische Ausdruck einer Klasse im Niedergang war, hinter uns gelassen. Wir haben sie aufgegeben, weil wir teilhaben an der Arbeit und den Hoffnungen einer neuen Klasse. Ich bin überzeugt, dass wir nicht davongekommen wären, wenn wir vom Marxismus nicht gelernt hätten, die Geschichte vom Gesichtspunkt der Unterdrückten aus zu sehen, indem wir eine ungeheuer neue Sicht auf die Menschenwelt gewonnen haben. Entweder hätten wir Zuflucht auf der Insel der Innerlichkeit gesucht oder hätten uns in den Dienst der alten Patrone begeben« (Bobbio 1954b, S. 281).

Als höchstes und reifstes Ergebnis der Moderne ist der Marxismus hier nicht das Denken eines einzelnen Autors, sondern »der Ausgangspunkt einer Bewegung der sozialen Revolution, die noch abläuft« und die unaufhaltsam scheint: Es sei nicht möglich, »die Geschichte zurückzudrehen«. Wer den Marxismus en bloc abweisen wolle, solle wissen, dass er sich an ein Don-Quichotte-Unternehmen mache: »Er muss den Weg, den bis hier in vier Jahrhunderten zurückgelegten Weg, zurücklaufen und sich wieder ins Mittelalter stürzen« (Bobbio 1951, S. 26f).

Außer über den Marxismus ist auch das Urteil über die von diesem inspirierte Revolution eindeutig positiv: Die Oktoberrevolution ist die Pionierin einer radikalen »Transformation der ökonomisch und gesellschaftlich zurückgebliebenen feudalen Welt gewesen«. Sie hat »eine stürmische Woge des Aufruhrs« hervorgebracht, die früher oder später eine Abklärung erfahren wird und in einen ruhigeren Lauf einmünden wird (Bobbio 1951, S. 24 u. 27). Ja, wir stehen »totalitären Regimen« gegenüber, aber das kann kein Grund für einen Skandal sein, weil es sich um »eine harte historische Notwendigkeit« handelt, die auf der Gegenwart lastet, aber dazu bestimmt ist, überwunden zu werden (Bobbio 1952, S. 48f).

Die Lobrede auf Marxismus und Kommunismus wird nicht ausschließlich mit Blick auf die ungelöste Soziale Frage in den kapitalistischen Metropolen gehalten: Es gehe darum, die »westliche

Zivilisation« in Frage zu stellen, die aufgrund ihres »technischen Erfolges« und ihrer daraus resultierenden Stärke, »sich das Recht herausnimmt, sich als die einzig mögliche Form der Zivilisation zu betrachten und folglich den Lauf der Menschheitsgeschichte als ihr alleiniges Vorrecht sehe« (Bobbio 1951, S. 24). Man müsse Schluss machen mit der Geschichtsphilosophie, die den kolonialistischen Expansionismus des kapitalistischen Westens regierte:

> »Die Geschichte hat eine einzige Richtung, nämlich die von der weißen Zivilisation durchlaufene, innerhalb derer es keine Erstarrung, keine Zurückgebliebenheit, keine Barbarei gab [...] Dass es nur eine einzige Zivilisation gebe, die dieses Namens würdig sei und dass alleine sie zur exklusiven Herrschaft berufen sei, das ist die implizite Voraussetzung und die explizite Folge der kolonialen Expansion der letzten vierhundert Jahre, die mit den anderen Zivilisationen keine anderen Formen des Kontakts gekannt hat als die Ausrottung (in Amerika), die Versklavung in Afrika, die ökonomische Ausbeutung (in Asien)« (Bobbio 1951, S. 23).

Kommen wir zur Debatte von 1954. Nun zeigt sich der Turiner Philosoph den sozialistischen Ländern gegenüber reservierter: Es wird ihnen zugutegehalten, »eine neue Phase des zivilen Fortschritts in politisch zurückgebliebenen Ländern eingeleitet zu haben, indem sie traditionell demokratische Institutionen einführten, solche der formalen Demokratie wie die allgemeine Wahl und die Wählbarkeit der Ämter, sowie solche der substantiellen Demokratie wie die Vergesellschaftung der Produktionsmittel« (Bobbio 1954a, S. 164). Der neue »sozialistische Staat« müsse jedoch in seinem Inneren die liberalen Garantiemechanismen umsetzen, indem er »einen Tropfen Öl in die Maschinen der bereits vollendeten Revolution« gießt (Bobbio 1954b, S. 280).

Bis hierhin handelt es sich um eine Stellungnahme, die zu Recht auf dem wesentlichen Charakter der »formalen« Freiheit und ihrer juristisch-institutionellen Festschreibung besteht. Unglücklicherweise endet der Turiner Philosoph damit, die Sache der »formalen« Freiheit mit dem kapitalistisch-liberalen Westen gleichzusetzen und von der kolonialen Frage zu abstrahieren. Wir sind aber im Jahre 1954. Am 7. Mai jenes Jahres beendete bei Dien Bien Phu eine von der Kommunistischen Partei geführte Volksarmee die Kolonialherrschaft Frankreichs über Indochina und setzte dem damit verbundenen Terror und der Schande, die, wie wir wissen, bereits von Ho Chi Minh mit kraftvollen Worten angeprangert worden waren, ein Ende. Am Vorabend der Schlacht wendet sich der US-Außenminister, John Foster Dulles, mit folgenden Worten an den französischen Premierminister Georges Bidault: »Und wenn wir Ihnen zwei Atombomben gäben?« (zum sofortigen Gebrauch, versteht sich) (Fontaine 1967, Bd. 2, S. 118). In derselben Zeit, um nur ein Beispiel anzuführen, wird Großbritannien in seinem Kolonialreich in Kenia herausgefordert, worauf es die Zivilbevölkerung in schreckliche Konzentrationslager sperrt, in denen der massenhafte Tod von Frauen und Kindern an der Tagesordnung ist (vgl. unten, VI, 2).

So versteht man die folgende Stellungnahme des Parteisekretärs der italienischen Kommunistischen Partei: »Wann und inwieweit sind jene liberalen Prinzipien, auf die der englische Staat des 19. Jahrhunderts sich beruft, auf die Kolonialvölker angewandt worden, ein Modell der perfekten liberalen Regierung für alle, glaube ich, die wie Bobbio argumentieren?« In Wahrheit sei »die liberale Doktrin [...] auf einer barbarischen Diskriminierung von menschlichen Lebewesen gegründet«. Außer in den Kolonien wüte dieselbe Diskriminierung in den kapitalistischen Mutterländern selbst, wie der Fall der Schwarzen in den USA zeige, die »zu so großen Teilen der Grundrechte beraubt, diskriminiert und verfolgt« sind (Togliatti 1954/1973-84, Bd. 5, S. 866 u. 868).

Der kommunistische Führer zeigt keinerlei Verachtung für die »formale« Freiheit. Natürlich kann ihre Umsetzung nicht von der internationalen Situation und dem geopolitischen Kontext absehen, von den schrecklichen Drohungen, die gegen die UdSSR und die sozialistischen Länder gerichtet sind. Aber auch wenn der Kalte Krieg berücksichtigt werden muss, der, wie das oben zitierte Gespräch zwischen Dulles und Bidault beweist, jederzeit in einen nuklearen Holocaust umschlagen kann, besteht kein Zweifel, dass die Freiheit, die vom Vulgärmarxismus zu Unrecht als »formal« betrachtet wird, selbst essentiell ist:

> »Liberale wie demokratische Umwälzungen haben eine progressive Tendenz aufgezeigt, wozu sowohl die Proklamation der Freiheitsrechte als auch die der neuen sozialen Rechte gehört. Freiheitsrechte und soziale Rechte sind Erbe unserer Bewegung geworden und sind es noch« (Togliatti 1954/1973-84, Bd. 5, S. 869).

Zusammen mit den »sozialen Rechten« ist es auch, und zwar an erster Stelle, die Forderung nach »Freiheitsrechten« für die Kolonialvölker oder die Völker kolonialen Ursprungs, die den Unterschied zwischen der sozialistischen und kommunistischen Bewegung auf der einen Seite und dem liberalen Westen auf der anderen ausmacht.

2. Der von Della Volpe und Colletti halbierte Marx

In die von Bobbio eröffnete Debatte schaltete sich außer Togliatti und noch vor ihm Della Volpe ein, der zu dieser Zeit als bekanntester Philosoph des italienischen Marxismus galt. Eines springt sofort ins Auge: Wie unterschiedlich waren doch die von dem großen Intellektuellen auf der einen und die von dem Parteisekretär auf der anderen Seite formulierten Positionen! Im Gegensatz zu diesem bezog jener sich in keiner Weise auf die Kolonialfrage (also auch nicht auf den permanenten Ausnahmezustand, der den Ländern auferlegt wurde, die Vorreiter der Revolution waren und die der liberale Westen mit Misstrauen und Feindseligkeit beäugte). Della Volpe verfolgte im Gegensatz dazu eine völlig andere Strategie und konzentrierte sich auf die Glorifizierung der *libertas maior* (die konkrete Entwicklung der Individualität, garantiert durch die materiellen Lebensbedingungen und ermöglicht durch den Sozialismus).

Damit wurden einerseits die juristischen Garantien des Rechtsstaats abgewertet und stillschweigend zu einer *libertas minor* degradiert; andererseits bestätigte er letztlich Bobbios Verklärung der liberalen Tradition als Verfechterin der universellen Geltung der Bürgerrechte, der formalen Freiheit, der *libertas minor*, der Begrenzung der Staatsgewalt.

Der Turiner Philosoph hielt dazu an, »den Liberalismus« zu studieren und »zu begreifen«, indem man sich in die Schule von »Locke und Montesquieu« und des »Federalist« begebe (Bobbio 1955a, S. 265). Wieder wurden die Kolonialgeschichte und die Kolonialfrage verdrängt; und über die Tatsache hinaus, dass Locke Anteilseigner der Royal African Company war, jener Gesellschaft, die den Handel mit schwarzen Sklaven abwickelte, war er, wie ein berühmter Historiker der Institution der Sklaverei (D.B. Davis) bemerkte, »der letzte große Philosoph, der versuchte, die absolute und ewige Sklaverei zu rechtfertigen«. Was Montesquieu angeht, so hat er gefordert, die »Unmöglichkeit der Sklaverei bei uns«, »in unserem Klima« zur Kenntnis zu nehmen und deshalb »die natürliche Sklaverei (*servitude naturelle*) auf bestimmte einzelne Länder zu beschränken«. Einer der Redakteure des »Federalist« schließlich, Madison, war selbst Sklavenhalter.

Die von Bobbio zu den Lehrmeistern Gerechneten waren der Beweis für die »barbarische Diskriminierung unter den menschlichen Wesen«, die Togliatti dem Liberalismus ankreidete. Mit besonderer Begeisterung bezog sich der Turiner Philosoph auf John Stuart Mill und dessen Hymne an die Freiheit in seinem vielleicht berühmtesten Text: On Liberty (Bobbio 1954a, S. 161). Doch selbst in diesem Essay sehen wir den englischen Liberalen den »Despotismus« des Westens über die noch »unmündigen Rassen« verteidigen, die dazu anzuhalten seien, »absoluten Gehorsam« zu üben, damit sie auf den Weg des Fortschritts gebracht werden könnten (Losurdo 2011a I, 1 u. 3, II, 4 u. VII, 3). Dieser vom Westen auferlegte »Despotismus« und der »absolute Gehorsam« waren in den 1950er Jahren in Indochina, in Afrika und überhaupt in der ganzen kolonialen Welt nicht zu übersehen; selbst in den Vereinigten Staaten (jedenfalls in ihrem Süden) waren die Schwarzen der Gewalt der lokalen Polizei oder rassistisch-faschistischer Banden (die von der Staatsmacht ermuntert oder toleriert wurden) ausgesetzt. Aber völlig ergriffen von der Feier der *libertas maior*, kümmerte sich Della Volpe nicht darum oder war nicht in der Lage, die aufsehenerregenden Missgriffe Bobbios zur Sprache zu bringen.

Leider machte Della Volpe Schule: Auch seine Schüler zeichneten sich durch mangelnde Aufmerksamkeit für die koloniale Frage aus. Man denke etwa an Lucio Colletti. In seiner marxistischen Periode hat er die grundlegenden Grenzen jener Freiheit aufgezeigt, die der liberal-kapitalistischen Welt so teuer ist, indem er auf die »Arbeitshäuser« oder »Zuchthäuser« verwies, in denen oft als einfache Polizeimaßnahme Arbeitslose, Arme, all jene, die als »unverbesserliche Vagabunden« angesehen oder verdächtigt wurden, eingesperrt waren, und sie »als Konzentrationslager der ›aufgeklärten Bourgeoisie‹« bezeichnet (Colletti 1969, S. 280). Das war ein gutes Argument; schade nur, dass es zum Teil gemindert wurde durch das Schweigen über die tatsächlichen Konzentrationslager, die die »aufgeklärte Bourgeoisie« den Barbaren der Kolonien vorbehielt!

In Einklang mit diesem Schweigen zog Colletti bei seinem Bruch mit Marxismus und Kommunismus eine katastrophale Bilanz der historischen Ereignisse, die mit der Oktoberrevolution begonnenen hatten, ohne je ein Wort über den von ihr ausgehenden Impuls für die weltweite antikoloniale Revolution zu verlieren. Die Krise des Marxismus – bemerkte er 1980 – »gab es seit vielen Jahrzehnten«; genauer gesagt, »hatte ein revolutionärer Marxist wie Karl Korsch sie bereits 1931 ausgemacht« (Colletti 1980, S. 73). Korsch hatte sie also zu einem Zeitpunkt ausgemacht, als das Weltkolonialsystem noch so stark zu sein schien, dass Hitler sich vornahm, es auch auf Osteuropa auszudehnen und dort ein »deutsches Indien« aufzubauen. Hatte die anschließend ausgebrochene weltweite antikoloniale Revolution etwas mit dem Kommunismus und dem Marxismus zu tun? Das war eine bei dem Philosophen, der glücklich in der liberal-kapitalistischen Welt gelandet war, nicht vorkommende Frage.

So spottete er über das Interesse, mit dem hartnäckige und unverbesserliche Marxisten sich den Ländern »der Unterentwicklung« zuwandten, den »Bauern«, der »Landbevölkerung«, »einem der marxistischen Tradition nicht nur fremden Gegenstand, sondern einem solchen, demgegenüber zumindest der ›klassische‹ Marxismus sich oft feindlich gezeigt hatte« (Colletti 1980, S. 9f). Als habe Marx nicht einen beträchtlichen Teil seines Werks dem nationalen Befreiungskampf der Völker Irlands und Polens (die zum Großteil aus Bauern bestanden) gewidmet und als habe er (zusammen mit Engels) die englische Arbeiterklasse nicht scharf und wiederholt für ihre prinzipielle Unterordnung unter den britischen Kolonialismus kritisiert! Darüber hinaus blieb die große These von Marx völlig unerwähnt:

> »Die tiefe Heuchelei der bürgerlichen Zivilisation und die von ihr nicht zu trennende Barbarei liegen unverschleiert vor unseren Augen, sobald wir den Blick von ihrer Heimat, in der sie unter respektablen Formen auftreten, nach den Kolonien wenden, wo sie sich in ihrer ganzen Nacktheit zeigen« (MEW 9, S. 225).

Nachdem er Marx allein auf einen Kritiker nur der »respektablen Formen« der kapitalistischen Herrschaft reduziert und die Kolonialfrage verdrängt hatte, hatte Colletti keine Schwierigkeiten damit, eine manichäische Bilanz jenes Kapitels der Geschichte zu ziehen, das mit der Oktoberrevolution begonnen hatte, jener Revolution, die nach Lenins bereits zitierter Analyse ausgebrochen war, um »dem Krieg zwischen Sklavenhaltern zwecks Konsolidierung und Stärkung der Sklaverei« ein Ende zu setzen. In den Augen des schließlich zu den Ansichten des liberal-kapitalistischen Westens konvertierten Philosophen war es dieser Westen, der immer noch die Sache der Freiheit und der Toleranz vertrat. Es stimmt, dass er

»das Massaker an mehr als einer Million Kommunisten in Indonesien« nicht verschwieg, auch nicht das Blutbad, das auf den Militärputsch in Chile und die Ermordung Allendes im September 1973 folgte (Colletti 1980, S. 7 u. 65 f). In beiden Fällen jedoch wurde in keiner Weise Bezug auf die Rolle der Vereinigten Staaten genommen, die entschlossen waren, die Emanzipation der Dritten Welt mit ihren Befreiungsbewegungen (*Terzomondismo)* zu liquidieren, zu deren Verfechtern das 1965 ins Visier genommene Indonesien Sukarnos zählte, und (in Lateinamerika) der Monroe-Doktrin Nachdruck zu verleihen. Nein, das »Massaker« und das »Blutbad« wurden nur angeführt, um das Scheitern des Kommunismus und des Marxismus zu unterstreichen, die eine ziemlich schlechte Figur machten, wenn sie erst einmal dem Westen als Vorkämpfer der Freiheit gegenübergestellt wurden.

3.
»Operaismus« und Verurteilung der Dritte-Welt-Bewegung

Das Desinteresse an der kolonialen (und neokolonialen) Frage kann auch im Namen eines revolutionären Rigorismus eingefordert und praktiziert werden, der sich auf das kapitalistische Mutterland und die Kämpfe der antagonistischen Klasse schlechthin, der Arbeiterklasse, konzentriert, ohne sich von den Ländern und Klassen der Peripherie, die in vielerlei Hinsicht noch mit der vorindustriellen Welt verbunden sind, stören zu lassen. Genau das geschieht im italienischen »Operaismus« und besonders bei Tronti (2009, S. 58): »Es muss hier darauf geachtet werden, dass wir niemals in die Falle der Dritte-Welt-Bewegung (terzomondismo) tappen, der Kampagnen, mit denen die Stadt belagert wird, der Langen Märsche der Bauern, dass wir nie ›Chinesen‹ werden«.

Der zitierte Text des italienischen Operaismus klärte bereits in seinem Titel (*Arbeiter und Kapital*) eindeutig, wer die gesellschaftlichen Subjekte waren, auf die das Interesse Trontis ausschließlich gerichtet war. Wir sind im Jahr 1966. In Vietnam wagte es der nationale Befreiungskampf, den ungeheuer großen Militärapparat der

Vereinigten Staaten herauszufordern, die im Jahr zuvor eine nicht unerhebliche Rolle bei der Repression gespielt hatten, die in Indonesien in das Massaker an hunderttausenden Kommunisten mündete und in die Niederlage, die der militanten Befreiungsbewegung dieses Landes zugefügt wurde. In Lateinamerika wütete der Kampf gegen die Monroe-Doktrin, in deren Namen die Kennedy-Administration 1961 versucht hatte, in Kuba einzufallen und es zu unterwerfen. Zusammengefasst: Der Kampf zwischen Kolonialismus und Antikolonialismus loderte auf und nährte die Krise, die seit der Stationierung sowjetischer Raketen auf der Rebelleninsel die Welt an den Rand der nuklearen Katastrophe gebracht hatte.

Ohne sich von alldem ablenken zu lassen, stellte sich Tronti »Lenin in England« vor (wie der Titel eines zentralen Kapitels seines Buches lautet). Das noch unterentwickelte Russland hinter sich lassend, versetzt sich der große Revolutionär ins Zentrum der kapitalistischen Metropole jedoch nicht, um von innen heraus das Britische Empire zu analysieren, das einen Kolonialkrieg nach dem anderen führte und bereit war, für den Kampf um die Weltherrschaft, bzw. die »Nation, die die ganze Welt ausbeutet« (Engels) und in deren Schoß, wie Marx beklagt, die Arbeiter selbst, angesteckt von der herrschenden Ideologie, die Iren, Einwohner einer roh ausgebeuteten und unterdrückten Kolonie, als *Niggers* betrachten und behandeln (MEW 32, S. 669). Nein, in England befasste sich Lenin ausschließlich mit der Fabrik und der Lage der Arbeiter: mit anderen Worten, der große Revolutionär wurde in der von ihm selbst scharf kritisierten, trade-unionistischen Tonart gelesen.

Versuchen wir, uns Lenin, statt in England zwischen dem 19. und 20. Jahrhundert, in den Vereinigten Staaten der 1960er Jahre vorzustellen: Er hätte sich in dem am weitesten entwickelten kapitalistischen Land wiedergefunden, das an der Spitze der imperialen und kolonialen Unterdrückung in der Welt stand, in dem Land, in dem nicht selten Arbeiter und ihre Gewerkschaften Studenten (oft bürgerlicher Herkunft) bedrohten, und zwar nicht immer nur mit Worten, Studenten, die gegen Zwangsrekrutierung und den Krieg in Vietnam protestierten. Wie auch immer: Vom Standpunkt des Theoretikers des Operaismus aus hätte Lenin sich dennoch nur um die Arbeiterklasse kümmern dürfen!

Tatsache ist, dass Tronti nicht aufhört, sich auf die Suche nach einem Klassenkampf im Reinzustand zu machen, und in einem neueren Essay, das mehr als vier Jahrzehnte nach *Arbeiter und Kapital* erschien, glaubt er endlich, ihn identifizieren zu können: »Das Jahr 1969 ist das wahre *annus mirabilis* [...] 1969 war nicht von Antiautoritarismus die Rede, sondern von Antikapitalismus. Arbeiter und Kapital standen sich physisch gegenüber« (Tronti 2009, S. 21). Er bezieht sich hier weder auf England noch auf die Vereinigten Staaten, sondern auf Italien. Erwähnenswert ist, dass Tronti, um den Klassenkampf in Reinkultur zu finden, sich auf ein Land beziehen musste, in dem die Kommunistische Partei einen sehr großen Einfluss ausübte, und zwar dank einer politischen Linie, die breite Bündnisse anstrebte, die der Theoretiker des Operaismus in keiner Weise teilen konnte.

Zweifellos erlebte der Herbst 1969 die Entwicklung grandioser Arbeitskämpfe. Die Arbeiter wurden jedoch von einer starken Präsenz der Studenten an ihrer Seite ermutigt und unterstützt. Nicht selten waren diese von bürgerlicher Herkunft und ihre politische Militanz fußte auf ihrem Kampf gegen den »Autoritarismus«, der in erster Linie im Rahmen der Familie und der Schule gesehen und angeprangert wurde. Andere erlebten einen Prozess der politischen Radikalisierung auf der Woge der Empörung über den barbarischen Krieg gegen Vietnam und auch auf der Woge der Begeisterung für den eindrucksvollen Widerstand, den ein unerschrockenes Volk dem riesigen Militärapparat seiner Angreifer entgegensetzte. Es waren die Jahre, in denen in Asien, Lateinamerika und auch im Nahen Osten die antikoloniale Revolution (unterstützt von den sozialistischen Ländern) glänzende Erfolge verbuchte und der US-Imperialismus in großen Schwierigkeiten war. Es war ein Klima, das man auch in Italien spürte, wo eine Kommunistische Partei wirkte, die stärker denn je war und auf die sich ein Großteil der Kämpfer und

Führer berief, die die großen Arbeiter- und Volkskämpfe anführten oder unterstützten. In den Augen Trontis hatte der Klassenkampf endlich seinen Reinzustand erreicht, bei genauerem Hinsehen zeigte sich jedoch, dass er durch eine Verflechtung unterschiedlichster Widersprüche genährt war, einschließlich des grundlegenden der antikolonialen Revolution.

Die Polemik gegen die mögliche Verunreinigung des Klassenkampfes nimmt militante Züge an. Die Verspottung der »Kampagnen, die die Stadt belagern, dem Langen Marsch der Bauern« haben wir schon gesehen. Was hier zum Ziel des »operaistischen« Sarkasmus wird, sind die größte antikoloniale Revolution der Geschichte (die in China ausgehend von der Eroberung der ländlichen Gebiete zum Erfolg kommt) und einer ihrer Höhepunkte, nämlich der von der Kommunistischen Partei angeführte Marsch der Revolutionäre über Tausende Kilometer unter dem Feuer der Reaktion, um der Invasion des japanischen Imperialismus entgegenzutreten, der entschlossen war, das gesamte chinesische Volk zu versklaven.

Der Sarkasmus dieses mehr oder weniger »operaistischen« Typs ist nicht neu. Seinerzeit ging es auch Proudhon darum, die Reinheit des Kampfes zwischen Armen und Reichen, also zwischen Opfern und Nutznießern des »Diebstahls«, worin der »Besitz« bestand, zu bewahren, und er verhöhnte den nationalen Befreiungskampf des von der zaristischen Autokratie unterdrückten polnischen Volkes. Marx seinerseits, der im Jahr zuvor die Internationale Arbeiterassoziation gegründet hatte, prangerte 1865 diese Verhöhnung als Ausdruck von »kretinartigem Zynismus« (MEW 16, S. 31) an. Tronti scheint nicht über dieses Kapitel der Geschichte der Arbeiterbewegung nachgedacht zu haben. Er erhöht die Dosis dagegen:

> »Die Arbeiter hatten immer – mussten immer haben! – eine ›Mission‹ zu erfüllen und immer war diese Mission – musste es sein! – rettend: die Fabrik retten, das Land retten, den Frieden retten, die Völker der Dritten Welt vor imperialistischen Aggressionen retten« (Tronti 2009, S. 61).

Es wird hier zum Beispiel nicht erklärt, was die chinesischen Arbeiter hätten tun sollen, als ihr Land besetzt war: Weitermachen mit der Forderung nach Lohnerhöhung, ohne sich um die Versklavung zu kümmern, die über sie und ihre Mitbürger kam? Die dualistische Lesart des gesellschaftlichen Konflikts, die nur einen einzigen Widerspruch sieht (den zwischen Arbeitern und Kapital), verwandelt diesen Widerspruch selbst in ein Gefängnis im Zeichen des absolut kleinkarierten Korporatismus. Und dieser Korporatismus verzerrt die Erkenntnis der Geschichte. Das 20. Jahrhundert wird hier als »Zeitalter der weltweiten Bürgerkriege« verstanden (Tronti 2009, S. 62). In diesem Rahmen wird die weltweite antikoloniale Revolution zum Verschwinden gebracht, wird unsichtbar, sei es als bewaffneter, sei es als ökonomischer Kampf. Während die Länder, die die politische Unabhängigkeit erworben haben, versuchen, sie konkret zu machen und zu festigen mittels der harten Anstrengung der ökonomisch-technologischen Entwicklung, ruft der Operaismus zur »Unterdrückung der Arbeit durch die Arbeiter« auf (s. unten, III, 12)!

4. Althusser zwischen Antihumanismus und Antikolonialismus

Auch wenn man sie mit Wohlwollen begrüßt, kann man sich der antikolonialen Revolution doch mit Kategorien nähern, die ihr Verständnis schwierig machen. Kommen wir auf die »barbarische Diskriminierung unter den Menschen« zurück, die Togliatti dem kapitalistisch-kolonialistischen System ankreidet; das war eine Anklage, in der mit Macht der von Gramsci so sehr gewürdigte Humanismus widerhallte, der, wie wir noch sehen werden, später für Louis Althusser ein Albtraum werden sollte. Dieser konnte sich aber im Gegensatz zu Tronti nicht rühmen, nie »Chinese« gewesen zu sein. Bei dem französischen Philosophen findet sich wiederholt und positiv ein Hinweis auf Mao Zedong, der von ihm vor allem als Theoretiker des Widerspruchs und der Dialektik geschätzt wird (Althusser 1965, S. 57, Anm. 6; Althusser, Balibar 1965, S. 39f). In jedem Fall war das objektiv ein Lob für ein Denken, das durch die Reflexion über die größte antikoloniale Revolution der Geschichte gereift ist, jene Revolution, die das bevölkerungsreichste Land der Welt mit tausendjähriger Kultur auf theoretischer wie praktischer Ebene erlebte, in einem langwierigen Kampf, in Widersprüchen und gegenüber vielfältigen Feinden unterschiedlicher Art.

Doch die Anerkennung, die der damaligen weltweiten antikolonialen Revolution gezollt wurde, wird bei Althusser untergraben von einer theoretischen Grundierung im Zeichen des Antihumanismus. Dies versperrt das Verständnis der Klassenkämpfe, die, weitab davon, nur eine rein ökonomische Dimension zu haben, Kämpfe für Anerkennung sind. Das gilt vor allem für die Kämpfe der Kolonialvölker oder derjenigen kolonialen Ursprungs, die den Antihumanismus, der dem kapitalistisch-imperialistischen System innewohnt, auf besonders brutale Art zu spüren bekamen. Deshalb haben die großen Kraftproben zwischen Abolitionismus* und Sklaverei, zwischen Antikolonialismus und Kolonialismus im Lauf der neueren Geschichte gesehen, wie sich, auf ideologischer Ebene, das Pathos des allgemein gültigen Menschenbegriffs auf der einen Seite und seine Negierung oder Verspottung auf der anderen Seite entgegenstanden; Humanismus und Antihumanismus standen in Konfrontation zueinander.

Ende des 18. Jahrhunderts führte Toussaint Louverture die große Revolution der schwarzen Sklaven an, wobei er »die absolute Anwendung des Prinzips« beschwor, »wonach kein Mensch, ob rot [d.h. Mulatte], schwarz oder weiß, Eigentum seinesgleichen sein kann«; sei ihre Lage auch noch so bescheiden, so können »Menschen nicht mit Tieren verwechselt« werden, wie es im System der Sklaverei geschieht. Demgegenüber proklamiert Napoleon, der auf Santo Domingo/Haiti die Kolonialherrschaft und die Sklaverei der Schwarzen wieder einführen will: »Ich bin auf Seiten der Weißen, weil ich weiß bin; einen anderen Grund außer diesem gibt es nicht,

* Bewegung zur Abschaffung der Sklaverei

aber das ist ein guter Grund«. Und die englischsprachige Welt? Ein berühmtes Manifest der Kampagne für den Abolitionismus zeigt einen schwarzen Sklaven in Ketten, der ausruft: »Bin nicht auch ich ein Mensch und Bruder?«

Wenige Jahre später, als das Kolonialsystem auf seinem Höhepunkt ist, hängt an einigen öffentlichen Parks des US-amerikanischen Südens ein Schild: »Eintritt für Hunde und Neger verboten«, und in Shanghai verteidigt die Französische Konzession* ihre eigene Reinheit mit dem gut sichtbaren Aushang: »Kein Eintritt für Hunde und Chinesen«. Es ist ein weltweites Phänomen. Nach der großen Revolte der Sepoy** 1857 voll den *Niggers* gleichgestellt, sehen sich die Einwohner Indiens im Frühjahr 1919 einer schrecklichen Demütigung unterworfen. Nachdem die Sepoy einen wesentlichen Teil zum Sieg Großbritanniens im Ersten Weltkrieg beigetragen hatten, gingen sie auf die Straße, um, wenn nicht die Unabhängigkeit, so doch wenigstens eine Form der Selbstverwaltung zu fordern. In Amritsar zeichnet sich die Repression der Kolonialmacht durch besondere Brutalität aus: Sie kostet nicht nur Hunderten von unbewaffneten Demonstranten das Leben, zusätzlich wird befohlen, dass die Bewohner der rebellischen Stadt auf allen Vieren kriechen müssen, um in ihre Häuser kommen oder aus ihnen herausgelangen zu können.

Die Entmenschlichung der Kolonialvölker zeigt sich in einer Weise, die gleichzeitig plastisch wie widerwärtig ist. Man versteht so die Bilanz, die Ende des 19. Jahrhunderts von einem Autor gezogen wurde, der später vom deutschen Faschismus verehrt wurde: Während er das bevorstehende 20. Jahrhundert als »Jahrhundert der Rassen« und »Jahrhundert der Kolonien« begrüßt, macht Houston S. Chamberlain (1898, S. 33) sich lustig über die »sogenannte ›Einheit der menschlichen Rasse‹«, die in seinen Augen von

* Infolge des ersten Opiumkrieges von Franzosen besetztes Gebiet in Shanghai.

** Antikolonialer Aufstand in Indien 1857, der von indischen Soldaten (Sepoy) ausging.

der Wissenschaft und der Geschichte widerlegt ist und an die sich pathetisch nur noch die »Sozialisten« klammern. Später dann ist es Alfred Rosenberg, der bekannteste Ideologe des Nazismus, der gegen »das Dogma einer mutmaßlichen ›allgemeinen Entwicklung der Menschheit‹« tönt und ironisch über den fortdauernden Einfluss der jüdischen Religion und Mythologie sagt: Der alte Jahwe »heißt heute« vor allem »Menschheit« (Rosenberg 1930, S. 40 u. 127).

Das ist ein Kapitel der Geschichte, das über Deutschland und selbst Europa hinausgeht. Auf das universalistische Pathos, das in der Oktoberrevolution und ihrem Appell an die Sklaven der Kolonien, ihre Ketten zu sprengen, hörbar wird, ist die Antwort die Theoretisierung des *under man/Untermenschen*, die der US-Autor Lothrop Stoddard formuliert, dessen Buch schnell ins Deutsche übersetzt wird. Seine Ideen boten die Anleitung für Hitlers Feldzug zur Kolonisierung Osteuropas und der Versklavung der Slawen und lieferten auch das Motto zur Vernichtung der Juden, die zusammen mit den Bolschewiki als Ideologen und Urheber der erbärmlichen Revolte der »niederen Rassen« beschuldigt wurden. (Vgl. Losurdo 2016a, X, 3 zur Entmenschlichung der Schwarzen und Chinesen; Losurdo 2016a, III, 2 u. XI, 5 zu Santo Domingo/Haiti; Losurdo 2016a, III, §10 (zu Amritsar); Losurdo 2009, XXVII, 7 u. Losurdo 2011b, III, §5 zu *under man/Untermensch*).

Auch der italienische Faschismus ist in die kolonialistische und rassistische Konterrevolution verwickelt, und auch in den Augen Mussolinis ist der Abgrund unüberbrückbar, der in der natürlichen Ordnung eine »Rasse« von der anderen und eine Nation von der anderen trennt, sodass Begriffe wie das »Menschengeschlecht« sich als sinnlos oder »zu verschwommen« herausstellen (1938/1951, Bd. 29, S. 185ff). Und schließlich treibt Japan in Asien seinen kolonialen Expansionismus mit der gleichzeitigen Enthumanisierung der Chinesen voran, die man sich schon am Ende des 19. Jahrhunderts mehr oder weniger als Tiere vorstellt und oft mit Affen oder Schweinen vergleicht (Del Bene 2009, S. 92f).

Gewiss hat sich auch der Kolonialismus, wenn sein inhumaner Charakter enthüllt wurde, bemüht, selbst universalistische Züge anzunehmen. Wie haben, historisch gesehen, die Protagonisten der Emanzipationsbewegungen auf solche Vorstöße reagiert? Du Bois kann ohne Schwierigkeit feststellen, dass die vor allem vom »Britischen Empire« und der »amerikanischen Republik« propagierte (universalistische) Parole »Frieden, Christentum, Handel« mit dem tödlichen »Hass gegenüber den farbigen Rassen« zusammen geht. Fakt ist, dass Kolonialismus und Imperialismus auf der »inhumanen Ausbeutung von menschlichen Wesen« basieren, die als »der Menschheit fremd« betrachtet werden (1914, S. 708 f u. 712 ff). Und deshalb schließt der Kampf für den Universalismus die Abrechnung mit einem politisch-sozialen System ein, das von entmenschlichenden Praktiken geprägt ist.

Nichts anderes tut die kommunistische Bewegung. Lenin verlangt Aufmerksamkeit für die Tatsache, dass in den Augen des Westens die Opfer der Kolonialkriege und des kolonialen Expansionismus »nicht einmal als Völker angesehen werden (irgendwelche Asiaten, Afrikaner – sind das etwa Völker?)« (LW 24, S. 404); in letzter Instanz werden sie aus der menschlichen Gemeinschaft selbst ausgeschlossen. Noch expliziter äußert sich Gramsci (1975, S. 567, 837 u. 2103). In seinen Schriften der 1930er Jahre bemerkt er: Bis hin zu einem Philosophen wie Henri Bergson »bedeutet ›Menschheit‹ in Wirklichkeit Westen«; und auf diese Weise argumentieren die Helden der »Verteidigung des Westens«, die »›Retter‹ des Westens«, die im Westen herrschende Kultur. Der Kommunismus ist dagegen Synonym für »integralen Humanismus, für einen Humanismus, der die Vorurteile und die Arroganz der »weißen Herrenmenschen« herausfordert (Gramsci 1919/1987, S. 41 u. 142). Mit anderen Worten: die Pseudouniversalität, die in der willkürlichen Übersteigerung eines begrenzten und oft bösartigen Besonderen zum Allgemeinen besteht, wird durch die Berufung auf eine wahrere und reichere Metauniversalität entlarvt.

5. Die idealistische und eurozentristische Regression Althussers

Während der Antihumanismus auf politischer Ebene das Verständnis der großen politisch-sozialen Kämpfe der Gegenwart beeinträchtigt, bedingt er auf theoretischer Ebene zwei sehr wichtige und gleichermaßen negative Konsequenzen. Marx hat mehrmals bekräftigt, dass seine Theorie Ausdruck wirklicher Prozesse und Bewegungen sei, eines wirklichen Klassenkampfs. Mit Althusser hingegen sind der Historische Materialismus und die wirkliche Bewegung, die jener zu fördern hilft, Resultat eines »erkenntnistheoretischen Bruchs« (so wie sie für Della Volpe Resultat einer wissenschaftlichen Methode sind, die sich auf die Lehre Galileis und der noch früheren des Aristoteles als Kritiker Platons stützt). Somit haben wir eine idealistische Verzerrung des Historischen Materialismus vor uns, zu dem man dank der Genialität eines einzelnen Individuums gelangt, das auf einem neuen Kontinent landet: nach der Entdeckung des »mathematischen Kontinents durch die Griechen« und des »physikalischen durch Galilei und seine Nachfolger«, macht Marx sich an die Entdeckung des »Kontinents Geschichte« (Althusser 1969, S. 24f). Nachdem er wiederholt dem Humanismus vorgeworfen hat, den Klassenkampf auszublenden, ist es nun gerade Althusser selbst (zusammen mit Della Volpe), der den Klassenkampf hinter der Ausarbeitung des Historischen Materialismus verschwinden lässt.

Die idealistische Regression ist gleichzeitig eine eurozentristische. Bei Marx und Engels setzt die Ausarbeitung des Historischen Materialismus einerseits die industrielle Revolution voraus, andererseits die politische Revolution, vor allem die französische. Beide Revolutionen haben keine exklusiv europäische Dimension. Die erste geht auf die Entwicklung des Weltmarkts zurück, auf die koloniale Expansion und die ursprüngliche Akkumulation des Kapitals; die zweite hat einen ihrer erhabensten Momente im Aufstand der schwarzen Sklaven von Santo Domingo und der Abschaffung der kolonialen Sklaverei durch den jakobinischen Konvent in Paris. Mit

Althusser hingegen wird (wie mit Della Volpe) die Ausarbeitung des Historischen Materialismus zu einem Kapitel der Geistesgeschichte, das sich exklusiv in Europa ereignet.

Die Gründe für die Haltung des französischen Philosophen sind verständlich; es sind die Jahre, in denen die Fahne des »Humanismus« geschwungen wurde, um dem Kampf gegen den Imperialismus einen Dämpfer zu versetzen; damit begann der Prozess, der später zur Kapitulation Gorbatschows führte. Wohlgemerkt, die philosophische Kritik am Humanismus, dem vorgeworfen wird, den sozialen Konflikt zu verdecken, ist gleichzeitig eine Distanzierung von »reformistisch und opportunistisch gefärbten oder einfach revisionistischen Konzeptionen«, die sich in diesen Jahren ausbreiten (Althusser, Balibar 1965, S. 190).

Leider geht diese Polemik von falschen Voraussetzungen aus. An erster Stelle sollte man sich bewusst sein, dass nicht nur der Appell an die allgemeine Menschlichkeit (und an die Moral) den Klassenkampf vergessen lassen kann, sondern auch die Berufung auf die Wissenschaft. Allerdings wendet sich der französische Philosoph zurecht gegen den Satz, der die Vorstellung von einer klassenunabhängigen Wissenschaft ablehnt und die »proletarische Wissenschaft« der »bürgerlichen« gegenüberstellt; er billigt Stalin das Verdienst zu, sich dem »Wahnsinn« widersetzt zu haben, der »um jeden Preis aus der Sprache einen« ideologischen »Überbau« machen wollte. Dank »einiger einfacher Seiten« – schließt Althusser – »sahen wir, dass der Gebrauch des Kriteriums der Klasse nicht ohne Grenzen war, und dass man uns die Wissenschaft [...] wie die erstbeste Ideologie behandeln ließ, die dann auch Marx' Werke selbst einschließen würde« (Althusser 1965, S. 19). Und was ist mit der Moral? Positionen auf eine Ebene zu stellen, die die Einheit des Menschengeschlechts geltend machen, mit solchen, die sie negieren und verhöhnen, und somit im Namen eines angeblich rein proletarischen Klassenkampfs zu argumentieren, bedeutet, den realen Klassenkampf aus dem Auge zu verlieren, der auf der Entmenschlichung breiter Menschenmassen basiert, die zu *under men* oder *Untermenschen* degradiert werden und nur dazu bestimmt sind, unterdrückt, versklavt und ausgerottet zu werden.

In seiner Polemik gegen die humanistische Lesart des Marxismus wird Althusser nicht müde zu wiederholen, dass Marx nicht vom »Menschen« oder vom »Individuum« ausgeht, sondern von der historischen Struktur der gesellschaftlichen Beziehungen. Es ist jedoch seltsam, dass das Konzept des »Menschen« oder des »Individuums« als selbstverständlich vorausgesetzt wird. In Wirklichkeit ist das Konzept des Individuums oder des Menschen als solchem, unabhängig von Geschlecht, Vermögen oder der Hautfarbe, Resultat jahrhundertelanger Kämpfe für Anerkennung, die gerade unter dem Banner des Humanismus geführt wurden, den Althusser so verachtet. Das gilt für die Frauen (die als von Natur aus unfähig betrachtet wurden, auf politischer Ebene etwas zu verstehen oder zu wollen oder qualifizierte intellektuelle Tätigkeiten auszuüben), für die Lohnarbeiter der Metropolen (die man mit Arbeitsinstrumenten gleichsetzte, mit zweibeinigen Maschinen und Lasttieren) und ganz speziell für die Kolonialvölker (enthumanisiert auf jeglichem Niveau). Es ist wahr, dass der französische Philosoph anerkennt, dass es auch einen »revolutionären Humanismus« gegeben haben könnte, der aus der Oktoberrevolution entsprang (Althusser, Balibar 1965, S. 150), allerdings ist er bei diesem Punkt ziemlich zurückhaltend; und so verbaut er sich das Verständnis für die ungeheuren Schlachten, die von den »Kolonialsklaven« (um den von Lenin geschätzten Ausdruck zu verwenden) für die Anerkennung ihrer menschlichen Würde geführt wurden.

Für Althusser ist die Kategorie »Mensch« durch den Interklassismus (die Nichtbeachtung bzw. Leugnung der Klassenunterschiede) kompromittiert und deshalb per se nicht fähig, die Aufmerksamkeit auf die reale Ausbeutung und Unterdrückung zu lenken. Doch hier kommt ein zweiter theoretischer Irrtum hinzu. Es gibt keine Termini, die allein und an sich in der Lage sind, den politisch-gesellschaftlichen Antagonismus auszudrücken, es gibt keine ideologisch und politisch »reinen« Termini, die immer und ausschließlich von Revolutionären und in revolutionärer Tonart verwendet worden sind. In den Vereinigten Staaten des 19. Jahrhunderts bezeichnete sich gerade die Partei als »demokratisch«, die zunächst die Sklaverei der Schwarzen verteidigte und dann das Regime der *white supremacy*. Dies gilt auch für jene Kategorien, die als unauflösbar mit der Geschichte der Arbeiterbewegung verbunden gelten. Nach der 48er-Revolution in Frankreich schwangen die Konservativen die Flagge der »Arbeit« und des Respekts vor der »Würde der Arbeit«, während sie gleichzeitig die revolutionären Agitatoren und die Arbeiter, die für eine Verbesserung ihrer Lebenslage und ihrer Arbeit streikten, als »Faulenzer« und Vagabunden verleumdeten. Am weitesten nach vorn prescht auf diesem Weg Hitler, der sich schon im Namen der von ihm gegründeten und geleiteten Partei als Kämpfer für den »Sozialismus« und den »deutschen Arbeiter« aufspielte.

Zusammenfassend: Trotz eines anderen Ausgangspunkts gelangt Althusser zu denselben Schlussfolgerungen wie Tronti. Der italienische Autor wird nicht müde zu betonen, dass »der Universalismus eine klassisch bürgerliche Vision der Welt und des Menschen ist«. Zum Glück gibt es die Arbeiter: »Mit ihnen, nur mit ihnen, kann man endlich darauf verzichten, universelle Werte zur Schau zu stellen, denn aus ihrer Sicht sind diese immer in ideologischer Hinsicht bürgerlich« (Tronti 2009, S. 62 u. 17). Mehr als auf den Universalismus zielt Althusser hingegen auf den Humanismus. Doch es handelt sich immer noch um dieselbe Einstellung: ohne es zu merken, beschönigt sie am Ende das Ziel einer Kritik, die doch vorgibt, unversöhnlich zu sein und jeden Kompromiss zu verachten.

Den Universalismus bzw. Humanismus als an sich schon »bürgerlich« abzustempeln oder als anfällig für Kompromisse mit der Bourgeoisie zu brandmarken, bedeutet, die Kritik an der kapitalistischen Gesellschaft auf halbem Wege zu blockieren: Sie wird kritisiert wegen des rein formalen Charakters der bürgerlichen und politischen Rechte, deren Träger der Mensch als solcher in seiner Allgemeinheit sein solle, doch jeder Hinweis auf die schrecklichen Ausschlussklauseln fehlt, die die Kolonialvölker oder die Völker kolonialer Herkunft selbst der Menschen- und politischen Rechte berauben (wie auch der ökonomischen und sozialen). Man geht auch über die kolonialen Zustände hinweg, die doch in Marx' Augen die barbarischen Züge der kapitalistischen Gesellschaft par excellence enthüllen. Das enthumanisierende Potenzial der bestehenden Ordnung zeigt sich hier explizit in seiner ganzen Brutalität und in besonders aufsehenerregender Weise in der Theorie vom *under man* in den USA, die der Theorie des *Untermenschen* vorausgeht. Mit anderen Worten: Togliatti war weit konsequenter und radikaler: Noch bevor er die Missachtung der ökonomischen und sozialen Rechte kritisierte, klagte er die »barbarische Diskriminierung unter den Lebewesen« an, auf der die kapitalistische Gesellschaft gründet.

6.
Erbe und Verwandlung des Liberalismus bei Bloch

Trotz ihrer leidenschaftlichen Anklage gegen Universalismus und Humanismus und vielleicht sogar gerade deswegen kommen Tronti und Althusser, die die Kolonialfrage im Wesentlichen wegschieben, am Ende paradoxerweise zu einer Übereinstimmung mit den Positionen von Bloch, der seinerseits von Anfang an und ohne Probleme Universalismus und Humanismus anerkennt, mit denen der liberale Westen gerne prahlt. Wir konnten sehen, wie sich der deutsche Philosoph im Laufe des Ersten Weltkriegs der Ideologie der Entente anschloss, die verkündete, auf dem Gebiet der Mittelmächte und der ganzen Welt die Demokratie verwirklichen zu wollen, die sie andererseits den Kolonialvölkern hartnäckig verweigerte.

Und der liberale Westen wird bei Bloch von Anfang an nicht nur dem Deutschland von Wilhelm II., sondern auch dem Land, das aus der Oktoberrevolution hervorging, positiv gegenübergestellt. Über Letzteres fällt der junge Philosoph ein hartes Urteil, ohne den Rückzug des deutschen Heeres und noch weniger das Ende des Bürgerkriegs abzuwarten: »Die Proletarier der Welt haben nicht viereinhalb Jahre lang, immer gründlicher begreifend, gegen Preußen, für die Weltdemokratie gekämpft, um bei der kommenden Erringung ökonomisch-sozialer Demokratie die Freiheit preiszugeben und die demokratische Linie, den Stolz der westlichen Kulturen, plötzlich zu verlassen«. Wie armselig erscheine Sowjetrussland, das sich auf diese ökonomisch-soziale Demokratie beruft, wenn man es mit der nordamerikanischen Republik vergleiche:

> »Niemals hätte man es als Sozialist, bei aller Verehrung Wilson gegenüber, für möglich gehalten, dass die Sonne Washingtons derart die einst erwartete Sonne Moskaus übersteigt; dass aus dem noch kapitalistischen Amerika die Freiheit und Reinheit [...] kommt« (Bloch 1918/1985b, S. 399f).

Da ist eine doppelte Verdrängung am Werk. Es wird übersehen, dass der Krieg selbst in den Ländern mit gefestigter liberaler Tradition ein Klima des Terrors und der Hexenjagd erzeugt hat, in Ländern, die dank ihrer geografischen Lage in sicherem Abstand zu den Schlachtfeldern und der Gefahr einer Invasion liegen. Die schlimmere Verdrängung aber betrifft die koloniale Frage. Nur wenige Jahre zuvor war es den USA, die Bloch so lobte, gelungen, den Unabhängigkeitskampf auf den Philippinen durch rücksichtslose Repression und sogar durch Praktiken des Völkermordes niederzuringen. Selbst im eigenen Lande hatte zwischen dem 19. und dem 20. Jahrhundert ein terroristisches Regime der *white supremacy* immer wieder gegen Schwarze gewütet, die dem Lynchmord zum Opfer fielen, d.h. einer langen, nicht enden wollenden Quälerei und schließlich der Hinrichtung, inszeniert als Massenspektakel für die jubelnde weiße Community.

Der Zweite Weltkrieg erlebte den Ausbruch der Kolonialfrage weit hinaus über die koloniale Welt als solcher. Hitler will »Deutschindien« in Osteuropa aufbauen, mitunter wie in einer Art Westen oder Fernem Westen: Wie die Rothäute müssen die »Eingeborenen« an den Grenzen des Dritten Reiches deportiert und dezimiert werden, um für die weiße und germanische Rasse neue Territorien zu erobern; die Überlebenden sind, wie die schwarzen Sklaven im

Dienste der Herrenrasse, für immer zur Arbeit bestimmt. Ähnlich engagiert sich das japanische Kaiserreich in Asien. Jedenfalls bringt die Bedeutung, die die koloniale Frage erreicht hat, Bloch nicht zum Überdenken seiner Positionen.

Im Jahre 1961 publiziert er *Naturrecht und menschliche Würde*. Wie schon aus dem Titel hervorgeht, sind wir weitab von der Unterschätzung der *libertas minor*, die Della Volpe so wichtig ist; ganz im Gegenteil ist der Anspruch auf das Erbe der liberalen Tradition laut und stark. Die Kritik daran bleibt die, die wir schon kennen und die der junge Bloch mit den Worten von Anatole France ausdrückte: In der liberal-kapitalistischen Welt bedeutet Gleichheit vor dem Gesetz, dass dieses den »Reichen wie den Armen verbietet, Holz zu stehlen und unter Brücken zu schlafen« (vgl. oben I, 7). In *Naturrecht und menschliche Würde* betont der Philosoph, dass der Liberalismus den Fehler hat, für »formale und nur formale Gleichheit« zu kämpfen. Und er fügt hinzu: »Denn der Kapitalismus war zu seiner Durchsetzung an einer sich auf alles gleich ausbreitenden Allgemeinheit der rechtlichen Regelung interessiert« (Bloch 1961, S. 157).

Diese Feststellung findet man in einem Buch, das im selben Jahr veröffentlicht wurde, in dem die Polizei in Paris eine gnadenlose Jagd auf Algerier entfesselte, die in der Seine ertranken oder totgeschlagen wurden; und all das am helllichten Tag, ja in Gegenwart von französischen Bürgern, die im Schutze der Herrschaft des Rechts gut unterhalten dem Spektakel beiwohnten: von wegen »formale Gleichheit«! In derselben Hauptstadt eines kapitalistischen und liberalen Landes sehen wir eine doppelte Gesetzgebung am Werk, die der Willkür und dem Terror der Polizei eine recht festumschriebene ethnische Gruppe überantwortet (Losurdo 2011b, VI, 2). Wenn wir dann die Kolonien und Halbkolonien betrachten und den Blick z. B. auf Algerien, Kenia oder Guatemala (ein formal freies Land, tatsächlich aber US-amerikanisches Protektorat) richten, sehen wir, wie der herrschende kapitalistische und liberale Staat in großem Maßstab und systematisch auf Folter, Konzentrationslager und Genozid gegen die indigene Bevölkerung zurückgreift. Von all dem gibt es bei Bloch keine Spur.

Und die Kolonialvölker und Völker kolonialen Ursprungs kommen auch nicht vor, wenn sich der Autor von *Naturrecht und menschliche Würde* an die historische Rekonstruktion der Moderne und des Liberalismus macht. Bei Grotius und Locke schätzt er die naturrechtliche Orientierung, erwähnt aber in keiner Weise deren Engagement bei der Rechtfertigung der Sklaverei der Schwarzen; in Bezug auf den amerikanischen Unabhängigkeitskrieg wird dem Kampf der »jungen freien Staaten« gehuldigt, die später die USA bilden, doch die Bedeutung der Sklaverei in der politischen und sozialen Wirklichkeit und sogar in der amerikanischen Bundesverfassung wird stillschweigend übergangen (Bloch 1961, S. 80).

Ein solches Schweigen ist umso ungewöhnlicher, als sich in eben jenen Jahren in der Republik jenseits des Atlantiks der Kampf der Afroamerikaner für die endgültige Auflösung des Regimes der ›weißen Vorherrschaft‹ entwickelt. Dieser Vorgang zieht in Peking die Aufmerksamkeit Mao Zedongs auf sich; und es könnte interessant sein, die Stellungnahmen zweier so unterschiedlicher Persönlichkeiten zu vergleichen. Der deutsche Philosoph beklagt den rein »formalen« Charakter der liberal-kapitalistischen Gleichheit; der kommunistische Führer unterstreicht die Verquickung von sozialer und rassistischer Ungleichheit: die Schwarzen sind einer deutlich höheren Arbeitslosenquote ausgesetzt als die Weißen, sind verbannt in die unteren Segmente des Arbeitsmarktes und gezwungen, sich mit niedrigen Löhnen zu begnügen. Mao macht hier nicht Halt: Er fordert darüber hinaus Aufmerksamkeit für die rassistische Gewalt, die von den Autoritäten des Südens und auch von den von ihnen tolerierten oder ermutigten Banden ausgeht, und er würdigt »den Kampf der schwarzen amerikanischen Bevölkerung gegen die rassische Diskriminierung und für die Gleichheit der Rechte« (Mao Zedong 1963/1998, S. 377). Bloch (1961, S. 7) wirft der bürgerlichen Revolution vor, die »Gleichheit auf die politische« beschränkt zu haben; mit Bezug auf die Afroamerikaner hält Mao (1963/1998, S. 377) fest, dass »der größte Teil von ihnen kein Wahlrecht hat«. Von ihren Unterdrückern zur Ware degradiert und entmenschlicht führten die Kolonialvölker jahrhundertelang denkwürdige Schlachten um Anerkennung, aber bei Bloch kann man lesen: »Der Satz, dass die Menschen frei und gleich geboren seien, steht ja bereits im römischen Recht; nun sollte er auch in der Wirklichkeit stehen« (Bloch 1961, S. 79). Sehen wir uns nun die Schlussfolgerung des Artikels des chinesischen kommunistischen Führers an, der dem Emanzipationskampf der Afroamerikaner gewidmet ist: »Das niederträchtige kolonialistisch-imperialistische System entwickelte sich mit der Reduktion der Schwarzen zu Sklaven und dem Sklavenhandel, und es wird sicherlich mit ihrer vollständigen Befreiung zu Ende gehen« (Mao Zedong 1963/1998, S. 379).

Wie man sieht, findet man in den hier zitierten Texten von Mao (wie auch in den schon bekannten von Ho Chi Minh) weder die von Della Volpe liebgewonnene Unterschätzung der *libertas minor*, noch die Della Volpe, Bloch (und Bobbio) mit Unterschieden gemeinsame Illusion, dass Kapitalismus und Liberalismus in jedem Falle die »formale Gleichheit« oder gar die »politische Gleichheit« garantierten.

7. Horkheimer: vom Antiautoritarismus zum Philo-Kolonialismus

Unverständnis und Missverständnis der Kolonialfrage erreichen ihren Höhepunkt in einer Denkströmung, der wir brillante und scharfe Analysen der gesellschaftlichen, politischen und moralischen Probleme der kapitalistischen Gesellschaft zu verdanken haben. Ich meine die Frankfurter Schule. Mit der Veröffentlichung von *Autoritärer Staat* im Jahre 1942 zieht Horkheimer eine Bilanz des geschichtlichen Kapitels, das mit der Oktoberrevolution begonnen hat. Das Verdammungsurteil ist klar und ohne Nuancierungen: In Russland hat sich nicht der Sozialismus durchgesetzt, sondern der »Staatskapitalismus«. Gewiss müsse man anerkennen, dass dieser in außerordentlichem Maße »die Produktion steigert«, und das sei von großem Vorteil für die »zurückgebliebenen Gebiete der Erde«, die schnell den Rückstand gegenüber den weiter entwickelten Ländern aufholen könnten (Horkheimer 1942, S. 4, 11 u. 22). Doch ist das ein positives Resultat? Es stimme zwar, dass Russland, das mit eiserner Faust von den Bolschewiki regiert wurde, in der industriellen und ökonomischen Entwicklung so erfolgreich war, dass es zum Modell wurde, doch wer verspüre schon seine Faszination?

> »Anstatt am Ende in der Demokratie der Räte aufzugehen, kann die Gruppe [die Kommunistische Partei] sich als Obrigkeit festsetzen. Arbeit, Disziplin und Ordnung können die Republik retten und mit der Revolution aufräumen. Wenngleich die Abschaffung der Staaten auf ihrem Banner stand, hat jene Partei ihr industriell zurückgebliebenes Vaterland ins geheime Vorbild jener Industriemächte umgewandelt, die an ihrem Parlamentarismus kränkelten und ohne den Faschismus nicht mehr leben konnten« (Horkheimer 1942, S. 46 f).

Während diese Zeilen geschrieben werden, steht die Nazi-Armee, nach der Unterwerfung eines Großteils von Europa, vor den Toren Moskaus und Leningrads, dessen gesamte Bevölkerung mit dem Tode bedroht ist, entweder durch die schreckliche Kriegsmaschine oder durch eine rücksichtslose Belagerung und der damit verbundenen Hungersnot. Welchen Sinn hat unter solchen Umständen die Erwähnung der »Rätedemokratie« oder gleich des Ideals oder der Utopie vom Absterben des Staates? Es ist, wie mehrfach betont, der Augenblick, in dem die Realisierung von Hitlers Projekt in Reichweite zu kommen scheint, das explizit darauf abzielt, die Völker Osteuropas zu versklaven, um so auf dem europäischen Kontinent ein großes Kolonialreich zu errichten.

Wenn es der Sowjetunion gelingt, dem gewaltigen Druck eines gigantischen Militärapparats von erprobter Effizienz und Brutalität zu widerstehen, so ist dies der von Horkheimer selbst hervorgehobenen, in Phasen des Zwanges erreichten, beschleunigten industriellen Entwicklung zu verdanken. Doch dieser kümmert sich um all das nicht und hält es für irrelevant, dass sich auf der einen Seite Kolonialismus und Sklavenhaltertum und auf der anderen Antikolonialismus und die Bewegung gegen die Sklaverei entgegenstehen. In den Augen des renommierten Vertreters der »Kritischen Theorie« ist jedenfalls über das Land, das aus der Oktoberrevolution hervorging und kurz davor stand, versklavt zu werden (nachdem seine Bevölkerung dezimiert worden ist), das härteste Urteil zu fällen:

> »Die konsequenteste Art des autoritären Staats, die aus jeder Abhängigkeit vom privaten Kapital sich befreit hat, ist der integrale Etatismus oder Staatssozialismus […] Im integralen Etatismus ist die Vergesellschaftung dekretiert. Die privaten Kapitalisten sind abgeschafft […] Der integrale Etatismus bedeutet keinen Rückfall, sondern Steigerung der Kräfte, er kann leben ohne Rassenhass« (Horkheimer 1942, S. 48).

Und wieder zeigt sich die mangelnde Kritikfähigkeit der Kritischen Theorie: Der Unterschied zwischen einem Land, das sich der Durchsetzung des Rassenstaats verschrieben hat und entschlossen ist, die »minderwertigen Rassen« zu dezimieren und zu versklaven sowie politische und ethnische Gruppen auszurotten (Bolschewiki und Juden), die als Anstifter des Aufstands der »minderwertigen Rassen« gebrandmarkt werden, und einem Land, das weiß, dass es zu den prädestinierten Opfern eines solchen Rassenstaates gehört und sich verzweifelt dagegen wehrt, scheint irrelevant zu sein.

Selbst mit Blick auf die Vergangenheit und die Philosophiegeschichte im Allgemeinen schenkt Horkheimer der kolonialen (und Rassen-) Frage nur spärliche oder gar keine Aufmerksamkeit: »Die französische Revolution war der Tendenz nach totalitär« (Horkheimer 1942, S. 47). So wird auf jene Revolution geschaut, die zu Beginn der Neuzeit in Santo Domingo die große Erhebung der schwarzen Sklaven anregte und in Paris mit dem jakobinischen Konvent die Abschaffung der Sklaverei in den Kolonien beschloss. Unverdächtig des Totalitarismus oder des Autoritarismus blieben hingegen die beiden englischen Revolutionen des 17. Jahrhunderts und die amerikanische Revolution des 18. Jahrhunderts, die der Institution der Sklaverei Auftrieb gaben. Letztere ließ mit der nordamerikanischen Republik zum ersten Male sogar einen Rassenstaat entstehen (nicht zufällig in dessen ersten Lebensjahrzehnten fast ausschließlich unter der Herrschaft von Sklavenbesitzern).

Die Verdammung der Französischen Revolution kennt keine Grenzen: »Der ›Sansculotte Jesus‹ kündet den nordischen Christus an« (Horkheimer 1942, S. 48). Die Gestalt, die von den radikalsten Strömungen der Französischen Revolution mit dem Ziel hochgehalten wurde, ein für alle Mal die fast naturgegebene Barriere niederzureißen, die im Ancien Régime die Volksklassen von den Eliten trennte, wird jener Figur gleichgestellt, die von der reaktionärsten Kultur ausgearbeitet wurde, die im Nazismus mündete und sich für die Wiedererrichtung jener natürlichen Barriere zwischen den Völkern und »Rassen« einsetzte, die durch den epischen Aufstand der schwarzen Jakobiner von Santo Domingo/Haiti und durch die in Paris von Robespierre sanktionierte Abschaffung der schwarzen Sklaverei hinweggefegt worden war.

Sind Französische Revolution und Oktoberrevolution erst einmal liquidiert, bleibt nur noch die Verbeugung vor dem Liberalismus, der mythisch verklärt und mit der Befürwortung und Verteidigung der »Autonomie des Individuums« identifiziert wird (Horkheimer 1970/1981, S. 171). Es ist eine Verklärung, die auch die Figur von Locke einschließt, der als Verfechter des Prinzips gelesen wird, dass alle Menschen »frei, gleich und unabhängig« seien (Horkheimer 1967, S. 30). Und erneut verschwinden, wie durch Zauberei, Sklaverei und Verteidigung derselben im Werk eines Philosophen, der materieller Nutznießer dieser Einrichtung ist, nämlich Aktionär der Royal African Company, der Gesellschaft, die den Handel mit den Menschentieren managte.

Angesichts dieser Voraussetzungen verwundern die Nichtbeachtung, der Argwohn oder die Feindseligkeit, mit der Horkheimer die antikoloniale Weltrevolution seiner Zeit betrachtet, nicht. Er liest die zeitgenössische Geschichte als Gegensatz von »zivilisierten« und »totalitären Staaten«. Das gilt auch für die Jahre des Kalten Krieges: »Ich möchte sagen, wenn die zivilisierten Staaten nicht auch sehr viel Geld für die Rüstung ausgeben würden, dann wären wir längst schon unter der Herrschaft jener totalitären Mächte. Wenn man kritisiert, dann soll man auch wissen, dass die Kritisierten zuweilen nicht anders können« (Horkheimer 1970/1981, S. 169). Wir sind im Jahre 1970: Der Krieg gegen Vietnam tobt heftiger denn je, sein kolonialer Charakter und die genozidalen Praktiken, deren er sich bedient, sind vor aller Augen. Doch der renommierteste Vertreter der Kritischen Theorie hat keine Zweifel: Der »zivilisierte« Westen muss sich trotzdem gegen die Barbaren des Ostens verteidigen!

Nicht einmal der Kampf der Afroamerikaner gegen das fortbestehende Regime der *white supremacy* im Süden der USA untergräbt die Überzeugungen Horkheimers. Wohl spielt er auf die »gegenwärtig schwere Situation der *race relations* jenseits des Atlantiks« an, doch legt er den Akzent auf den »Terror der aktivistischen Neger gegen die anderen Neger, [der] viel stärker ist, als man ahnt«; »der durchschnittliche Neger [hat] mehr Angst vor den Negern« als vor den Weißen (Horkheimer 1968a/1981, S. 139; 1970/1981, S. 174). Insgesamt ist die antikoloniale Weltrevolution zumindest nutzlos: »Selbst die Negerfrage in Amerika« könnte schnell gelöst werden »ohne die Gegensätze zwischen dem Westen und Osten und dem zurückgebliebenen Teil der Welt« (1968b/1981, S. 157). Die Diskriminierungen, gegen die die Afroamerikaner kämpften, werden auf dem Konto des Kalten Kriegs und der antikolonialen Revolution selbst verbucht, wie man dem kritischen Hinweis auf den »Terror der aktivistischen Neger« in den USA und die Rolle der Dritten Welt entnehmen kann.

In Wirklichkeit sind die Dinge genau umgekehrt verlaufen. Im Dezember 1952 erklärte das höchste Gericht der USA die Rassentrennung in den staatlichen Schulen für verfassungswidrig, allerdings erst, nachdem es vom Justizministerium gewarnt worden war:

Ein gegenteiliges Urteil hätte die »farbigen Rassen« radikalisiert und die kommunistische Bewegung in der Dritten Welt und den USA selbst begünstigt (vgl. unten VI, 2). Der Übergang vom Argwohn zur Feindseligkeit ist einfach:

> »So ist es gekommen, dass unsere neuere Kritische Theorie nicht mehr für die Revolution eingetreten ist, denn nach dem Sturz des Nationalsozialismus würde in den Ländern des Westens die Revolution wieder zu einem neuen Terrorismus, zu einem neuen furchtbaren Zustand führen. Es gilt vielmehr, dasjenige, was positiv zu bewerten ist, wie zum Bespiel die Autonomie der einzelnen Person, die Bedeutung des Einzelnen, seine differenzierte Psychologie, gewisse Momente der Kultur zu bewahren, ohne den Fortschritt aufzuhalten« (Horkheimer 1970/1981, S. 166).

Diese Erklärung scheint nicht zwischen dem Westen und der Dritten Welt zu unterscheiden, weil selbst die antikoloniale Revolution, die sich zu diesem Zeitpunkt in Vietnam vollzog oder einige Jahre zuvor in Algerien gesiegt hatte, mit einem »neuen Terrorismus« gleichgestellt wird oder ihm nahekommen soll.

Von allgemeinerem Charakter ist folgende Erklärung:

> »Die Kritische Theorie hat die Aufgabe, auszudrücken, was im Allgemeinen so nicht ausgedrückt wird. Sie muss deshalb auf die Kosten des Fortschritts hinweisen, auf die Gefahr, dass in seinem Gefolge sogar die Idee des autonomen Subjekts, die Idee der Seele zergeht, weil sie gegenüber dem Universum als nichtig erscheint [...] Denn wir wollen ja, dass die Welt vereinheitlicht wird, wir wollen ja, dass die Dritte Welt nicht mehr hungert oder an der Hungergrenze leben muss. Aber um dieses Ziel zu erreichen, wird mit einer Gesellschaft bezahlt werden müssen, die eben eine verwaltete Welt darstellt [...] Das, was Karl Marx sich als Sozialismus vorgestellt hat, ist in der Tat die verwaltete Welt« (Horkheimer 1970/1981, S. 171).

Zusammen mit dem Sozialismus und der antikolonialen Revolution wird hier auch die ökonomische Entwicklung der Völker verurteilt, die sich befreit haben oder dabei sind, sich vom kolonialen Joch zu befreien. Wir sind vor eine schreckliche Alternative gestellt: Zu resignieren vor dem Massenelend, das außerhalb des Westens herrscht, oder dem Irrtum einer verwalteten Welt zu verfallen. Und zumindest für die Kritische Theorie ist die zweite Option schlimmer als die erste.

8. Der imperiale Universalismus Adornos

Möglicherweise ist bei Horkheimer (und bei Theodor W. Adorno) ein Element des Rückschritts zu bemerken. Bezüglich des »Faschismus« stellte die *Dialektik der Aufklärung* (das Buch, das sie in den 1940er Jahren gemeinsam publizierten) fest, dass der »totalitäre Kapitalismus« und die »totalitäre Ordnung« vor ihrer Ausbreitung und ihrem Triumph im Herzen Europas selbst »nur die Armen und die Wilden« heimgesucht habe (Horkheimer, Adorno 1944, S. 62 u. 93). Die Etappen der Vorbereitung des Faschismus wurden damit in der von den westlichen Mächten gegenüber den Kolonialvölkern verübten Gewalt erkannt genau wie in jener Gewalt, die sie im Herzen der kapitalistischen Metropole selbst gegen die Armen und Marginalisierten anwandten, die in jene Art von Konzentrationslagern eingesperrt wurden, wie die Arbeitshäuser sie darstellten. In gewisser Weise wurde damit angedeutet, dass der Nazifaschismus seine ersten Versuche im kolonialen Expansionismus und der Kolonialherrschaft unternommen habe. Die ersten Opfer waren tatsächlich eher »Wilde« als bestimmte Völker mit eigener Geschichte und Kultur und dem Anspruch, sich als unabhängige Nationalstaaten zu konstituieren. Und doch verurteilten sie immer noch den Kolonialismus und anerkannten die Verbindung zwischen Nazifaschismus und Kolonialismus.

Das alles verschwand spurlos wenige Jahre später mit dem Ausbruch des Kalten Krieges, als die antikoloniale Revolution sich mit der internationalen kommunistischen Bewegung verband und im Nahen Osten auch die Politik und den Staat Israels zur Diskussion stellte. An diesem Punkt wurde die Polemik gegen die revolutionären Unruhen in der Dritten Welt zu einer Konstante und im Namen des Universalismus weiterentwickelt. In der *Negativen Dialektik* gab Adorno die Hegelsche Kategorie des »Volksgeists« und das heißt die der nationalen Frage gewidmete Beachtung auf. Sie sei »reaktionär« und regressiv »angesichts des kantisch Allgemeinen seiner Periode, der absehbaren Menschheit«, da sie von »Nationalismus« und Provinzialismus befallen sei »im Zeitalter tellurischer Konflikte und des Potentials einer tellurischen Einrichtung der Welt«. Schlimmer noch: es handele sich um einen Kult, der einem »Fetisch« gewidmet sei, einem »Kollektivsubjekt« (der Nation), in dem »die [individuellen] Subjekte« »desto spurloser verschwinden« (Adorno 1966, S. 330 ff).

Es handelte sich um eine Stellungnahme, die im Nachhinein die von der nationalen Befreiungsfront angestoßene und geleitete Revolution in Algerien delegitimierte, einem Volk und Land, die zweifellos provinzieller, rückständiger und weniger kosmopolitisch waren als Frankreich, gegen das sie sich erhoben hatten; und sie delegitimierte auch die antikolonialen Revolutionen, die sich vor Adornos Augen abspielten, angefangen mit jener, die von der *nationalen* Befreiungsfront Vietnams geführt wurde. In diesem letzten Fall war das Negativurteil des Philosophen unmissverständlich und ohne Nuancen:

> »Im sicheren Amerika vermochte man als Emigrant die Nachrichten von Auschwitz ertragen; nicht leicht wird man irgendeinem glauben, Vietnam raube ihm den Schlaf, zumal jeder Gegner von Kolonialkriegen wissen muss, dass die Vietcong ihrerseits auf chinesische Weise foltern« (Adorno 1969, S. 414).

Diese Erklärung stammt aus dem Jahr 1969. Im Jahr zuvor hatte sich das Massaker von My Lai ereignet: Die Einheit unter dem Kommando des Leutnants William Calley hatte ohne Zögern mindestens 347 Zivilisten getötet, zum größten Teil Alte, Frauen, Kinder und Neugeborene. Es war der unumstößliche Beweis für die völkermörderische Praxis, mit der die von Washington ausgesandte Armee sich beschmutzt hatte. Auch heute noch, über vier Jahrzehnte nach Ende des Kriegs, gibt es unzählige Vietnamesen, deren Körper von Dioxin gepeinigt wird, das gnadenlos von der US-Luftwaffe über die Zivilbevölkerung versprüht wurde. All das wurde mit Auschwitz verglichen und damit auf eine Bagatelle reduziert; und diese Bagatelle raubte Adorno nicht den Schlaf; im Gegenteil, er verspottete sogar jene, die deswegen den Schlaf verloren und nicht wegen der Folter »auf chinesische Art«, die dem Vietcong angelastet wurde, das heißt letztlich den Opfern!

Das sind Zeilen, die dem Philosophen keine Ehre machen. Aber es handelt sich nicht um einen isolierten Ausrutscher. Auch hinsichtlich der historischen Rekonstruktion und der Geschichtsphilosophie zeigte Adorno keinerlei Beachtung und Sympathie für die Opfer des Westens und seines expansionistischen Vormarschs:

> »Selbst die Konquistadorenüberfälle auf das alte Mexiko und Peru, die dort müssen erfahren worden sein wie Invasionen von einem anderen Planeten, haben, irrational für die Azteken und Inkas, der Ausbreitung der bürgerlich rationalen Gesellschaft bis zur Konzeption von one world blutig weitergeholfen, die dem Prinzip jener Gesellschaft teleologisch innewohnt« (Adorno 1966, S. 295).

Hätte der koloniale Expansionismus, wenn auch auf objektive und »irrationale« Weise, doch dazu beigetragen, die Menschheit einander näher zu bringen, endlich eine einheitliche Welt zu erreichen? *One world* ist das »Kollektivsubjekt«, in dem die Individualsubjekte und schließlich die einzelnen Völker »spurlos verschwinden«, um die von Adorno gegen Hegel gerichtete Kritik wieder aufzunehmen. Jedenfalls stellt sich uns die Frage: Hat der koloniale Expansionismus nicht eher einen unüberbrückbaren Graben zwischen den Völkern gezogen, indem er der überlegenen Herrenrasse das Recht gab, die *under men*, die *Untermenschen* zu versklaven und in Massen zu opfern?

Wenn wir von der Entdeckung/Eroberung Amerikas zur Französischen Revolution wechseln, ändert das Bild sich nicht:

> »Die spezifische Not zumindest der Pariser Massen dürfte die Bewegung ausgelöst haben, während in anderen Ländern, wo sie nicht derart akut war, der bürgerliche Emanzipationsprozess ohne Revolution gelang und die mehr oder minder absolutistische Herrschaftsform nicht tangierte« (Adorno 1966, S. 294).

Beim Thema des Beginns der Moderne wird der Vergleich zwischen den verschiedenen Ländern vorgenommen, ohne die Kolonialfrage zu berücksichtigen. »Die mehr oder minder absolutistische Herrschaftsform« wird beklagt mit Bezug auf die Bourbonen-Monarchie und den Jakobinismus in Frankreich, jedoch nie auf die von den weißen Herren (die in den ersten Lebensjahrzehnten der USA regelmäßig das Amt des Präsidenten bekleiden) über die schwarzen Sklaven ausgeübte Macht.

Indem er polemisch den großen Ausspruch Hegels, wonach »das Wahre das Ganze« ist (1969-79, Bd. 3, S. 34), umkehrt, behauptet Adorno: »Das Ganze ist das Unwahre« (*Minima moralia*, § 29). Wenn er jedoch das führende Land des Westens und den Westen als solchen idealisiert, bestätigt Adorno die Gültigkeit des in der *Phänomenologie des Geistes* enthaltenen Aphorismus und nicht des Aphorismus, den er in den *Minima moralia* vertreten hat. Hegel (1969-79, Bd. 12, S. 113 f) macht mit großer Klarheit deutlich, dass jenseits des Atlantiks »der Ausweg der Kolonisation« bei der Dämpfung des sozialen Konflikts eine wichtige Rolle gespielt hat. Der auf das Ganze gerichtete Blick erlaubt es dem großen Philosophen der Dialektik die Verbindung zwischen der Freiheit der weißen Community auf der einen und der totalen Unfreiheit der Eingeborenen, die einem gnadenlosen Prozess der Ausbeutung, Deportation und Dezimierung unterliegen, auf der anderen Seite zu begreifen. Dies entgeht einer Sicht, die schließlich die Gesamtheit aus den Augen verliert, wenn sie einen Einzelaspekt der untersuchten Realität betont und verabsolutiert.

Ein letzter Gedanke. Adornos Berufung auf Kant ist alles andere als überzeugend. Gerade *Zum ewigen Frieden*, worauf die *Negative Dialektik* mit einer Anspielung zurückkommt, enthält eine denkwürdige Verurteilung nicht nur der kolonialen Sklaverei und des Kolonialismus als solchem, sondern auch der »universalen Monarchie«, Synonym für den »seelenlosen Despotismus«, der auf der Unterdrückung der Nationen gründet und eben deshalb zum Scheitern verurteilt ist: »Die Natur trennt weise die Völker«; und dafür sorgt der »Unterschied der Sprachen und der Religionen«; der Versuch, die Welt im Zeichen des internationalen Despotismus zu einen, würde also mit dem Widerstand der Völker in Konflikt geraten und – wenn überhaupt etwas – dann »Anarchie« erzeugen (Kant 1795/1900, Bd. 8, S. 367 ff; vgl. Losurdo 2016b, I, 6-7). Bei einer anderen Gelegenheit, als er gewissermaßen die historische und philosophische Bilanz der Französischen Revolution zieht, bemerkt Kant: Wenn der Patriotismus Gefahr läuft, ins Exklusive abzugleiten und das Universelle aus dem Blick zu verlieren, verliert die abstrakte Liebe zur Menschheit ihren Charakter aufgrund ihrer exzessiv ausgedehnten Universalität und läuft damit Gefahr, zur hohlen Phrase zu werden; es geht also darum, den *Weltpatriotismus* mit dem *Localpatriotismus* bzw. mit der »Liebe zum Vaterland« zu versöhnen; wer wirklich kosmopolitisch sei, müsse »in der Anhänglichkeit für sein Land Neigung haben, das Wohl der ganzen Welt zu befördern« (Kant 1793-94/1900, Bd. 27, S. 673 f). Bei genauem Hinsehen zeigt sich, dass Adorno sich auf einen Philosophen beruft, der ihn avant la lettre bereits kritisiert und widerlegt hat.

9. Wer vom Kolonialismus nicht reden will, sollte auch von Kapitalismus und Faschismus schweigen

Die beiden größten Vertreter der »Kritischen Theorie« beschränkten sich nicht darauf, der in vollem Gange befindlichen antikolonialen Revolution ihren imperialen Universalismus entgegenzusetzen. Lesen wir diese für sich selbst sprechende Erklärung aus den 1960er Jahren:

> »Die Freude aber macht den Menschen geradezu besser. Menschen, die selber glücklich sind, die sich selber freuen können und viele Möglichkeiten zur Freude sehen, sind nicht so böse [...] Von Kant und Goethe sagt man, dass sie große Weinkenner gewesen sind, das heißt aber, dass, wenn sie allein waren, sie wirklich nicht von Neid gequält waren, sondern die Möglichkeit des Genusses hatten, Erfahrensbreite« (Horkheimer 1963/1981, S. 127f).

Wenn die Dinge so stehen, ist von den »Verdammten dieser Erde«, die Frantz Fanon und der antikolonialen Bewegung so teuer sind, nichts Gutes zu erwarten. Dennoch war es Horkheimer selbst (1950, S. 40), der erkannte, dass »die Industriellen dem Programm Hitlers zustimmten«. »Glückliche« Männer vermutlich, vielleicht auch sie »große Weinkenner« (nicht weniger als Kant oder Goethe), hatten sich als »besonders böse« erwiesen, indem sie den Weg für ein Programm im Zeichen des Kriegs, des kolonialen Expansionismus und der Ausrottung frei machten.

Doch das fragliche Motiv kommt auch bei Adorno vor. Auch für ihn ist die Quelle des Bösen das »*Ressentiment*« (der Klassen und der Völker in subalterner Lage), es ist der Groll, »der jedes Glück trifft, auch das eigene«, und aufgrund dessen ist »Sattheit zu einem Schimpfwort a priori geworden, während an ihr schlecht doch nur wäre, dass es solche gibt, die nichts zu essen haben«. Letzteres sei ein Problem, das »technisch« gelöst werden könne, nämlich nicht durch die politische Aktion der Enterbten, sondern durch die wohltätige Intervention der Klassen und Länder, die eine höhere Kultur (und Reichtum, Macht) besitzen (Adorno 1959, S. 136). Zu seiner Zeit hatte Nietzsche der sozialen Frage jegliche Objektivität abgesprochen, indem er sie auf das Konto des *Ressentiments* der schlecht Weggekommenen verbuchte; analog gehen die beiden Vertreter der Kritischen Theorie vor, wenn sie sich mit der herrschenden sozialen Frage auf internationalem Niveau befassen.

Man versteht dann, dass das Hauptziel der Polemik Adornos die revolutionäre Agitation der Dritten Welt ist:

> »Das faschistische Wunschbild heute verschmilzt ohne Frage mit dem Nationalismus der sogenannten unterentwickelten Länder, die man bereits nicht mehr solche, sondern Entwicklungsländer nennt. Einverständnis mit denen, die in der imperialistischen Konkurrenz sich zu kurz gekommen fühlten und selber an den Tisch wollten, drückte schon während des Krieges in den slogans von den westlichen Plutokratien und den proletarischen Nationen sich aus. Ob und in welchem Maß diese Tendenz bereits eingemündet ist in den antizivilisatorischen, antiwestlichen Unterstrom der deutschen Überlieferung; ob auch in Deutschland eine Konvergenz von faschistischem und kommunistischem Nationalismus sich abzeichnet, ist schwer auszumachen« (Adorno 1959, S. 137).

Nachdem sie die antikoloniale und Dritte-Welt-Orientierung unter steter Berufung auf Nietzsche auf psychologischer Ebene als Ausdruck von *Ressentiment* delegitimiert hat, verurteilt die Kritische Theorie sie auch auf ethischer und politischer Ebene: Was die Unruhe vorantreibt, sei nicht der Wunsch nach Gerechtigkeit in den internationalen Beziehungen, sondern das Ansinnen, selbst am imperialistischen Bankett teilzuhaben. In diesem Bild ist kein Platz für die antikoloniale Revolution: Bei den Rivalen handelt es sich nur um befriedete und nun ruhige Imperialisten auf der einen und um potenzielle und umso aggressivere und gefährlichere auf der anderen Seite.

Doch auf welche politischen Realitäten spielt Adorno an, wenn er den wesentlich faschistischen Charakter des »Nationalismus der sogenannten unterentwickelten Länder« oder die »Konvergenz von faschistischem und kommunistischem Nationalismus« anklagt? Wir sind im Jahr 1959. Zu dieser Zeit gibt es nur zwei Länder, die im engeren Sinne »das faschistische Wunschbild« pflegen, nämlich Portugal und Spanien. Keines von beiden war oder ist Teil der Dritten Welt, beide waren Kolonialmächte und beide waren und fühlten sich als integraler Bestandteil des Westens; das zuerst genannte Land war Gründungsmitglied der NATO; das zweite war schon mitten im

Annäherungsprozess an diese politisch-militärische Organisation, in die es 1982 eintreten und dessen Teil es sein würde.

Wie kann man sich die Aussage Adornos erklären? Drei Jahre zuvor gab es die von Großbritannien, Frankreich und Israel ins Werk gesetzte Kolonialexpedition gegen das Ägypten Nassers, der den Suez-Kanal nationalisiert und, von der Unterstützung durch das »sozialistische Lager« profitierend, den arabischen Block dazu aufgerufen hatte, das koloniale und halbkoloniale Joch abzuschütteln. Das war die Gelegenheit für Anthony Eden, den Premierminister Großbritanniens (das bis dahin den Suez-Kanal kontrollierte) und treues Sprachrohr des Empires, Nasser als »eine Art islamischen Mussolini« und einen »Paranoiker« mit »derselben psychischen Struktur wie Hitler« zu verhöhnen (Losurdo 2011b, Schluss). An diesem Punkt passt in der (kolonialen) Kriegsideologie und dem falschen (philo-kolonialistischen) Bewusstsein Adornos alles perfekt zusammen: Der vom »unterentwickelten« Ägypten, das seine nationale Souveränität und territoriale Integrität zurückgewinnen will, ausgedrückte Nationalismus war faschistisch, und die Hilfe, die es von Seiten Moskaus und Pekings genoss, lieferte den Beweis der »Konvergenz zwischen faschistischem und kommunistischem Nationalismus«.

Was am meisten an den eben gesehenen Erklärungen verwundert, ist die Tatsache, dass sie in einem Essay enthalten sind, der der *Aufarbeitung der Vergangenheit* gewidmet ist: mit dem Nazismus und dem Schrecken der »Endlösung« abzurechnen, würde also bedeuten, sich von der antikolonialen Revolution zu distanzieren. Das ist auch Horkheimers Orientierung, dem – so sagt heute einer seiner gut informierten Schüler und enthusiastischen Bewunderer – das Verdienst zuzuerkennen sei, beizeiten »das unmenschliche Wesen des Antiimperialismus« und die Kontinuitätslinie (des »antiwestlichen Antiimperialismus«), die vom Dritten Reich zu den nationalen und revolutionären Bewegungen der Dritten Welt und zur Dritte-Welt-Orientierung verlaufe, ausgemacht zu haben (Grigat 2015, S. 120).

Horkheimer und Adorno gingen von der Annahme aus, dass die Anerkennung nationaler Unterschiede und die Forderung nach deren Respektierung gleichbedeutend mit »Nationalismus«, Chauvinismus, ja vielleicht sogar mit Rassismus sei, sodass die Rede über die Nation eingereiht werden müsse in eine unglückliche politische Tradition, die schließlich im Dritten Reich mündete. In Wirklichkeit verurteilt der Haupttheoretiker des Faschismus explizit den »Enthusiasmus für den Nationalismus an sich«: sei »die Parole des Rechts auf Selbstbestimmung der Völker« erst verallgemeinert, diene sie »allen Elementen von niederer Rasse, die auf der Erde sind, dazu, für sich die Freiheit einzufordern«, wie es zu ihrer Zeit »die Neger von Haiti und Santo Domingo« taten (Rosenberg 1930, S. 645).

Mehr denn je klingt hier der Hass gegenüber den nationalen Revolutionen der Kolonialvölker an. Der besonders barbarische Charakter des Nazismus besteht unter anderem in dem Versuch, ein Kolonialreich im Herzen Europas zu errichten, das heißt, das Recht auf Selbstbestimmung und eine autonome nationale Existenz auch den Völkern zu verweigern, die sich einst von der ganzen internationalen Gemeinschaft darin anerkannt sahen. Die von Adorno phantasievoll bejahte Kontinuitätslinie, die um jeden Preis gegen den Aufstand der kolonialen und farbigen Völker, laut Hitlers Leitmotiv von wahnsinnigen jüdischen und bolschewistischen Agitatoren geschürt, zu verteidigen sei, überdeckt das erhabene Pathos des Westens.

Horkheimer (1939, S. 115) hat ein großes Wort gesprochen: »Wer aber vom Kapitalismus nicht reden will, sollte auch vom Faschismus schweigen«. Das ist ein Ausspruch, der auch polemisch gegen die »Kritische Theorie« wiederholt werden muss: »Wer aber nicht vom Kolonialismus reden will, sollte auch vom Kapitalismus und vom Faschismus schweigen«. Wie wir im Folgenden deutlicher sehen werden, macht die Verdrängung des Kolonialismus auch eine authentische Aufarbeitung der Vergangenheit unmöglich.

10. Marcuse und die mühsame Wiederentdeckung des »Imperialismus«

Im Gegensatz zu Adorno unterschrieb Marcuse (1970, S. 95) die Hegelsche These, dass das Wahre das Ganze sei. Unter dieser theoretischen Voraussetzung konnte er das Bild des liberalen Westens nicht zeichnen, ohne dessen Beziehungen zur Dritten Welt und den kolonialen und halbkolonialen Ländern einzubeziehen: »Der Krieg in Vietnam [hat] zum erstenmal das Wesen der bestehenden Gesellschaft enthüllt« und das heißt »die ihr innewohnende Notwendigkeit der Expansion und Aggression«; ja, »Vietnam [ist] in keiner Weise nur irgendein Ereignis der Außenpolitik, sondern mit dem Wesen des Systems verbunden« (Marcuse 1967, S. 23). Zusätzlich zu der »unmenschlichen zerstörenden Gewalt«, die in diesem Land ausgeübt wird (Marcuse 1970, S. 94f), ist der repressive Charakter der nordamerikanischen Republik (als Ganzes betrachtet) zu enthüllen ebenso wie die der Bevölkerung kolonialen Ursprungs vorbehaltene Behandlung: Im Süden bleiben »Morde und Lynchungen an den [im Kampf gegen die Rassendiskriminierung engagierten] Negern unbestraft, obgleich die Täter nur zu bekannt sind« (Marcuse 1967, S. 23). Das Ganze darf auch nicht aus den Augen verloren werden, wenn das Problem von Reichtum und Armut untersucht wird: »Im gegenwärtigen Zeitalter ist der Sieg über den Mangel noch immer auf kleine Bereiche der fortgeschrittenen Industriegesellschaft beschränkt. Ihr Wohlstand verdeckt das Inferno innerhalb und außerhalb ihrer Grenzen«, verbirgt die Armutsgebiete in der kapitalistischen Metropole, vor allem aber die verzweifelte Armut der Kolonien und Halbkolonien (Marcuse 1998, S. 252).

Deshalb ist es geboten, jene Kategorien wiederzugewinnen, die gewöhnlich aus dem herrschenden Denken verbannt sind: Die Empörung über die »neokolonialistischen Massaker« (Marcuse 1970, S. 94) muss dazu antreiben, mit dem Kolonialismus und dem »*Neokolonialismus* in allen seinen Formen« (Marcuse 1988, S. 68) Schluss zu machen. Vor allem: »Wir haben es hier, wenn je, mit einem Imperialismus von einer Weite und von einer Macht zu tun, wie er überhaupt in der Geschichte noch nicht da war«. Es ist eine Aggressivität, die nicht nur die kleinen Länder bedroht: Es ist »gegenüber der ungeheuren expansiven Aggressionskraft des spätkapitalistischen Systems [und der Vereinigten Staaten insbesondere] der östliche Totalitarismus in der Tat in der Defensive und [er] verteidigt sich in desperater Weise« (Marcuse 1967, S. 68 u. 47).

Mag sie auch mühsam zwischen Ungewissheiten und begrifflichem Schwanken wiederentdeckt worden sein, tendiert die Kategorie »Imperialismus« doch dazu, die des »Totalitarismus« in eine Krise zu bringen. Marcuse versteht sehr wohl die Probleme, denen die Länder, die das Kolonialjoch abgeworfen haben, gegenüberstehen. Sie neigten weithin zu der »Annahme, ein Unabhängig-Bleiben erfordere, rasch zu industrialisieren« und das »Produktivitätsniveau« schnell erhöhen zu müssen. Doch »die Industrialisierung in diesen rückständigen Gebieten findet nicht in einem luftleeren Raum statt«; »unter diesen Umständen muss die Überführung unterentwickelter in Industriegesellschaften so schnell wie möglich die vortechnischen Formen beseitigen«. Und da kommen die ersten großen Schwierigkeiten auf: »Das tote Gewicht vortechnischer und sogar vor-›bürgerlicher‹ Sitten und Verhältnisse setzt einer solchen von oben aufgenötigten Entwicklung starken Widerstand entgegen«. Doch wird sich »die Beseitigung dieses Widerstands in liberalen und demokratischen Formen vollziehen?«. Das wäre eine unrealistische Annahme:

> »es scheint vielmehr, daß die diesen Ländern aufgenötigte Entwicklung eine Periode totaler Verwaltung hervorbringen wird, gewaltsamer und strenger als die von den fortgeschrittenen Gesellschaften durchlaufene, die auf den Errungenschaften des liberalistischen Zeitalters aufbauen kann. Fassen wir zusammen: die rückständigen Gebiete werden wahrscheinlich entweder einer der verschiedenen Formen des Neokolonialismus unterliegen oder einem mehr oder weniger terroristischen System ursprünglicher Akkumulation« (Marcuse 1998, S. 66f).

In einer ziemlich ähnlichen Lage wie die Länder mit neuer Unabhängigkeit befand sich die Sowjetunion. Wir kennen die Gefahren, die durch die »ungeheure Aggressionskraft« des kapitalistisch-imperialistischen Westens auf ihr lasteten. Wie konnte man mit einer solchen Bedrohung umgehen? »Dank der Macht totaler Verwaltung kann die Automation im Sowjetsystem rascher vonstatten gehen, sobald ein gewisses technisches Niveau erreicht ist« (Marcuse 1998, S. 57). Wie für die Länder mit neuer Unabhängigkeit bestand auch für die Sowjetunion die Wahl zwischen Kapitulation vor dem Kolonialismus und dem Imperialismus und einer beschleunigten ökonomisch-technologischen Entwicklung, die nur erreicht werden konnte, indem die Erfordernisse der Demokratie in größerem oder geringerem Maße geopfert wurden. Doch, und als sei es wegen dieser Schlussfolgerung, die immerhin aus seiner eigenen Analyse resultierte, zog sich Marcuse erschrocken zurück. Und das nicht aus mangelndem intellektuellen Mut, sondern weil er die progressive und emanzipatorische Reichweite der antikolonialen Weltrevolution nicht vollkommen erfasste. Gewiss begrüßte er mit Wärme den nationalen Befreiungskampf des vietnamesischen Volkes, dem es gelinge, »mit den ärmsten Waffen das leistungsfähigste Zerstörungssystem aller Zeiten in Schach« zu halten, was ein [Mut machendes] »welthistorisches Novum« darstelle. Und allgemeiner: »die nationalen Befreiungsbewegungen« können einen wertvollen Beitrag zur »Krise des Systems« leisten. Doch Vorsicht und Zweifel lassen nicht nach. Sicherlich wäre der Sieg des vietnamesischen Widerstands »ein ungeheuer positiver und konstruktiver Schritt«, doch er »hätte noch nichts zu tun mit dem Aufbau einer sozialistischen Gesellschaft« (Marcuse 1967, S. 23, 26f u. 30). Es stimme, dass für die Länder mit neuer Unabhängigkeit die schnelle ökonomisch-technologische Entwicklung eine Frage von Leben und Tod ist. Jedenfalls sei zu fragen: »Gibt es einen Beweis dafür, dass die ehemaligen kolonialen und halbkolonialen Räume einen Weg der Industrialisierung einschlagen könnten«, der gegenüber dem eigentlichen Modell des »Kapitalismus« und seiner substantiellen Übernahme durch die Sowjetunion »wesentlich verschieden« wäre? (Marcuse 1998, S. 65)

Der Philosoph, der so argumentierte, war nicht von Zweifeln geplagt: Hat die Überwindung einer internationalen Arbeitsteilung, bei der eine Handvoll Länder das Monopol der Technologie und der technologisch fortgeschrittenen Industrie halten und auf diese Weise eine (nicht nur ökonomische) Macht über den Rest der Welt ausüben, nichts zu tun mit der Realisierung einer gegenüber der alten »wesentlich verschiedenen Art der Industrialisierung«?

Nachdem er von der Fortdauer der Armut vor allem außerhalb der »entwickelten Industriegesellschaft« als einem »Inferno« gesprochen hatte, schien Marcuse das Schrumpfen dieses infernalischen Bereiches als irrelevant zu betrachten. Er verlangte zwar den Skandal der extremen Polarisierung zwischen dem Wohlstand der »entwickelten Industriegesellschaft« und dem verzweifelten Elend der Dritten Welt zu beachten, doch dann argumentiert er, als ob die Entwicklung der Dritten Welt keinerlei wesentliche Neuerung in die bestehende Ordnung einführte. Warum aber sollte die Verringerung der sozialen Polarisierung auf Weltebene weniger wichtig sein als die Verringerung der sozialen Polarisierung innerhalb eines einzelnen Landes? Man fühlt sich an das Sprichwort erinnert, dass jemand vor lauter Bäumen den Wald nicht sieht. Das Resultat war paradox: Nachdem Marcuse Aufmerksamkeit für den Kampf zwischen antikolonialer Revolution und kolonialistisch-imperialer Reaktion angemahnt hatte, war er schließlich doch unzufrieden mit dem nicht ausreichend »unterschiedlichen« und neuen Charakter der sich herausbildenden politisch-sozialen Realität und forderte dazu auf, zur Kenntnis zu nehmen, dass das »Weltsystem heute auf Gedeih und Verderb« einheitlich sei! (1967, S. 28).

11.
Der 4. August der »Kritischen Theorie« und der »Konkreten Utopie«

Wenn Vietnam eine Zerreißprobe zwischen den Philosophen der »Kritischen Theorie« und der »Konkreten Utopie« darstellt (die Anklagen gegen die USA verflechten sich mit Unterstützungserklärungen kollidieren mit ihnen), stabilisiert sich die Einheit wieder anlässlich des Sechs-Tage-Kriegs (5. bis 10. Juni 1967), in dem Israel über Ägypten, Syrien und Jordanien triumphiert. Gewiss ist die Einheit, von der wir hier sprechen, weitab davon, in Granit gemeißelt zu sein. Horkheimer und Adorno identifizieren sich so vollständig mit Israel, dass sie sich nicht einmal die Mühe machen, es gegen den Vorwurf des Kolonialismus oder des Imperialismus zu verteidigen, der von antikolonialen und Dritte-Welt-Bewegungen erhoben wird. Im Gegenteil, es geht für die beiden Vertreter der »Kritischen Theorie« darum, eben diese Letzteren auf die Anklagebank zu setzen.

Während er auf der unmittelbareren politischen Ebene eine Position ähnlich der von Horkheimer und Adorno einnimmt, verteidigt Bloch jedoch Israel gegen den Vorwurf des Kolonialismus oder Imperialismus: Es sei wahr, argumentiert er, dass es sich um ein Land handele, das die Unterstützung des US-Präsidenten, jenes »Johnson des Vietnamkriegs« (eines Krieges von kolonialem und imperialem Charakter) genieße; und dennoch dürften wir verschiedene Dinge nicht durcheinander bringen. Entsprechend seinem Denkstil beschwört der Philosoph der »Konkreten Utopie« eine Zukunft ohne Schatten unter dem Banner nicht nur des friedlichen Zusammenlebens, sondern der »Symbiose« zwischen Juden und Arabern; er erklärt darüber hinaus, dass er sich nicht im Zionismus wiedererkennen kann und bedauert, dass die Gründung Israels im Zeichen Herzls erfolgt ist, einem Anhänger des »Nationalismus« und weit davon entfernt, sich »für mögliche Symbiosen mit anderen schon ansässigen Völkern« zu erwärmen. So erkläre sich die ungerechte Behandlung, die der neue Staat den »arabischen Flüchtlingen« und der in Israel »verbliebenen arabischen Minderheit« angedeihen lässt. Ganz anders wären die Dinge verlaufen, wenn sich die Linie und das Erbe des Internationalisten und »Sozialisten Moses Hess« durchgesetzt hätten, eines würdigen Nachfolgers der großen Tradition der jüdischen Propheten. Durch die Beschwörung einer gloriosen Vergangenheit könne man jedoch auf eine »neue arabisch-jüdische Symbiose« hoffen und sogar »notfalls« auf eine

Symbiose, die die Autonomie Israels »innerhalb des zahlenmäßig so ungeheuerlich viel größeren arabischen Staatsraums« gewährleistet (Bloch 1967, S. 421 ff).

Leider steht der Beschwörung einer strahlenden und vielleicht utopischen Zukunft eine völlig andere Orientierung gegenüber, wenn es um die Gegenwart geht: Bloch beschränkt sich nicht darauf, sich vollständig mit Israel zu identifizieren, er gibt sich auch nicht damit zufrieden, den Krieg gegen das Ägypten Nassers grundsätzlich zu unterstützen. Er geht weiter: Er beschuldigt Nasser, »nach Nazimuster« zu handeln und von einem »Judenhass bis zur Endlösung« befallen zu sein; und all das in Komplizenschaft mit der gesamten arabischen Welt, von der »tödliche Drohungen« gegen Israel ausgingen. Die Linke, die in gewisser Weise die arabische Sache unterstütze, äußere sich »mit ungewolltem Pogromklang« (Bloch 1967, S. 419 ff).

Mit dieser Argumentation landete der Philosoph der »Konkreten Utopie« schließlich auch bei der Ablehnung des Antikolonialismus und der Dritte-Welt-Orientierung als Ganzes, genau wie die beiden Vertreter der »Kritischen Theorie«. Es darf nicht aus den Augen verloren werden, dass, selbst wenn man von der palästinensischen Tragödie absehen wollte, in jenen Jahren im Nahen Osten auch Kolonialismus in seiner klassischen und rassistischen Form durchaus präsent war. Im Jahre 1956, also wenig mehr als zehn Jahre zuvor, war Ägypten wegen seiner Nationalisierung des Suez-Kanals einem gemeinsamen Angriff von Israel, Großbritannien (alles andere als geneigt, auf sein Empire zu verzichten) und Frankreich (entschlossen, Nasser eine Lektion zu erteilen, aber auch, um seine wankende Herrschaft in Algerien zu festigen) ausgesetzt. Als Churchill die Unterstützung des Westens für die weitere Präsenz Englands am Suez-Kanal einforderte, »damit man einem Massaker an den Weißen zuvorkäme«, hatte Eisenhower, trotz der Uneinigkeit und Rivalität zwischen Washington und London, beklagt, dass Nasser mit der Nationalisierung des Suez-Kanals vorhabe, »die Weißen aus dem Sattel zu heben«. Eindeutig gehörten die Araber für die beiden westlichen Staatsmänner zur negroiden Bevölkerung (Losurdo 2011b, VI, 3). Wie wir wissen, war das Pathos für die weiße Rasse Hitler alles andere als fremd, doch Bloch hatte keine Bedenken, Nasser in seine Nähe zu rücken.

Was den Krieg von 1967 angeht, scheint Marcuse der problematischste zu sein. Die von ihm empfohlene Haltung »enthält durchaus nicht ein Endorsement Israels oder eine völlige Billigung der anderen Seite«. Einerseits sagt er:

> »Die Etablierung des Staates Israel als eines selbständigen Staates kann als Unrecht bezeichnet werden, und zwar insoweit, als dieser Staat mit internationaler Vereinbarung auf fremdem Boden etabliert worden ist, ohne dass über das Problem der einheimischen Bevölkerung [...] Rechenschaft gegeben wurde [...] Ich gebe zu, dass dem anfänglichen Unrecht anderes Unrecht auf der Seite Israels gefolgt ist. Die Behandlung der arabischen Bevölkerung in Israel war zum mindesten verwerflich – wenn nicht mehr. Die Politik in Israel hat rassistische und nationalistische Züge gezeigt, die gerade wir als Juden verwerfen sollten [...] Ein drittes Unrecht [...] ist – und ich glaube, das ist auch eine Tatsache –, dass die Außenpolitik Israels seit der Etablierung des Staates der amerikanischen Außenpolitik nur zu eng und nur zu konsistent gefolgt ist. Es gab in den United Nations kaum eine Gelegenheit, bei der die Vertreter oder der Vertreter Israels nun wirklich für den Befreiungskampf in der Dritten Welt gegen den Imperialismus Stellung genommen haben« (Marcuse 1967, S. 70).

Andererseits:

> »Aber das [anfängliche] Unrecht kann nicht gutgemacht werden durch ein zweites und größeres Unrecht. Der Staat ist da, und die Verständigung mit der ihm feindlichen Umwelt muss gefunden werden [...] Zweitens muss man darauf hinweisen, dass Verständigungsversuche auf der Seite Israels mehrfach gemacht worden

> sind, auf der Seite der arabischen Vertreter aber abgelehnt worden sind […] Als drittes und letztes, arabische Stellvertreter, und nicht nur beliebige, haben laut und deutlich erklärt, dass der Vernichtungskrieg gegen Israel geführt werden muss« (Marcuse 1967, S. 70).

Eine so schmerzhafte Abwägung von Unrecht und Gründen müsste eigentlich einhergehen mit Zweifeln und Unsicherheiten. Doch die Schlussfolgerung ist im Gegenteil eindeutig: »Unter diesen Umständen und in diesem Zusammenhang ist der Präventivkrieg, und ein solcher wird gegen Ägypten, Jordanien und Syrien geführt, zu verstehen und zu bewerten« (Marcuse 1967, S. 70 f). Es ist eine Schlussfolgerung, die vollständig auf der Annahme eines »Vernichtungskrieges« basiert, den führen zu wollen, den arabischen Ländern vorgeworfen wird.

Es handelt sich dabei um eine Annahme, die die schreckliche Erinnerung an die »Endlösung« in sich trägt; doch die Annahme ist nicht nur nicht bewiesen, sondern ihre Bedeutung und ihr Inhalt werden nicht einmal präzise geklärt. In der Geschichte ist die »Auslöschung« eines Staates oder eines Landes kein seltenes Phänomen: Man denke an Polen Ende des 18. Jahrhunderts, das zwischen Russland, Österreich und Preußen geteilt wurde; an die Staaten oder Kleinstaaten, die im Zuge des nationalen Einigungsprozesses in Italien und Deutschland in einer größeren staatlichen Einheit aufgingen; an das Verschwinden der Konföderation des Südens am Ende des amerikanischen Bürgerkriegs; an die Auflösung der Sowjetunion (oder des Reichs des Bösen in den Worten ihres unerbittlichen Feindes Ronald Reagan) im 20. Jahrhundert. Oder man denke an die Verwandlung des früheren Südafrika, das auf ›weiße Vorherrschaft‹ gegründet war, in ein völlig neues Südafrika. In all diesen Fällen hat die politische »Auslöschung« eines Staates, so willkürlich und ungerecht sie auch sein mag, nicht die physische Auslöschung seiner Einwohner mit sich gebracht. Über all das geht Marcuse hinweg, seine Überzeugungen jedoch erweisen sich bald als fragil:

> »Es besteht in der Linken [in den USA] in der Tat eine sehr starke und sehr verständliche Identifizierung mit Israel. Auf der anderen Seite kann es sich die Linke, und gerade die marxistische Linke, nicht verhehlen, dass die arabische Welt teilweise identisch ist mit der antiimperialistischen Welt. Begriffliche und emotionale Solidarität sind hier objektiv geteilt und gespalten« (Marcuse 1967, S. 69 f).

Warum ist die »emotionale Solidarität« besser als die »begriffliche«? Zumindest für einen Philosophen müsste das Gegenteil der Fall sein. Marcuse rechtfertigt sich, indem er auf seine jüdische Abstammung verweist: »Sie werden es verstehen, dass ich mich in einer sehr persönlichen und nicht nur persönlichen Weise mit Israel solidarisch und identisch fühle« (Marcuse 1967, S. 70). Doch von der »emotionalen Solidarität«, den nationalen und ethnischen Bindungen überwältigt zu sein, war das nicht auch die Haltung, die die deutsche Sozialdemokratie eingenommen hatte, als sie am 4. August 1914 für die Kriegskredite im Wilhelminischen Deutschland gestimmt hatte? Der Juni 1967 ist der 4. August sowohl der »Kritischen Theorie« als auch der »Konkreten Utopie« (und teilweise auch von Marcuse selbst).

12. 1968 und die massenhaften Missverständnisse des westlichen Marxismus

Im Lauf der 60er und 70er Jahre des 20. Jahrhunderts kennzeichneten massenhafte Missverständnisse die marxistisch orientierten Linken in Europa und den Vereinigten Staaten: Die großen Demonstrationen für Vietnam waren unter der Hand mit der Verehrung von Adorno und Horkheimer verbunden, die ihrerseits die nationalen Befreiungsbewegungen als rückwärtsgewandt und reaktionär brandmarkten und den von den USA in Indochina entfesselten Krieg distanziert betrachteten oder (vor allem im Fall des Letzteren) sich mit Unterstützung nicht zurückhielten.

In jenen Jahren genoss zusammen mit Vietnam auch China eine Massenunterstützung; doch wir sind Zeugen einer neuen Komödie der Missverständnisse, und das nicht nur deshalb, weil die Volksrepublik, hervorgegangen aus einem hundertjährigen Kampf für nationale und antikoloniale Befreiung, das Ziel hatte, sich an die Spitze der nationalen und antikolonialen Befreiungsbewegungen zu setzen (von der »Kritischen Theorie« verachtete Bewegungen).

Es gibt noch einen weiteren Grund. 1966 startete Mao die Kulturrevolution. In Italien begrüßte die »kommunistische Tageszeitung« »Il Manifesto« sie in ihrer ersten Ausgabe (28. April 1971) mit einem Artikel von K.S. Karol, der seine Genugtuung darüber ausdrückte, dass »während der Kulturrevolution der Parteiapparat und der Staat stark reduziert worden sind«. Es sei der Anfang der Realisierung der Utopie vom Absterben des Staates! In Wirklichkeit hatte sich Mao nach nur wenigen Jahren der Machtausübung auf nationaler Ebene öffentlich von diesem Ideal distanziert. Klar war nun die unbestimmte Dauer der »Organe unseres Staates«: »Nehmen wir die Gerichte [...] Wie es aussieht, werden auch noch in zehntausend Jahren Gerichte nötig sein. Denn auch wenn die Klassen beseitigt sind«, werden die Widersprüche, auch wenn sie nicht antagonistisch sind, im Kommunismus wohl fortbestehen und zu ihrer Regulierung eine juristische und staatliche Ordnung brauchen (Mao 1956/1979, S. 451).

Was die Kulturrevolution angeht, so hatte jedenfalls Lin Biao, damals designierter Nachfolger Mao Zedongs, noch 1969, anlässlich des IX. Parteitags der Kommunistischen Partei Chinas, in unmissverständlicher Weise die Ziele erklärt, die von der Pekinger Führung verfolgt wurden:

> »Wie in dem ›16-Punkte-Beschluss‹ [der drei Jahre davor den Beginn der Kulturrevolution markierte] festgestellt wird, ›ist die große proletarische Kulturrevolution eine gewaltige treibende Kraft für die Entwicklung der gesellschaftlichen Produktivkräfte unseres Landes‹. In der landwirtschaftlichen Produktion unseres Landes

> wurde seit mehreren Jahren eine reiche Ernte nach der anderen eingebracht. In der Industrieproduktion wie auch auf dem Gebiet der Wissenschaft und Technik ist ebenfalls ein Aufschwung zu verzeichnen. Der Enthusiasmus der breiten werktätigen Volksmassen in der Revolution und in der Produktion ist in einem solchen Maße gestiegen, wie es bisher noch nie der Fall war. In vielen Fabriken, Bergwerken und anderen Betrieben werden die Produktionsrekorde laufend verbessert, und es wird ein so hoher Produktionsstand erreicht, wie er in der Geschichte noch nicht dagewesen ist [...] ›Die Revolution anpacken, die Produktion fördern‹, dies ist ein vollkommen richtiger Kurs« (Lin Biao 1969, S. 66 f).

Es war ein Punkt, auf den Lin Biao nachdrücklich bestand:

> »Wir müssen [...] die Revolution energisch anpacken, die Produktion tatkräftig fördern und den Plan zur Entwicklung der Volkswirtschaft erfüllen und übererfüllen. Man kann mit Sicherheit sagen, dass der großartige Sieg der großen proletarischen Kulturrevolution einen neuen Sprung nach vorn an der wirtschaftlichen Front und überhaupt in der Sache unseres sozialistischen Aufbaus herbeiführen wird« (ebd., S. 70).

Es ist kein Zufall, dass einer der Hauptanklagepunkte gegen den abgesetzten Präsidenten der chinesischen Volksrepublik, Liu Shao-chi, »das Hinterdreinkriechertum« war, das Nichtverstehen der Tatsache, dass die Kulturrevolution in den Augen ihrer Betreiber die Entwicklung der Produktivkräfte außerordentlich beschleunigte, indem sie das Land in kürzester Zeit auf das Niveau der entwickeltsten kapitalistischen Länder bringen würde (Lin Biao 1969, S. 51 u. 70). Die Kulturrevolution wollte den Großen Sprung nach vorn von 1958 wiederholen, durch welchen China, dank der Mobilisierung und des Massenenthusiasmus in Arbeit und Produktion, auf riskante Weise hoffte, die Stufen der ökonomisch-industriellen Entwicklung rasant zu überspringen.

Was verstand von alldem der westliche Marxismus? In Italien begrüßten häufig dieselben, die sich für den neuen, in Peking eingeschlagenen Kurs begeisterten, ein Buch, dessen zentrale These folgende war: Die sozialistische Revolution »hebt die Arbeit auf. Und eben dadurch zerstört sie die Klassenherrschaft. Unterdrückung der Arbeit durch die Arbeiter und gewaltsame Zerstörung des Kapitals sind also ein und dasselbe« (Tronti 1966, S. 263).

An diesem Punkt erreichte die Komödie der Missverständnisse ihren Höhepunkt. Schon in seinem Essay *Über die Praxis* von 1937 hatte Mao die zentrale Bedeutung der »materiellen produktiven Tätigkeit« betont, um nicht nur den gesellschaftlichen Reichtum, sondern auch das »menschliche Wissen« zu erhöhen. Ja, »die Produktion auf niedriger Stufe begrenzte den Horizont der Menschen«; auch aufgrund dieser ihrer pädagogischen Funktion war die materielle Produktionstätigkeit nicht dazu bestimmt zu verschwinden, nicht einmal in der »klassenlosen Gesellschaft«, im Kommunismus (Mao Zedong, 1937/1969-75, Bd. 1, S. 313 ff). Im Westen hingegen konnte sich die Verehrung des Führers der chinesischen Revolution gut mit der Erwartung des Endes der Arbeit verbinden; man zitierte oft den Essay *Über die Praxis*, allerdings nur mit Bezug auf den Klassenkampf, während sowohl der Kampf um die Produktion als auch der um die »wissenschaftliche Forschung« ausgelassen wurden. Zusammen mit der von der Kulturrevolution ausgegebenen Hauptparole (»Die Revolution anpacken, die Produktion fördern«) halbierte der westliche Marxismus auch das Denken von Mao, dem er doch bei vielen Gelegenheiten Beifall zollte. Im Übrigen brach die Parole von der »Unterdrückung der Arbeit durch die Arbeiter« auch mit Marx und dem von ihm skizzierten postkapitalistischen Szenario. Laut dem Kommunistischen Manifest wird »das Proletariat seine politische Herrschaft« und die Kontrolle über die Produktionsmittel in erster Linie »dazu benutzen [...] die Masse der Produktivkräfte möglichst rasch zu vermehren« (MEW 4, S. 481).

Diese These von allgemeinem Charakter bekam im Osten eine ganz besondere Bedeutung. Nachdem sie das koloniale Joch abgeworfen hatten, waren die Länder und Völker mit neuer Unabhängigkeit damit beschäftigt, sich auf ökonomischer Ebene zu konsolidieren: Sie wollten nicht mehr von Almosen oder dem Willen ihrer früheren Herren abhängig sein; sie hielten es für unerlässlich, das Monopol zu brechen, das die mächtigeren Länder auf die weiter entwickelte Technologie hielten (und zum Teil und in abnehmendem Maße noch halten).

Mao, der bereits 1949 vor der Gefahr gewarnt hatte, dass die Volksrepublik China in wirtschaftlicher Hinsicht zu einer »amerikanischen Kolonie« werden könnte, fühlte sich verpflichtet, zwei Arten von Ungleichheit auszumerzen: Jene, die im Inneren Chinas herrschte, aber auch, und vielleicht noch mehr, jene, die China von den weiter entwickelten Ländern trennte. Durch eine stark beschleunigte Entwicklung der Produktivkräfte sollte die Überwindung des ersten Widerspruchs auch die Überwindung des zweiten erleichtern; auf diese Weise könnte die chinesische Nation wieder stabil auf die Beine kommen und der lange Kampf um Anerkennung, der durch die Unterdrückung und Erniedrigung seitens des Imperialismus notwendig geworden war, würde von einem vollen Erfolg gekrönt sein. Dank einer politischen Revolution, die die Gleichheit sowohl auf internationaler Ebene wie im Inneren erkämpfte, und der gleichzeitigen starken Entwicklung der Produktivkräfte könnte das große asiatische Land ein unwiderstehliches Modell für die weltweite antikoloniale Revolution werden (und für die Errichtung des Sozialismus).

Nicht unähnlich war die Orientierung der vietnamesischen Kommunisten. Während der Krieg für die Unabhängigkeit und die nationale Einheit in vollem Gange war, erklärte der damalige Erste Sekretär der Arbeiterpartei Nordvietnams, dass nach der Erringung der Macht die wichtigste Aufgabe in der »technischen Revolution« bestehe. Von diesem Moment an hätten »die Produktivkräfte die wichtigste Rolle zu spielen«; es ging also darum, sich zu bemühen, »zu einer höheren Produktivität zu kommen, indem man den Aufbau der Ökonomie und die Entwicklung der Produktion anrege« (Le Duan 1967, S. 61 ff).

Von den großen Umwälzungen, die sich in Asien (und der Dritten Welt) vollzogen, nahm der westliche Marxismus nur den Aspekt der Revolte wahr, eher der Revolte gegen den Kapitalismus als gegen den Imperialismus, vor allem der Revolte gegen die Macht als solche (wenig Beachtung wurde der nationalen Befreiung geschenkt). In diesem Sinne wurde die Parole (»Rebellion ist richtig!«) gelesen, mit der Mao versuchte, Gegner loszuwerden, die noch wichtige Machtpositionen innerhalb der Kommunistischen Partei innehatten. Wenn in China die Rebellion beschworen wurde, um dem enthusiastischen Engagement der Massen in der Arbeit und bei der Entwicklung des gesellschaftlichen Reichtums freien Lauf zu lassen, so machte im Westen die Rebellion gegen die Macht als solche den Aufbau einer alternativen Gesellschaftsordnung unmöglich und bedeutete die Reduzierung des Marxismus auf eine (ohnmächtige) »Kritische Theorie« oder bestenfalls auf messianische Erwartungen.

Insgesamt war Anarchie das objektive und unvorhergesehene Resultat der Kulturrevolution in China, und dem half die Intervention der Armee ab; im Westen dagegen diente der Aufruf zur Rebellion (gegen die Macht als solche in der Gesellschaft und am Arbeitsplatz) dazu, auch auf theoretischer Ebene den Anarchismus neu zu beleben. Mühsam bezwungen vom Marxismus zur Zeit der Zweiten Internationale, erfuhr der Anarchismus so eine verblüffende Revanche in der 68er-Bewegung und in relevanten Teilen des westlichen Marxismus jener Jahre.

13. Der populistische und idealistische Antikolonialismus Sartres

Nicht einmal Autoren, die sich im Kampf gegen den Kolonialismus stark engagierten, waren in der Lage, dieser Tendenz Widerstand entgegenzusetzen. Nehmen wir Jean-Paul Sartre. Wie er in einem zentralen Kapitel der *Kritik der dialektischen Vernunft* deutlich macht, entspringen die diversen menschlichen Konflikte in letzter Instanz dem »Mangel« (*rareté*), dem die entscheidende Rolle zugewiesen wird: »Die ganze Praxis [wird] von dem wie auch immer gearteten Mangel beherrscht [...] In dem durch den Mangel modifizierten Wechselverhältnis erscheint uns derselbe als Gegen-Mensch, insofern dieser selbe Mensch als radikal Anderer, das heißt als Träger einer Todesdrohung für uns erscheint« (Sartre 1960, S. 138 ff).

Das Resultat dieses Ansatzes ist verheerend. In dem Maße, in dem er einen Kampf auf Leben und Tod zu bestimmen scheint, rechtfertigt der Zustand des Mangels letztlich die Unterdrücker selbst, denn auch sie sind auf irgendeine Art Opfer eines tragischen Überlebenskampfes, der in der Gegenwart auf fatale Weise notwendig ist und in der Zukunft nur durch die Entwicklung der Produktivkräfte beseitigt werden kann. Auf der anderen Seite scheinen die Unterdrückten vor allem oder ausschließlich von dem Wunsch bewegt zu sein, den unerträglichen Lebensbedingungen zu entfliehen; da aber Sprache, Kultur, nationale Identität und Würde überhaupt keine Rolle spielen sollen, versteht man nicht, warum am Kampf gegen die nationale Unterdrückung gesellschaftliche Schichten teilnehmen, die mehr oder weniger wohlhabend sind und einen komfortablen Lebenswandel genießen. Was Sartre in der Tat widerlegt, ist ausgerechnet das Buch (*Die Verdammten dieser Erde*) des algerischen Revolutionstheoretikers Fanon, zu dem der französische Philosoph ein leidenschaftliches Vorwort beisteuerte:

> »Der Kolonialismus in der ersten Phase des nationalen Kampfes versucht, den nationalen Anspruch zu entschärfen, indem er in Ökonomismus macht. Sowie die ersten Forderungen erhoben werden, heuchelt er Verständnis und gibt mit einer großtuerischen Demut zu, dass das Land an einer ernsten Unterentwicklung leidet, die eine umfangreiche wirtschaftliche Anstrengung erfordert« (Fanon 1961, S. 176).

Die Zurückweisung des »Ökonomismus« beinhaltet in der Tat die Kritik der These, die die koloniale Frage ausschließlich aus dem »Mangel« entspringen lässt. Bei Sartre selbst gibt es einen Widerspruch: Während er in der *Kritik der dialektischen Vernunft* auf den »Mangel« verweist, nimmt er im Vorwort der *Verdammten dieser Erde* vor allem das Paradigma der Anerkennung auf: die »Feinde der menschlichen Gattung« verweigern sie beharrlich der »Rasse der Untermenschen«, also den Algeriern und den Kolonialvölkern überhaupt (Sartre 1961, S. 23). Wie man sieht, garantieren die Empörung über die Verbrechen des Kolonialismus sowie die Sympathie und die Solidarität mit den Kolonialvölkern im Kampf gegen Unterdrückung an sich noch kein richtiges Verständnis der nationalen Frage.

Tatsache ist, dass für Sartre die Protagonisten der antikolonialen Revolution stets die »Verdammten dieser Erde« sind, die einen verzweifelten Kampf zur Befreiung von der Kolonialherrschaft führen. Was dagegen fehlt, ist jeglicher Hinweis auf die zweite Etappe der antikolonialen Revolution, die sich auf den Aufbau der Wirtschaft konzentriert. Auf dieser jedoch besteht Fanon nachdrücklich: Um der Unabhängigkeit, die dank des bewaffneten Kampfes erobert wurde, Konkretheit und Festigkeit zu verschaffen, muss das Land in der neuen Unabhängigkeit der Unterentwicklung entkommen. Der Einsatz in Arbeit und Produktion tritt somit an die Stelle des Mutes im Kampf; die Figur des mehr oder minder qualifizierten Arbeiters ersetzt die des Guerillero. Wenn sie sich zur Kapitulation gezwungen sieht, scheint die Kolonialmacht den Revolutionären zuzurufen: »Da ihr die Unabhängigkeit wollt, nehmt sie und krepiert«; auf diese Weise verwandelt sich »der Triumph der Unabhängigkeit in einen Fluch«. Es ist diese neue, nicht mehr militärische Herausforderung, die man zu kontern verstehen muss: »Man braucht Kapital, man braucht Techniker, Ingenieure, Mechaniker etc.«; notwendig ist die »kolossale Anstrengung« eines ganzen Volkes (Fanon 1961, S. 80 ff). Einerseits ist in gewisser Weise der Stillstand von so vielen afrikanischen Ländern vorhersehbar gewesen, die es nicht geschafft haben, von der militärischen zur ökonomischen Phase der Revolution überzugehen, auf der anderen Seite wird diese Wende in antikolonialen Revolutionen wie der chinesischen, vietnamesischen oder algerischen verwirklicht. Wir sind im Jahr 1961. In diesem Jahr widmete ein anderer hervorragender Theoretiker der antikolonialen Revolution der Persönlichkeit Toussaint Louvertures ein Buch, das zugleich eine Bilanz der Revolution war, deren großer Vorkämpfer der schwarze Jakobiner gewesen ist. Nach dem militärischen Sieg hatte dieser das Verdienst, sich dem Problem des ökonomischen Aufbaus zu stellen: Zu diesem Zweck hatte er die Kultur der Arbeit und der Produktivität gefördert und auch versucht, weiße Techniker und Experten aus den Reihen des besiegten Feindes einzusetzen. Es war exakt das, was Lenin später in den Jahren der NÖP tun würde, indem er am Arbeitsplatz das Ende der »Indolenz« und »die rigoroseste Disziplin« einführte und auf »bürgerliche Spezialisten« zurückgriff (Césaire 1961, S. 242).

Das ist ein Punkt, den Sartre nur mit Mühe verstehen und akzeptieren kann. Die in der *Kritik der dialektischen Vernunft* formulierte Revolutionstheorie ist völlig durchzogen von Enttäuschung darüber, dass die »Fusionsgruppe«, zuerst Protagonistin der Niederschlagung des Ancien Régime und verbrüdert in revolutionärem Enthusiasmus, später dazu tendiert, sich nach der Eroberung der Macht in eine »praktisch-tatenlose« Struktur zu verwandeln, mit neuen Hierarchien, die an die Stelle der gestürzten treten. Daher sei es nicht die »Fusionsgruppe«, die die ökonomisch-technologische Entwicklung eines Landes mit neuer Unabhängigkeit voranbringen und realisieren kann.

Eine antikoloniale Revolution (oder eine in einem Land an der Peripherie der entwickelten kapitalistischen Welt, das den Gefahren der Aggression und der kolonialen oder neokolonialen Unterwerfung ausgesetzt ist) ist nur wirklich siegreich, wenn sie sich im Stande zeigt, dem wirtschaftlichen Aufbau einen Impuls zu geben. Angesichts der Voraussetzungen seiner Philosophie erweist sich Sartre als schlecht gerüstet, um dieses Problem zu verstehen. Das Pathos des Subjekts (»von der reinen Subjektivität ausgehen«) und die Polemik gegen den »Mythos der Objektivität« münden in einen subjektiven Idealismus: »Wir brauchen eine philosophische Theorie, die zeigt, dass die Wirklichkeit des Menschen Handeln ist und dass das Einwirken auf das Universum eins ist mit dem Verstehen des Universums, so wie es ist, anders gesagt, dass Handeln Enthüllen der Wirklichkeit und *zugleich* Veränderung dieser Wirklichkeit ist« (Sartre 1946, S. 145; Sartre 1947, S. 195 u. 233). Man muss hier an Fichte denken, für den die Französische Revolution ihren theoretischen Ausdruck in seiner eigenen Philosophie selbst fand, die das Subjekt »von den Banden der Dinge an sich, der äußeren Einflüsse«, in letzter Instanz von der materiellen Objektivität befreite. Es ist eine Vision, die vielleicht den Sturz des Ancien Régime und der Kolonialherrschaft anregen konnte, die aber wenig hilfreich ist in einer Zeit, in der der (für die Erlangung einer wirklichen Unabhängigkeit notwendige) wirtschaftliche Aufbau mit der materiellen Objektivität, mit »den Dingen an sich« zurechtkommen muss (Losurdo 2016a, VIII, 1).

Wir haben gesehen, dass Sartre den Akzent auf die »Aktion« als Instrument zum Verständnis und zur Veränderung der politischen Realität legt; die Aktion, von der hier die Rede ist, ist ausschließlich die politische Aktion. Ganz anders argumentierten die Protagonisten der antikolonialen Revolution. 1937 hatte Mao Zedong darauf bestanden, dass die Wahrheit nicht einer einsamen Spekulation, sondern »im Lauf des Prozesses der gesellschaftlichen Praxis« entspringt, doch er hatte sich beeilt hinzuzufügen, dass über den »Klassenkampf« (oder die politische Aktion) hinaus auch die »materielle Produktion« und das »wissenschaftliche Forschen« integraler Bestandteil der »gesellschaftlichen Praxis« seien (vgl. oben, III, 12). Der chinesische Führer, der mit der Leitung und Verwaltung der im Laufe der antikolonialen Revolution bereits befreiten Gebiete befasst war, konnte sicherlich die Konfrontation mit der objektiven Materialität nicht ignorieren, die der Erfüllung der unausweichlichen Aufgabe innewohnte, die ökonomisch-technologische Entwicklung voranzubringen.

Indem er seine Aufmerksamkeit ausschließlich auf das verzweifelte Bemühen der »Verdammten dieser Erde« konzentriert, die ihre Ketten der kolonialen Sklaverei sprengen müssen, und indem er seine Sympathie exklusiv der »Fusionsgruppe« vorbehält, jener Vorkämpfer des magischen, aber kurzen Moments der Revolution, des kollektiven Enthusiasmus während des Umsturzes eines alten, allgemein gehassten Regimes, ist Sartre Verfechter eines leidenschaftlichen und verdienstvollen Antikolonialismus, der jedoch gleichzeitig populistisch und idealistisch ist. Es ist ein Antikolonialismus, der nicht zum Verständnis jener Phase der Revolution gelangt, die die Errichtung der neuen Ordnung in Angriff nehmen muss. Jetzt wird, wie Fanon unterstreicht, das technische Können essentiell und stehen, um den algerischen Revolutionsführer nochmals zu zitieren, die »kolossale Anstrengung« eines ganzen Volkes oder, um mit Césaire zu sprechen, das Ende der »Indolenz« und die »rigoroseste Disziplin« am Arbeitsplatz auf der Tagesordnung.

14.
Timpanaro zwischen Antikolonialismus und Anarchismus

Ein ausgeprägtes Bewusstsein für die koloniale Frage zeigt auch Sebastiano Timpanaro. Er übte dabei harte Kritik an dem in den kapitalistischen Metropolen entwickelten Marxismus, der zumeist unfähig sei, über den eigenen Tellerrand hinauszuschauen: Zwischen dem 19. und dem 20. Jahrhundert war der »Marxismus der Zweiten Internationale« umklammert von »einer schematischen und zäh eurozentrischen Geschichtsphilosophie«, die den »bellizistischen und reaktionären Abenteuern« der Bourgeoisie und der »imperialistischen Phase des Kapitalismus« wenig Aufmerksamkeit widmete. Hat sich mit der Oktoberrevolution eine Wende vollzogen? Leider nur teilweise. Der Eurozentrismus und die geringe Aufmerksamkeit für die Tragödien, die den Kolonialvölkern durch Europa und den Westen zugefügt wurden, seien vom »westlichen Marxismus«, der zum »Antileninismus« neige, alles andere als überwunden. Es sei eine ruinöse Tendenz auf theoretischer und politischer Ebene, die sich nach der trotzdem notwendigen Wende von 1956 noch verschärfe: »die Entstalinisierung hat – durch die konfuse Art, in der sie unternommen und fortgeführt wurde, und wegen des tendenziell sozialdemokratischen Charakters, den sie leider ziemlich früh angenommen hat –, auch in den kommunistischen Ländern zu einem Wiederaufblühen ›verwestlichender‹ Tendenzen geführt« (Timpanaro 1970, S. 92 f u. 5; Timpanaro 1975, S. XXXI).

Doch wie bei Sartre entsteht bei dem italienischen Philologen und Philosophen, wenn auch in unterschiedlicher Weise, ein Durcheinander zwischen politischer Ebene und theoretischen Kategorien. Zwar erkennt er unter Berufung auf Lenin das »Fortdauern« legitimer »nationaler Ansprüche« gegen die vom Imperialismus ausgeübte Unterdrückung an und unterstützt ohne Zögern den Kampf des vietnamesischen Volkes gegen den US-Imperialismus; andererseits aber wirft er einen schweren Schatten des Verdachts auf die nationalen Befreiungsbewegungen, wenn er »den Rassenhass und den Konflikt der Nationen« gleichsetzt (Timpanaro 1970, S. 216 u. 16). Ja, das Individuum »kann durch die Wirkung mystifizierender Ideologien nationale, religiöse, rassische Solidarität als über der Klassensolidarität stehend empfinden«, doch es gehe eben in allen Fällen um »mystifizierende Ideologien«, die versuchten, die »Inkonsistenz der Rasse und der Nation als biologisch-kulturelle Kategorien« zu verdecken (Timpanaro 1970, S. 184 u. 23). Wir haben gesehen, dass in Wirklichkeit der Wunsch eines unterdrückten Volkes nach nationaler Befreiung durchaus mit einem universalistischen Pathos verbunden sein kann, das die oft mit Rassismus gepaarte Arroganz der Kolonialmächte in Frage stellt.

Auf mehreren Ebenen gerät das leidenschaftliche antikoloniale Engagement Timpanaros in Widerspruch zu der von ihm ausgearbeiteten theoretischen Plattform. Er greift die marxistische These vom Absterben des Staates auf und radikalisiert sie noch mit einer expliziten Berufung auf den Anarchismus Bakunins (Timpanaro 1970, S. XXI f). Die an sich schon unrealistische Erwartung des Verschwindens von jeglicher Norm steht in direktem Widerspruch zu dem militärischen und/oder ökonomischen Kampf der Völker, die dabei sind, das Kolonialjoch abzuschütteln und sich als unabhängige Nationalstaaten zu konstituieren und zu festigen.

Die Notwendigkeit der ökonomischen und technologischen Entwicklung als unbedingte Voraussetzung einer realen Unabhängigkeit bringt (in China, Vietnam und in unseren Tagen auch in Kuba) die Öffnung des Marktes mit sich und erzwingt Konzessionen an die nationale Bourgeoisie (deren Kompetenz als Unternehmer und Manager gebraucht wird) sowie an die internationale Bourgeoisie (deren Zustimmung notwendig ist, um an die höher entwickelte Technologie zu kommen). Timpanaro jedoch formuliert ein kritisches Urteil über die Politik, die in Sowjetrussland mit dem sogenannten Kriegskommunismus Schluss macht: »Die NÖP sollte in seinen [Lenins] Augen nur ein vorübergehendes ›Luftholen‹ sein«. Nach seinem Tode jedoch wurde sie zu einer dauerhaften Realität« (Timpanaro 1970, S. XVII). Der italienische Philologe und Philosoph scheint davon zu träumen, dass zusammen mit der Nation und dem Staat auch der Markt verschwindet, und zwar in einer messianischen und anarchistischen Vision von einer postkapitalistischen Gesellschaft.

15.
Lukács' Isolierung

Indem er Nation und Rasse gleichsetzt, bringt Timpanaro sich in ein Dilemma, aus dem es keinen Ausweg gibt: Entweder geht die Nation auf die Biologie zurück (genauso wie die Rasse, von der die Theoretiker des biologischen Rassismus sprechen), oder es bleibt, wenn diese unglückliche Sicht verworfen wird, nichts anderes übrig, als von der »Inkonsistenz« der Nation selbst Kenntnis zu nehmen. Jedenfalls ist da kein Platz für die nationale und koloniale Frage. Mit dem späten Lukács (1984, Bd. 13, S. 325) könnten wir sagen: »Entweder unterscheidet sich das gesellschaftliche Sein überhaupt nicht vom Sein überhaupt oder es handelt sich um etwas radikal anderes, das gar nicht mehr Seinscharakter hat«.

Damit sind wir zu jenem westlichen Philosophen gekommen, der sich, zusammen mit Gramsci, sehr intensiv mit Lenin auseinandergesetzt hat. Tatsächlich widmete sein großer Jugendtext, *Geschichte und Klassenbewusstsein*, der kolonialen und nationalen Frage keinerlei Aufmerksamkeit. Und auch bei seinen reifen Schriften gibt es zu denken, dass die historische Bilanz der Periode, die von 1789 bis 1814 reicht, d.h. von der Beseitigung des Ancien Régime bis zur Restauration, ohne irgendeinen Bezug zur Abschaffung der schwarzen Sklaverei in den Kolonien (durch Toussaint Louverture und Robespierre) und zu ihrer Wiedereinführung (durch Napoleon) gezogen wird.

Doch es ist von großer Bedeutung, dass in dem Buch von 1924, das Lenin gewidmet ist, die revolutionäre Rolle der »vom Kapitalismus unterdrückten und ausgebeuteten Nationen« analysiert und präzise beschrieben wird. Ihr Kampf ist integraler Bestandteil des weltweiten revolutionären Prozesses: hart ist die Kritik an denen, die auf der Suche nach der »reinen proletarischen Revolution« die koloniale und nationale Frage übergehen und schließlich in letzter Instanz den revolutionären Prozess in seiner Konkretheit aus den Augen verlieren (Lukács 1924, S. 41 u. 45).

Dank seiner Aufmerksamkeit dem Kolonialismus und der ihm innewohnenden Barbarei gegenüber ist der ungarische Philosoph weit entfernt von einer idealistischen Verklärung des liberalen Westens, in die Bloch, Horkheimer und Adorno immer wieder hineingleiten. Er beruft sich auf Marx' Anklage der »Sklaverei in Irland« durch das Britische Empire und bedauert, dass diese Anklage nur spärliches Echo in der »zeitgenössischen englischen Arbeiterbewegung« und der Zweiten Internationale gefunden habe (Lukács 1924, S. 43). Man muss leider hinzufügen, dass auch die These (die Lukács von Lenin übernimmt) der Zentralität der kolonialen und nationalen Frage im Rahmen des weltweiten Revolutionsprozesses ein geringes Echo im westlichen Marxismus hervorgerufen hat.

Obwohl der westliche Marxismus durch eine Vielzahl von Positionen gekennzeichnet ist, die von einem überzeugten, jedoch auf theoretischer Ebene oft fragilen Antikolonialismus bis hin zu einem ausgesprochenen Philo-Kolonialismus reichen, hat er insgesamt sein Rendezvous mit der weltweiten antikolonialen Revolution verpasst.

IV. Kapitel

Triumph und Tod des westlichen Marxismus

1. Ex Occidente lux et salus!

Man kann nun das Manifest besser verstehen, mit dem Anderson 1976 die Exzellenz des westlichen Marxismus proklamierte, der sich endlich von jeder Verbindung mit dem östlichen befreit hat. Es ist das Todesjahr Maos: Auf dieses folgte, nach einer Kraftprobe zwischen angehenden oder potenziellen Erben, die Machtübernahme durch eine Führungsgruppe, die die »Kulturrevolution« schnell liquidierte. Die Spannung zwischen China und der Sowjetunion bleibt allerdings erhalten. Nicht nur das sozialistische, auch das antikoloniale Lager wird von Widersprüchen und dem Sturm der Krise heimgesucht. In Europa entsteht der »Eurokommunismus«, der in klarer Distanzierung zum Realsozialismus (den er voll und ganz im Osten ansiedelt) die wichtigsten kommunistischen Parteien Westeuropas, in Italien, Frankreich und Spanien, vereint. Auch auf der Seite der Linken verbreitet sich die Religion des Westens: *ex Occidente lux et salus!*

Damit erreicht eine Tendenz ihren Reifezustand, die sich schon gleich nach der Oktoberrevolution gezeigt hatte. Während in Russland noch der Bürgerkrieg wütete, warf der italienische Führer der Reformisten, Filippo Turati, den Anhängern des Bolschewismus vor, »unsere große Überlegenheit an ziviler Entwicklung von historischem Gesichtspunkt aus« aus den Augen zu verlieren und sich damit der »Begeisterung« für »die östliche gegenüber der westlichen und europäischen Welt« hinzugeben; sie vergäßen, dass die russischen »Sowjets« zu den westlichen »Parlamenten« stünden wie eine barbarische »Horde« zu einer »Stadt« (Turati 1919a, S. 332, Turati 1919b, S. 345).

Der erste der beiden zitierten Essays des reformistischen Führers stellte schon in seinem Titel *Leninismus und Marxismus* gegenüber. »Leninismus« stand für östlichen Marxismus (roh und barbarisch per definitionem), während »Marxismus« das Synonym für westlichen Marxismus war (zivil, fein und authentisch, auch per definitionem). Diese »orientalistische« Lesart der politischen, sozialen und kulturellen Realität Sowjetrusslands breitete sich im Westen weithin aus. Noch vor Turati und noch während der Erste Weltkrieg im Gange war, urteilte Bloch, dass »aus dem Russland der sozialistischen Revolution aber nichts als Gestank, Verrottung, neuer Dschingis Khan mit den Gebärden des Völkerbefreiers, mit den missbrauchten Insignien des Sozialismus kommt« (1918/1985, S. 399).

Doch es war eben dieser Philosoph selbst, der auf die dramatische Situation im Vorreiterland der Revolution aufmerksam machte, auch wenn er diese Situation den Bolschewiki anlastete, die sich (in Blochs Augen) durch ihre Ablehnung, weiter an der Seite und im Dienst von Frankreich, Großbritannien und den USA zu kämpfen, schuldig gemacht hatten. Aber es gab einen wichtigen Punkt, der anerkannt bleiben musste: Das Wilhelminische Deutschland war in Russland eingefallen, war dabei, weite Gebiete zu annektieren, und war verantwortlich für Massaker kolonialer Art (vgl. oben, II, 4). Die Anerkennung des tragischen Ausnahmezustands kratzte jedoch die orientalistische Lesart der Revolution und der bolschewistischen Macht nicht an. Mit zehn Jahren Abstand klagte Kautsky an (1927, Bd. 2, S. 434), »wie sehr die Städte Russlands noch voll östlichen Wesens sind«.

Natürlich war an dieser Art der Argumentation etwas Wahres. Das Land der Oktoberrevolution hatte keine Geschichte im Zeichen des Konstitutionalismus hinter sich. Vergessen oder verdrängt war aber die Unterstützung, die vom liberalen Westen zunächst der zaristischen Autokratie und dann den Banden der »Weißen« geleistet wurde, die versuchten, diese Autokratie wiederzubeleben oder eine Militärdiktatur zu errichten. Auch wurde die ziemlich prekäre geopolitische Lage des aus der Oktoberrevolution hervorgegangenen Landes mit keinem Wort erwähnt, ebenso wenig wie der dauernde Ausnahmezustand, der ihm von dieser oder jener Macht des liberalen Westens auferlegt wurde. Bloch war sich eines Grundwiderspruchs nicht bewusst: Einerseits forderte er eine liberale und parlamentarische Entwicklung des aus der Oktoberrevolution hervorgegangenen Regimes, andererseits verlangte er die Fortsetzung eines Krieges, der aufgrund seiner Brutalität und Barbarei und der Tatsache, dass er inzwischen auf den Widerstand einer überwältigenden Mehrheit der Bevölkerung stieß, nur mit rücksichtslos diktatorischen Methoden zu führen war. Was Kautsky angeht, so war es kein Zufall, dass er sich eher auf das »östliche Wesen« als auf Geschichte und Geografie bezog.

Es war ein essentialistischer Ansatz, der über die Zeit hinweg Bestand hatte. Noch im Jahre 1968, während der von den Vereinigten Staaten in Vietnam entfesselte Krieg seinen ganzen Schrecken offenbarte, erklärte Horkheimer (1968a/1981, S. 139), anstatt sich über die amerikanische und westliche Grausamkeit zu empören, Stalin und Mao und den von ihnen eingeführten »totalitären Apparat« mit der im Osten praktizierten »kollektiven Grausamkeit«. Im selben Jahr erkannte Marcuse zwar (wie wir wissen) »die immense aggressive Kraft« des Kapitalismus/Imperialismus, die die von ihm ins Visier genommenen Länder dazu zwang, sich »verzweifelt« zu verteidigen, sprach aber gleichzeitig vom »östlichen Totalitarismus«, womit er eine tendenziell essentialistische Kategorie verwandte. Ohne auf die schwierige geopolitische Lage der Sowjetunion oder Chinas einzugehen sowie in Unkenntnis der theoretischen Grenze von Marx (ein *westlicher*, wenig am Problem der Beschränkung der Macht interessierter Philosoph, weswegen er manchmal zu einer messianischen

Erwartung des Absterbens des Staates und der Macht als solcher neigt), schreibt die Kategorie vom »östlichen Totalitarismus« die mangelnde demokratische Entwicklung jener Länder ausschließlich auf das Konto eines mythischen Ostens.

Der westliche Marxismus stand bis zum Schluss unter dem Einfluss der Ideologie des Kalten Krieges: George F. Kennan, der große US-amerikanische Theoretiker der »Eindämmung«, begründete diese auch mit der Notwendigkeit, den »orientalischen Geist« (*oriental mind*) unter Kontrolle zu halten (in Hofstadter 1958, Bd. 3, S. 414). So überlebte im westlichen Marxismus der orientalistische Ansatz den Kalten Krieg: Wir werden sehen, wie Žižek Mao Zedong als einen so grausamen und durch und durch blutrünstigen Despoten beschreibt, dass man an die Stereotypien des primitivsten Orientalismus denken muss (vgl. unten, V, 2).

In diesem Kontext war der Erfolg von Andersons Buch alles andere als erstaunlich: Indem er den östlichen Marxismus und die von ihm inspirierten Länder ihrem Schicksal überlasse, habe sich der westliche Marxismus von etwas befreit, das ihm die Flügel stutze und ihn daran hindere, hoch zu fliegen. Tatsächlich sollten sich der Erfolg und gar der Triumph, deren sich der westliche Marxismus und der Eurokommunismus erfreuten, als von kurzer Dauer erweisen; binnen kurzem trat beider Tod ein.

2. Der Arendt-Kult und die Liquidierung der Verbindung von Kolonialismus und Nazismus

Schon längst hatte der hochmütige Verzicht auf das Verständnis dessen, was im Osten durch die antikoloniale Revolution und den Postkapitalismus geschah, das Terrain für die ideologische Kapitulation bereitet. Man denke nur an den devoten Kult, der an einem bestimmten Punkte einer Philosophin gewidmet wurde, die, obwohl sie von extrem linken Positionen ausgegangen war, schließlich damit endete, Marx als Feind der Freiheit und Inspirator des kommunistischen Totalitarismus zu brandmarken. Ich beziehe mich auf

Hannah Arendt, die in unseren Tagen auf abenteuerliche Weise mit Rosa Luxemburg in Verbindung gebracht wird (Haug 2007, S. 181 f u. 196) und eine der Bezugsautoren von *Empire – Die neue Weltordnung* ist, des Buches mit dem größten Medienerfolg im westlichen Marxismus! Die ohnehin schon schwachen Verbindungen des westlichen Marxismus zur weltweiten antikolonialen Revolution wurden völlig zerrissen.

Seit langem ist besonders unter den Kolonialvölkern und jenen kolonialer Herkunft, die für ihre Befreiung kämpfen, das Bewusstsein für die enge Verbindung zwischen Nazifaschismus und kolonialistischer Tradition präsent. Ein Jahr nach dem Aufstieg des Dritten Reichs rückte Du Bois (1934/1986, S. 1243) den Rassenstaat, den Hitler in Deutschland errichtete, in die Nähe des seit langer Zeit im Süden der USA bestehenden rassistischen Staates und seinem Regime der *white supremacy* sowie der kolonialen und rassistischen Herrschaft, die der gesamte Westen auf globaler Ebene unterhielt. Als er einige Jahre später seine Autobiografie veröffentlichte, betonte der afroamerikanische Autor einen wesentlichen Punkt: »Hitler ist der späte, grausame, aber konsequente Exponent der Rassenphilosophie der weißen Welt«; damit habe die US-amerikanische und westliche Demokratie insgesamt keinerlei Glaubwürdigkeit, gründete sie doch auf dem Ausschluss, sei es der »niederen Klassen«, sei es, und vor allem, der »farbigen Völker Asiens und Afrikas« (Du Bois 1940/1986, S. 678).

Bezeichnenderweise wurde die Verbindung zwischen dem Dritten Reich und der hinter ihm stehenden kolonialistischen Tradition bisweilen mittels eines Rückgriffs auf die Kategorie »Totalitarismus« betont. In der Zeit 1942-43 distanzierte sich ein afroamerikanischer Kämpfer aus der extremen Linken (Randolph) von Gewaltmethoden, die der kommunistischen Bewegung vorgeworfen wurden, und hob gleichzeitig einen für ihn wesentlichen Punkt hervor: Sowohl für das nazistische Deutschland wie für das koloniale und rassistische Imperium, das Japan in China zu errichten suchte und das Großbritannien entschlossen war, in Indien aufrechtzuerhalten, ebenso wie für das Regime ›weißer Vorherrschaft‹, das noch immer Charakteristikum des Südens der USA war, konnte man die Bezeichnungen »Hitlerismus«, »Rassismus«, aber auch »totalitäre Tyrannei« benutzen. Die internationale Lage sei gekennzeichnet durch den Kampf der »farbigen Rassen« gegen die diversen »Imperialismen« und die diversen Formen von »Rassismus« und »totalitärer Tyrannei« (Kapur 1992, S. 107, 109, u. 112). »Totalitarismus« war somit die von den sogenannten höheren Rassen ausgeübte Macht über die farbigen Völker und über die koloniale Welt.

Mit dieser Position berief sich Randolph auf Gandhi, den Führer der Unabhängigkeitsbewegung, der in der Tat in einem Interview vom 25. April 1941 erklärt hatte: »In Indien haben wir eine Hitlersche Herrschaft, wenn auch in schmeichelhaftere Begriffe gehüllt« (Gandhi 1969-2001, Bd. 80, S. 200). Diese Argumentationsweise hatte den Fehler, den bestehenden Unterschieden zwischen den gegenübergestellten politischen Realitäten nicht die angemessene Bedeutung zu geben, hob aber mit gutem Grund den gemeinsamen Zug hervor: nämlich die Idee der rassischen Hierarchie, nach der die Völker, die als »niedere Rassen« gebrandmarkt wurden, von der Natur und der Vorsehung dazu bestimmt waren, die Herrschaft der weißen oder arischen Rasse zu erdulden. Und gerade diese Idee war es, die Hitler antrieb, »Deutschindien« nach dem Vorbild des britischen Indien zu errichten oder im Osten Europas nach dem Westen oder Fernen Westen zu suchen und ihn nach dem US-Modell zu unterwerfen und zu kolonisieren.

Auch nach dem Ende des Zweiten Weltkriegs war unter den Afroamerikanern die Sichtweise, dass es eine Verbindung zwischen dem Regime der *white supremacy*, das im Süden der USA noch herrschte, und dem Dritten Reich gebe, recht verbreitet. Für sich spricht eine Episode, die sich in jenen Jahren in New York ereignete, und von der Arendt, allerdings ohne die ganze Tragweite zu erfassen, in einem Brief an Karl Jaspers vom 3. Januar 1960 berichtet: »Allen letzten Klassen der New Yorker Mittelschulen ist ein Thema zugewiesen worden: Sich eine Methode auszudenken, um Hitler zu bestrafen. Und dies hat ein schwarzes Mädchen vorgeschlagen: Man müsste ihm eine schwarze Haut überziehen und ihn dann zwingen, in den USA zu leben« (in Young-Bruehl 1982, S. 361). Auf frische und naive Weise stellte sich das unschuldige schwarze Mädchen eine Art Umkehrgesetz vor, auf dessen Grundlage die Verantwortlichen für die rassistische Gewalt in Nazideutschland gezwungen wären, als Schwarze die Erniedrigungen und Schikanen des von ihnen unaufhörlich propagierten und skrupelloser denn je umgesetzten Regimes der *white supremacy* zu erleiden.

In denselben Jahren rückten die Kämpfer der algerischen Revolution und ihr Theoretiker (Fanon) das französische Kolonialimperium noch einmal in die Nähe des Dritten Reiches. Und das nicht nur wegen der Grausamkeit der Unterdrückung: Was war der Nazifaschismus »anderes als der Kolonialismus innerhalb eines traditionell kolonialistischen Landes?«; ja, »vor kurzem hat der Nazismus ganz Europa in eine Kolonie verwandelt« (Fanon 1961, S. 88, Fn. 8 u. S. 83). Dabei handelte es sich nicht nur um die Ansicht einzelner Persönlichkeiten, sondern um die Schlussfolgerung, zu der die Antihitlerkoalition gekommen war: In Nürnberg waren die Anführer des Dritten Reichs verurteilt worden, weil sie ein Programm kolonialer Eroberungen im Namen eines Rechts der »Herrenrasse« verfolgt und im Lauf des Zweiten Weltkriegs ein gigantisches System zur Deportation und zur umfassenden Ausbeutung von Zwangsarbeit entwickelt hatten, wie »zu dunkelsten Zeiten der Sklaverei« (in Heydecker, Leeb 1985, Bd. 2, S. 531 u. 543).

Der Verbindung zwischen Kolonialismus und Nazifaschismus war sich auch die frühe Arendt bewusst, die im Laufe des Zweiten Weltkriegs den Nazismus als den »fürchterlichsten Imperialismus, den die Welt je gekannt hat« (Arendt 1942a, S. 193) definierte. In jenen Jahren wurde der Imperialismus mit ständigem Blick auf seine rassistische Ideologie und den Angelpunkt, den das Dritte Reich darstellte, beschrieben: Es ging um den Anspruch, die Menschheit zu unterteilen in »höhere und niedere Rassen«, »in Herren- und Sklavenrassen, in adlige und plebejische Geschlechter, in weiße und farbige Völker«. Der dem Imperialismus eigene »Rassenkult« hatte die Engländer dazu gebracht, sich als »Weiße« und die Deutschen, sich als »Arier« zu definieren; so ließen sich »die Verbrechen des modernen Imperialismus« (Arendt 1946b, S. 28 f) erklären.

Die Philosophin war derart weit entfernt von der Theorie der zwei Totalitarismen, die mehr oder weniger wie Zwillinge waren, dass sie der (damals von Stalin regierten) Sowjetunion das Verdienst zuschrieb, den Antisemitismus »einfach liquidiert« zu haben im Rahmen »einer gerechten und sehr modernen Lösung der nationalen Frage« (Arendt 1942a, S. 193). Diese Würdigung wurde drei Jahre später noch einmal bekräftigt: »Hinsichtlich Russlands ist, worauf jede politische und nationale Bewegung achten müsste – seine komplett neue und gelungene Art und Weise, Konflikte der Nationalität anzugehen und beizulegen, unterschiedliche Völker auf Basis der nationalen Gleichheit zu organisieren –, sowohl von Seiten der Freunde wie der Feinde vernachlässigt worden« (Arendt 1945c, S. 99). Vielsagend war auch ein Text aus dem Januar 1946: »In dem Land, das Disraeli zu seinem Premierminister ernannte, schrieb der Jude Karl Marx das *Kapital*, ein Buch, das in seinem fanatischen Eifer für Gerechtigkeit der jüdischen Tradition weit mehr gab als das erfolgreiche Konzept des ›erwählten Mannes der erwählten Rasse‹« (Arendt 1946a, S. 121). Diese Gegenüberstellung von zwei idealtypischen Figuren des Judentums klang wie eine indirekte Gegenüberstellung der Sowjetunion, die sich weiterhin auf Marx berief, und Großbritanniens, das mit Disraeli eine typische Ideologie des Imperialismus (und des Nazismus selbst) genährt hatte.

Auf der Tagesordnung stand auf jeden Fall der Kampf dafür, ein für alle Mal die Wurzeln des Faschismus auszureißen. Es galt, die »ungelöste[n] Kolonialprobleme« und die Strategie der »weißen Vorherrschaft« anzugehen wie auch den »Wettstreit zwischen den imperialistischen Nationen«. Arendt fasst zusammen: Der Faschismus »wurde dieses eine Mal besiegt: aber wir haben noch lange nicht das Erzübel unserer Zeit ausgerottet. Denn dessen Wurzeln sind stark, und sie heißen – Antisemitismus, Rassismus, Imperialismus« (Arendt 1945b, S. 45 u. 48). Die dem Dritten Reich zugefügte Niederlage war noch nicht die endgültige Lösung des Problems:

> »Am Ende eines ›imperialistischen Zeitalters‹ könnten wir uns in einer Phase befinden, in der die Nazis als rohe Vorläufer der künftigen politischen Methoden erscheinen könnten. Eine nicht-imperialistische Politik zu verfolgen und sich treu an eine nicht-rassistische Doktrin zu halten, wird jeden Tag schwieriger, weil jeden Tag klarer wird, wie schwer für den Menschen die Bürde der Humanität ist« (Arendt 1945a, S. 23).

Dieser Standpunkt wurde im Jahr darauf mit Nachdruck bekräftigt:

> »Der Imperialismus, der gegen Ende des vergangenen Jahrhunderts [d. h. des 19. Jh.] begann, ist heute zum vorherrschenden politischen Phänomen geworden. Ein unpolitisch geführter Krieg hat die jeder konsequent imperialistischen Politik inhärenten Selbstmordtendenzen enthüllt. Jedenfalls beherrschen die drei Haupttriebkräfte des Imperialismus – Macht um der Macht, Expansion um der Expansion willen, Rassismus – weiter die Welt« (Arendt 1946b, S. 27).

Im Dezember 1948 schließlich, anlässlich eines Besuchs von Menachem Begin (des zukünftigen israelischen Ministerpräsidenten) in den USA, rief Arendt in einem auch von Albert Einstein unterzeichneten offenen Brief an die »New York Times« zur Mobilisierung gegen den Verantwortlichen für das Massaker in dem arabischen Dorf Deir Yassin auf und wies darauf hin, dass die von ihm geleitete Partei mit ihrer Mischung aus »Ultra-Nationalismus«, der Propaganda »rassischer Überlegenheit« und terroristischer Gewalt gegen die arabische Zivilbevölkerung sich als »nationalsozialistischen und faschistischen Parteien eng verwandt« erweise (Arendt 1948, S. 113 ff). Indem er den gnadenlosen Kolonialexpansionismus einer sogenannten höheren Rasse propagiere, trete Begin in die Fußstapfen des Nazismus und des Faschismus.

Die Verbindung zwischen Nazismus und Kolonialismus taucht auch in den ersten beiden Teilen von *Elemente und Ursprünge totaler Herrschaft* auf, die dem Antisemitismus respektive dem Imperialismus gewidmet sind. In Erstauflage 1951 publiziert, räumte das Buch der ideologischen und politischen Geschichte des Britischen Empires weiten Raum ein: Bereits im Laufe der Reaktionen gegen die Französische Revolution war mit Edmund Burke die These aufgetaucht, »die ganze britische Nation« sei zu »einer gleichsam adligen Nation unter den Nationen« erhoben; der Rassismus, die wichtigste »politische Waffe des Imperialismus«, und die »Eugenik«, die neue Pseudowissenschaft zur Verbesserung der Rasse mittels Zwangssterilisation der Misslungenen (oder mittels radikalerer Maßnahmen), nahmen Form an. Auf dieser Linie richtete sich Disraeli ein, der stolz die »Rechte eines Engländers« gegen die von ihm verspotteten »Menschenrechte« setzte und zusammen mit Arthur de Gobineau einer der beiden »ergebensten Unterstützer der ›Rasse‹« war (Arendt 1951/2017, S. 387, 356, 386 u. 403).

Auf Basis dieser ideologischen Annahmen begann man, die Gewalt theoretisch zu begründen und in den Kolonien und an den Kolonialvölkern, ohne die Einschränkungen, die man in der kapitalistischen Metropolis kannte, zu erproben. Es war eine Gewalt, die immer beunruhigendere Formen annahm: Schon im Rahmen des Britischen Empires zeichnete sich die Versuchung ab, zu dem Instrument der »Verwaltungsmassenmorde« zu greifen, um jegliche Infragestellung der bestehenden Ordnung zu zerschlagen (Arendt 1951/2017, S. 306, 300 u. 460). Damit befinden wir uns an der Schwelle zu Ideologie und Praxis des Dritten Reichs. Von Lord Cromer, Repräsentant der britischen Kolonialmacht in Ägypten, zeichnete Arendt ein Porträt, das nicht frei war von Analogien zu jenem, das später Eichmann (der berüchtigten Nazigröße) gewidmet war: Die Banalität des Bösen schien eine erste, schwächere Inkarnation in dem britischen »imperialistischen Bürokraten« zu finden, der »mit kalter Indifferenz, angeborenem Mangel an Interesse für die verwalteten Völker« eine »neue Bürokratenphilosophie«, eine »neue Form des Regierens« entwickelte, eine »Regierungsform, die gefährlicher war als Despotismus und Willkür« (Arendt 1951/2017, S. 405 ff u. 451 ff). Und diese Regierungsform, die über den traditionellen Despotismus hinausging, lässt uns an Totalitarismus denken: Auch bei der frühen Arendt ist die Tendenz zu verzeichnen, sich der Kategorie *Totalitarismus* zu bedienen, um die Verbindung zwischen Nazismus und Kolonialismus zu beschreiben. Das erste Modell totalitärer Herrschaft war dasjenige, das über die Kolonialvölker ausgeübt wurde, die durch die rassistische Ideologie entmenschlicht, dezimiert, versklavt wurden.

Das Bild ändert sich radikal mit dem Übergang zum dritten Teil der *Ursprünge des Totalitarismus*, der eindeutig durch das ideologische Klima nach Ausbruch des Kalten Kriegs beeinflusst war. Das Urteil über die Sowjetunion, die dank der Kategorie Totalitarismus substanziell mit Hitlerdeutschland auf dieselbe Stufe gestellt wurde, war nicht so wichtig; entscheidend war vor allem die Verdrängung der Beziehung, die das Dritte Reich mit der kolonialistischen und imperialistischen Tradition verband, deren konsequenter und gnadenlosester Erbe es sein wollte.

Eine Wende hatte sich vollzogen. Noch während sie in Frankreich war und bevor sie 1941 den Atlantik überquerte, sah Arendt, laut ihrer Biografie, die Arbeit, die sie gerade schrieb, »als erschöpfendes Werk über den Antisemitismus und den Imperialismus und als eine historische Recherche über jenes Phänomen, das sie damals »rassischen Imperialismus« nannte (Young-Bruehl 1982, S. 193). Genauer gesagt, wurde dem im Februar 1946 in der Zeitschrift »Commentary« veröffentlichten Essay eine Anmerkung vorangestellt, die den Leser informierte, dass die Autorin dabei sei, »ein Buch über den Imperialismus zu schreiben«. Das Dritte Reich als »rassischer Imperialismus«, als Imperialismus, der die rassische Komponente der Kolonialherrschaft und der Unterwerfung jener Völker und »Rassen«, die als niedriger oder in einem primitiven Stadium der gesellschaftlichen Entwicklung gefangen betrachtet wurden, zum Extrem steigerte, das Dritte Reich als höchstes Stadium des Imperialismus! Es war diese Sicht, die Arendt in den Jahren des Kampfes gegen den Nazifaschismus inspirierte und auch noch in den ersten beiden Teilen der *Ursprünge* durchscheint: Man musste vom Imperialismus und vom Kolonialismus ausgehen, von politisch-ideologischen Prozessen, in die auch das Britische Empire und andere westliche Mächte einbezogen waren, um die Genese und die Entwicklung des Nazifaschismus zu verstehen.

Bei genauem Hinsehen war der dritte Teil der *Ursprünge* gegenüber den beiden vorhergehenden Teilen und der Arbeit über den »Rassenimperialismus« ein neues Buch. In dem Buch, das noch unter dem Eindruck des Kampfes gegen den Nazismus geplant worden war, stand im Zentrum die Kategorie des Imperialismus als *Gattung*, die diverse *Arten* subsumierte, an erster Stelle das Britische Empire und das Dritte Reich (als vollendeter Ausdruck der Barbarei des Imperialismus); und in diesem Rahmen wurde der Sowjetunion eine positive Rolle als Protagonistin des Kampfes gegen den Naziimperialismus und Inspiratorin der antikolonialen Befreiungsbewegungen zugeschrieben. Im dritten Teil des Buchs, das tatsächlich veröffentlicht wurde, als der Kalte Krieg tobte, sprang der Totalitarismus als zentrale Kategorie ins Auge, jene *Gattung*, unter die nun die Stalinsche UdSSR und Hitlerdeutschland subsumiert wurden; der neue Rahmen räumte nun dem antitotalitären Westen insgesamt eine positive Rolle ein, eingeschlossen Länder wie Großbritannien und Frankreich, die in jeder Hinsicht noch Kolonialreiche waren.

Der heterogene Charakter der *Ursprünge* war den Historikern nicht entgangen. Gleich nach seiner Veröffentlichung wurde das Buch von Golo Mann einer harten Kritik unterzogen:

> »Die beiden ersten Teile des Werkes handeln von der Vorgeschichte des totalen Staates. Doch der Leser wird nicht finden, was er gewöhnlich in ähnlichen Studien findet, nämlich Untersuchungen über die besondere Geschichte Deutschlands, Italiens oder Russ-

> lands […] Eher widmet Hannah Arendt zwei Drittel ihrer Arbeit dem Antisemitismus und dem Imperialismus, besonders dem Imperialismus englischer Art. Ich kann ihr nicht folgen […] Nur im dritten Teil, insoweit das Ganze hier zusammengefasst ist, scheint Hannah Arendt wirklich im Thema zu sein« (Mann 1951, S. 14).

Die dem Antisemitismus und dem Imperialismus gewidmeten Seiten hätten das Thema also im Wesentlichen verfehlt; aber es ging doch darum, die Genese eines Regimes, des Hitlerschen nämlich, zu erklären, das erklärtermaßen darauf aus war, in Mittel- und Osteuropa ein großes Kolonialreich zu errichten, das auf der Herrschaft einer rein weißen und arischen Rasse gründen sollte.

Mann konnte nicht verstehen, wieso das Britische Empire in diese Sache hineingezogen wurde. In seine Kritik an Arendt versuchte er auch Jaspers einzubinden, den er eindringlich fragte: »Glauben Sie, dass der englische Imperialismus, besonders Lord Cromers Herrschaft in Ägypten, etwas mit dem totalen Staat zu tun hat?« (Mann 1986, S. 321). Der deutsche Historiker betrachtete es als Verrat an der freien Welt, den Schatten eines Verdachts auf das Land zu werfen, das mehr als jedes andere die liberale Tradition verkörperte. Er hätte gut daran getan, die Beschreibung zu lesen, die Mitte des 19. Jahrhunderts ein berühmter liberaler britischer Historiker (Thomas B. Macaulay) von dem Regime vorgelegt hatte, das Indien von der Regierung in London in Krisensituationen aufgezwungen worden war: Es war eine »Terrorherrschaft«, der gegenüber »alle Ungerechtigkeiten der früheren Unterdrücker, asiatischer wie europäischer, als Segen erscheinen« (vgl. unten VI, 2). So führen uns, trotz der philisterhaften Empörung der Ideologen des Kalten Kriegs, die zeitgenössischen Regierungspraktiken in den Kolonien des liberalen Westens erneut zum Totalitarismus zurück.

Der heterogene Charakter der *Ursprünge* wurde auch von anderen Historikern wahrgenommen, die die Aufmerksamkeit auf die künstliche Anstrengung lenkten, aus dem »sowjetischen Kommunismus das totalitäre Äquivalent des Nazismus« zu machen, z. B.

durch die Erfindung eines bolschewistischen Panslawismus, der das Pendant des nazistischen Pangermanismus sei (H. Stuart Hughes, in Gleason 1995, S. 112); bezogen »auf den Stalinismus ist das Ergebnis des Buches […] weniger befriedigend als in Bezug auf Nazideutschland« (Kershaw 1999, S. 45f). Genauer: »In zahlreichen Passagen scheint die Analyse der Sowjetunion in mechanischer Weise der von Deutschland angeglichen worden zu sein, als sei sie später aus Gründen der Symmetrie eingefügt worden« (Gleason 1995, S. 112). Ja, das Buch von Arendt über den Totalitarismus »sollte vor allem erklären, wie es zum Aufstieg der Nationalsozialisten zur Macht kommen konnte. Die ersten beiden Abschnitte sind dem Antisemitismus und dem Imperialismus gewidmet, Themen also, die für das Wesen der Sowjetmacht kaum von Belang waren«; es lohnt sich mithin, sich von der Kategorie »Totalitarismus« zu verabschieden, die nur darauf abzielt, die UdSSR durch den künstlichen, aber »vernichtenden Vergleich« mit Hitlerdeutschland zu liquidieren (Kershaw 2019, S. 618; dazu auch S. 401ff).

Ausgehend von der Heterogenität des Buches ging es für Golo Mann darum, die ersten beiden Teile, die zusammen mit dem Antisemitismus den Kolonialismus und Imperialismus unter Anklage stellten, als ihr Thema verfehlend zu streichen, während es für die anschließend zitierten Historiker darauf ankam, den falschen und ideologischen Charakter des dritten Teils hervorzuheben, der sich den ideologischen und praktischen Zwängen des Kalten Krieges anpasste und eifrig versuchte, die Sowjetunion dem Dritten Reich gleichzusetzen. Und lesen wir jetzt *Empire*, einen Schlüsseltext des westlichen Marxismus: »Es ist als tragische Ironie zu bezeichnen, dass der nationalistische Sozialismus in Europa dem Nationalsozialismus ziemlich ähnlich war« (Hardt, Negri 2002, S. 125). Wenn sie die Bilanz der ersten Hälfte des 20. Jahrhunderts ziehen, abstrahieren die beiden Autoren von der Auseinandersetzung zwischen Kolonialismus und Antikolonialismus bzw. zwischen Unterstützung und Abschaffung der kolonialen Sklaverei und passen sich den Positionen der westlichen Gewinner des Kalten Kriegs an, die sich der

Kriminalisierung des Kommunismus verschreiben und dabei Kolonialismus und Imperialismus die Absolution erteilen oder sie zu einer Bagatelle reduzieren.

3. Das Dritte Reich – von der Geschichte des Kolonialismus zur Geschichte des Wahnsinns

Im ursprünglichen Ansatz der Philosophin war auch die Verbindung zwischen Imperialismus und Antisemitismus und zwischen Antisemitismus und Antikommunismus klar: Die »rassistischen Imperialisten« fühlten sich gedrängt, in den Juden, die sie beschuldigten, »auf internationaler Ebene organisiert zu sein und einer an den anderen durch das Blut gebunden« (Arendt 1946b, S. 34), einen Fremdkörper zu sehen; von diesen wurde behauptet, »die ethnischen Repräsentanten der Kommunistischen Internationale« zu sein, bei der es sich wiederum »um nichts anderes als um die jüdische Weltverschwörung der Weisen von Zion« (Arendt 1945b, S. 44 f) handelte.

In diesen Jahren stellte Arendt (1942b, S. 27 ff) Herzl einer anderen großen Persönlichkeit der jüdischen Kultur negativ gegenüber, das war Lazare. Im Gegensatz zu Ersterem hatte der Zweite versucht, die Emanzipation der Juden nicht dadurch voranzutreiben, dass er den Großmächten irgendein koloniales Zugeständnis entriss, sondern indem er den Kampf der Juden und den der anderen unterdrückten Völker, den Kampf gegen den Antisemitismus und den gegen kolonialen Rassismus in ein komplexes revolutionäres Projekt einfügte. Auf der Gegenseite stand Hitler als rücksichtsloser Feind sowohl der antikolonialen Revolution wie der Emanzipation der Juden.

In diesen Kontext gehört auch das monströseste Verbrechen des Dritten Reichs, der Judenmord. Der Imperialismus war charakterisiert durch den Anspruch, das »›Naturgesetz‹ des Rechts des Stärkeren« zur Geltung zu bringen, und die Tendenz, »die niederen, nicht lebenswerten Rassen« zu »vernichten« (Arendt 1945a, S. 23). Man musste sich vergegenwärtigen, dass die »Ausrottung von Eingeborenen« »fast an der Tagesordnung« war, wenn es um die »Errichtung von neuen Siedlungen [...] in Amerika, Australien und Afrika« (Arendt 1950, S. 9) ging. Wiewohl die Vernichtung des Judentums, was ihre systematische Durchführung betrifft, beispiellos ist, hatte sie doch ihre Wurzeln in einer von Völkermord übersäten Geschichte, in der Geschichte des Kolonialismus und des Imperialismus.

Es ist eine Geschichte – kann man ergänzen –, in deren Rahmen die Vernichtung nicht nur in die Tat umgesetzt worden war, sondern auch explizit theoretisch begründet wurde. Mit Blick auf die Unruhe, die sich unter den Kolonialvölkern bemerkbar zu machen begann, liebäugelten am Ende des 19. Jahrhunderts Persönlichkeiten und wichtige Kreise mit der Versuchung des Genozids. Theodore Roosevelt (1894/1951 S. 377) schrieb: Wenn »eine der niederen Rassen« die »höhere Rasse« angreife, könne jene nur mit einem »Vernichtungskrieg« (*war of extermination*) reagieren; wie »Kreuzzügler« seien die weißen Soldaten aufgerufen, »Männer, Frauen und Kinder zu töten«. Gewiss würde sich Protest erheben, doch der werde leicht zum Schweigen zu bringen sein, wenn die Macht oder die »weiße Kontrolle« in Gefahr seien.

In der Tat war die Unabhängigkeitsbewegung der Philippinen, die nach dem siegreichen Krieg gegen Spanien eine US-Kolonie geworden waren, einige Jahre später mit der systematischen Vernichtung von Ernten und Vieh konfrontiert, wobei die Bevölkerung massenhaft in Konzentrationslagern mit einer hohen Sterblichkeitsrate eingesperrt wurde, und sogar alle männlichen Wesen über zehn Jahren getötet wurden (Losurdo 2015a, V, 5). Roosevelts Stellungnahme ruft eine Frage hervor: Welches Schicksal erwartete die, die den »niederen Rassen« bei der Revolte gegen die Macht oder die »weiße Kontrolle« helfen würden?

Das Problem wurde mit der Oktoberrevolution und ihrem Appell an die »Sklaven der Kolonien«, ihre Ketten zu zerbrechen, aktuell. Im Jahre 1923 schlug Lothrop Stoddard, ein auf beiden Seiten des Atlantiks bereits berühmter Schriftsteller, Alarm wegen der tödlichen Gefahr, die der Zivilisation und der weltweiten ›weißen Vorherrschaft‹ durch die bolschewistische Agitation und den Aufstand der farbigen Völker drohte. Dabei unterstrich er die eminent wichtige Position, die die Juden »im ›Offizierskorps‹ der bolschewistischen und antikolonialen Revolte« einnahmen; ja, seit Marx spielten sie eine hervorragende Rolle in der »revolutionären Bewegung«; ihre »destruktive Kritik« mache aus ihnen »exzellente Führer der Revolution«, wie es besonders durch die Oktoberrevolution und durch das Auftauchen des »jüdisch-bolschewistischen Regimes von Sowjetrussland« bewiesen worden sei (Stoddard 1923, S. 152f). Also noch vor Hitler fand sich schon bei dem US-amerikanischen Theoretiker der ›weißen Vorherrschaft‹ der ein für alle Mal zu liquidierende Feind, nämlich das »jüdisch-bolschewistische Regime Sowjetrusslands«!

Die Parole, die später den mörderischen Vernichtungskreuzzug des Dritten Reichs prägen sollte, war in einem Buch ausgegeben worden, das in erster Auflage zehn Jahre vor Hitlers Machtergreifung publiziert worden war. Sein Autor war im Westen berühmt geworden durch ein Buch von 1921, das schon im Titel zum Kampf zur Verteidigung der »weltweiten weißen Vorherrschaft« gegen die »steigende Flut der farbigen Völker« (Stoddard 1921) aufrief. Und er wurde nicht müde zu wiederholen, dass gegen den *under man*, den »Untermenschen« (die rebellischen Kolonialvölker und ihre bolschewistischen und jüdischen Aufwiegler), der Rückgriff auf die radikalsten Maßnahmen unvermeidlich sei. Man konnte nicht auf halbem Weg stehen bleiben: »Meist« – so bemerkte er mit deutlich auch auf die Juden gerichtetem Blick – »wird man als Bolschewist geboren, man wird es nicht«; »es ist nicht möglich, den Untermenschen zu ändern«; »es ist die Natur selbst, die ihn als unempfänglich für Zivilisierung erklärt hat«; deshalb müsse man gegen die eingeschworenen Feinde der Zivilisation zu einer »kompletten Auslöschung« übergehen (Stoddard 1923, S. 233, 86f u. 212).

Der Krieg des Dritten Reichs gegen das bereits von Stoddard angeklagte »jüdisch-bolschewistische Regime Sowjetrusslands« markierte den Beginn einerseits des Judenmords, andererseits den der systematischen Liquidation der Kader der Kommunistischen Partei und des sowjetischen Staates sowie der Reduktion von Millionen Russen auf den Status von Kolonialsklaven, die von Anfang an dazu vorgesehen waren, an Entbehrungen, Hunger und an damit verbundenen Krankheiten zu sterben. Eine Schlussfolgerung drängt sich auf: Der Judenmord ist integraler Bestandteil des Kreuzzugs gegen den jüdischen Bolschewismus und Teil der kolonialen Konterrevolution; deren Hauptakteur ist dabei das Dritte Reich, der Beginn liegt aber außerhalb Deutschlands und vor Hitlers Machtergreifung.

Auf dieses Kapitel der Geschichte geht die frühe Arendt (1945b, S. 43f, 45) ein, indem sie bemerkt: es handelte sich bei der nationalsozialistischen Partei »seit Ende der zwanziger Jahre nicht mehr um eine rein deutsche Partei, sondern um eine internationale Organisation, deren Hauptquartier in Deutschland lag« und deren Ziel die Wiederbelebung der »weißen Vorherrschaft« war. All dies verschwand im dritten Teil der *Ursprünge*, umso mehr als der Übergang von der Kategorie des »rassistischen Imperialismus« zu der des »Totalitarismus« eine methodologische Verschiebung implizierte. Totalitarismus wurde nun psychologistisch und psychopathologisch verstanden. Was ihn charakterisiere, sei die »Verrücktheit«, die »totalitäre Verachtung für die Realität und die Faktizität«. Wenn wir näher auf Hitlerdeutschland und die »totalitäre Gesellschaft« eingingen, hätten wir das Gefühl, in eine Welt von Verrückten zu geraten. Dies liege nicht nur daran, dass »Strafe auferlegt wird ohne irgendeine Beziehung zur Straftat«. Es sei mehr: In dieser Gesellschaft wird

> »täglich und stündlich gelehrt […], dass Ausbeutung niemandem Profit zu bringen und dass Arbeit kein Ergebnis zu zeitigen braucht, [sie] ist ein Ort […], wo Sinnlosigkeit direkt erzeugt wird […] Während so die totale Herrschaft einerseits alle Sinnzusammenhänge zerstört, mit denen wir normalerweise rechnen und

> handeln, errichtet sie andererseits eine Art Suprasinn […] Der gesunde Menschenverstand, der behauptet, sich gerade auf die Wirklichkeit so ausgezeichnet zu verstehen […], ist diesem ideologischen Suprasinn gegenüber hilflos, sobald die totale Herrschaft darangeht, eine wirkliche und wirklich funktionierende Welt aus ihm zu entwickeln.« (Arendt, 1986, S. 938f)

Die Außenpolitik des Dritten Reichs selbst entspreche auch weder einer Logik noch einem Kalkül. Es entfache seine Kriege nicht aus »Machthunger«, »nicht um der Expansion und nicht der Macht selbst willen, sondern einzig aus ideologischen Gründen – um im Weltmaßstab zu beweisen, dass die jeweilige Ideologie recht behalten hat, und um auf der gesamten Erde die fiktive totalitäre Welt zu errichten, deren Stimmigkeit durch keine Tatsächlichkeit mehr gestört werden kann« (Arendt 1951/2017, S. 938ff). Mit anderen Worten, der Totalitarismus ist die Verrücktheit, die verrückt sein will. Die Philosophin leugnet so die wenige Jahre zuvor gemachte Beobachtung, wonach in der Geschichte des Kolonialismus die »neuen kolonialen Ansiedlungen in Amerika, Australien und Afrika« im Gleichschritt gingen mit der »Ausrottung der Eingeborenen«, die auch bei der Kolonisierung Osteuropas an der Tagesordnung war. Es stimmt, dass die genozidale Gewalt die Juden in ganz besonderer Weise traf. In diesem Zusammenhang fällt einem eine andere Beobachtung von Arendt ein: In den Augen der Nazis waren die Juden die »ethnischen Repräsentanten der Kommunistischen Internationale«; zusammen mit den Bolschewiki und von diesen schwer zu unterscheiden, waren sie die gefährlichsten Feinde der ›weißen Vorherrschaft‹, die man, koste es, was es wolle, verteidigen und erhalten musste. Wenn, ausgehend vom dritten Teil der *Ursprünge*, alles Verrücktheit ist und zwar Verrücktheit, bei der es sogar sinnlos ist, nach deren Methode zu suchen, hat es keinen Sinn, das Dritte Reich in die koloniale Tradition einzuordnen, die unbestreitbar durch »Machthunger«, Suche nach »Profit« und utilitaristisches Kalkül gekennzeichnet ist.

Man muss gleich sagen, dass die Methode oder der Mangel an Methode, woran Arendt festhält, immer weniger Zustimmung in der Geschichtsschreibung findet. Ich beziehe mich nicht nur auf die Historiker, die sie explizit kritisieren und die vom Dritten Reich verfolgten »utilitaristischen Ziele« unterstreichen (Aly, Heim 2004, S. 11). Vielleicht noch bedeutsamer sind jene Autoren, die, ohne die Philosophin auch nur zu nennen, auf einige wesentliche Punkte aufmerksam machen: Mit seinen im Osten geführten Vernichtungs- und Versklavungskriegen hat Hitler einen gigantischen Sklavenhandel in Bewegung gesetzt, der hervorragend geeignet war, die Produktion von Gütern und Waffen des kriegführenden Deutschland zu fördern; um sein Kolonialreich in Osteuropa aufzubauen, entfesselte der Führer den größten Kolonialkrieg der Geschichte; es war ein Krieg, der nicht nur von Armeen geführt wurde, sondern auch von Wellen von Siedlern, die aus Deutschland oder anderen Ländern kamen und den Spuren jener Weißen folgen sollten, jener europäischen Emigranten nach Nordamerika, die dort Vorreiter der Kolonisation des Westens und des Fernen Westens waren (vgl. Mazower 2009, S. 289 ff, 296 f für die Behandlung der Sklavenarbeiter; Olusoga/Erichsen 2010 für den Kolonialkrieg im Osten; Kakel III 2011 und Kakel III 2013 zum Hitlerschen Wilden Westen). Die Politik des Dritten Reichs ist nicht Ausdruck des hellen Wahnsinns, so wenig, wie es der eigentliche Sklavenhandel, die Expansion der nordamerikanischen Republik von einem Ozean zum anderen und die Kolonialkriege als solche sind.

Die späte Arendt reiht sich in eine Denktradition ein, die bezüglich der Revolution von 1848 (Tocqueville) oder der Pariser Commune (Hippolyte Taine) explizit von einem Irrenhaus spricht, die die großen historischen Krisen als Ausbrüche von Wahnsinn versteht und auf diese Weise die bestehende Ordnung vor radikaler Kritik schützt, die als Ausdruck mangelnden gesunden Menschenverstandes und pathologischer Realitätsferne gebrandmarkt wird (Losurdo 2012b). Tatsächlich erlaubt das psychopathologische

Paradigma Arendt, die Rolle des Kolonialismus zu entlasten und den liberalen Westen zu beschönigen, wobei der eine wie der andere als unschuldig am Horror der »Endlösung« betrachtet wird. Nachdem sie erst bekräftigt hatte, dass Hitlers Kampagne gegen den jüdischen Bolschewismus Juden und Kommunisten in eins setzte und sie, wenn auch auf unterschiedliche Art, gemeinsam niedermachte, tendiert sie umgekehrt im dritten Teil der *Ursprünge* dazu, aus dem Kommunismus des 20. Jahrhunderts einen Zwillingsbruder des Nazismus zu machen. Sind wir also erst einmal auf das psychopathologische Paradigma verfallen, um den Totalitarismus zu erklären, bleiben nur der Rückgriff auf die »Paranoia« und das widerliche Spiel, einen »Paranoiker« einem anderen gegenüberzustellen, beide als solche bezichtigt auf Grund einer Diagnose, die sich jeder Verifizierung entzieht und so eine souveräne und willkürliche Entscheidung der Interpretin darstellt.

Der westliche Marxismus hat es nicht verstanden, sich dieser ideologischen Operation zu widersetzen. Auf diese Weise ist der Gegensatz zum östlichen Marxismus, dessen Entstehung in den entscheidenden Momenten der Geschichte des 20. Jahrhunderts wir gesehen haben, erneut aufgetreten. Beim Ausbruch des Ersten Weltkriegs bestanden die Vertreter des sich herausbildenden östlichen Marxismus darauf, dass die Schrecken des Kapitalismus/Imperialismus nicht bis zum August 1914 gewartet hatten, um sich in den Kolonien zu manifestieren. Ein analoger Gegensatz entstand in Bezug auf den Zweiten Weltkrieg, den der westliche Marxismus zu Unrecht erst 1939 beginnen lässt, in dem Jahr, in dem der imperialistische Expansionismus in Europa auf die Spitze trieb, während er aber schon seit Jahren zum Schaden der Kolonien wütete. Indem er sich zu den Positionen der späten Arendt abflachte, schloss sich der im Sterben liegende westliche Marxismus schließlich von neuem der herrschenden Ideologie an und entwickelte den Diskurs über Macht und totale Institutionen unter vollständiger Abstraktion von der Kolonialwelt.

4. Auf der Anklagebank: Der Kolonialismus oder seine Opfer?

Es ist notwendig, die Wende, die sich bei Arendt mit dem Ausbruch des Kalten Krieges vollzieht, in ihrer ganzen Tragweite zu analysieren. Bereits das über das eine oder andere Land formulierte Urteil sah von dem den Kolonialvölkern vorbehaltenen Schicksal ab: »selbst Mussolini, der das Wort ›totalen Staat‹ zum ersten Mal gebrauchte, musste sich mit der Diktatur eines Einparteienstaats begnügen«. Dem faschistischen Italien wurden Franco-Spanien und das Portugal Salazars gleichgesetzt (Arendt 1951/2017, S. 664). Welche Art von Macht übten die drei Länder in den von ihnen unterworfenen Kolonien aus? Wie genozidal (und totalitär) sie auch gewesen sein mag, wurden die drei Länder des kolonialistischen Westens doch von der Anklage des Totalitarismus ausgenommen.

Im Vorwort zu Teil III von 1966 zu den *Ursprüngen* kam die Frage auf, ob man in Bezug auf das China Mao Zedongs (in Arendt 1951/2017, S. 633 ff) von »Totalitarismus« reden sollte, doch hinsichtlich des vom Land der aufgehenden Sonne versklavten China existierte ein solches Problem nicht. Und doch ging es um eine der schrecklichsten Seiten des 20. Jahrhunderts. Mit der Eroberung von Nanking 1937 war das Massaker zu einer Art Sport und zugleich des Vergnügens geworden: Wer wäre wohl schneller und effektiver beim Enthaupten der Gefangenen? Die Anwendung grenzenloser Macht und die Entmenschlichung des Feindes hatten eine ziemlich seltene Vollkommenheit erreicht, vielleicht sogar mit etlichen Zügen von »Einzigartigkeit«: Statt an Tieren wurde an Chinesen mit Vivisektionen experimentiert, und Chinesen bildeten lebendige Zielscheiben für japanische Soldaten, die einen Angriff mit dem Bajonett üben wollten. Die Anwendung grenzenloser Macht bezog auch die Frauen ein, die brutaler sexueller Sklaverei unterworfen wurden. Und gleichwohl wurde Verdacht des Totalitarismus von Arendt nur dem Regime gegenüber geltend gemacht, das alldem ein Ende gesetzt hatte.

Noch einmal. Wir haben gesehen, wie Lord Cromer, ein führendes Mitglied der britischen Kolonialverwaltung, als eine Art Proto-Eichmann dargestellt worden war, doch nun wollen wir ein paar Sätze lesen, die die Genese der »totalitären« Regierung erklären sollen:

> »Gerade weil totale Herrschaft ohne eine Massenbasis nicht möglich ist, scheint diese Herrschaftsform so außerordentlich geeignet, die Erbschaft des asiatischen Despotismus vor allem in China und Indien anzutreten, wo ein unerschöpfliches Menschenreservoir vorhanden ist, um den machtakkumulierenden und menschenzerstörenden Apparat totalitärer Bewegungen in Schwung zu halten, wobei noch hinzukommt, dass in Asien nicht die abendländisch-christliche Tradition von dem Wert jedes Menschenlebens dem Gefühl der Massen von der Überflüssigkeit der Menschen – ein Gefühl, das in Europa ganz neuen Datums ist und sich erst aus der außerordentlichen Bevölkerungszunahme der letzten 150 Jahre ergeben hat, um dann in den Krisen der Massenarbeitslosigkeit akut zu werden – entgegensteht« (Arendt 1951/2017, S. 667).

Weit entfernt davon, Kolonialismus und Imperialismus anzuklagen, endete der Diskurs über die Genese des Totalitarismus damit, dass deren Opfer, nämlich die Kolonialvölker, ins Visier genommen wurden. Und das geschah unabhängig von ihrer politischen Regierungsform, wie am Beispiel Indiens klar wird (eine Demokratie, wenn auch im Laufe des Kalten Kriegs oft mit der Sowjetunion verbündet). Schon das fast »unerschöpfliche Menschenreservoir« genügte als Voraussetzung oder Gefahr für den Totalitarismus.

Paradoxerweise griff Arendt schließlich ein klassisches Argument der kolonialistischen Ideologie wieder auf: Der Alarmruf über den »rassischen Selbstmord«, der der weißen Rasse drohe (wegen ihrer geringen Fruchtbarkeit sei sie unfähig, die menschliche Flut der kolonialen und farbigen Völker zu bewältigen), war ein Lieblingsmotiv von Theodore Roosevelt wie von Oswald Spengler (Losurdo 2011b, III, 5). Und es war auch Churchill nicht fremd bei seiner Verteidigung der britischen Kolonialherrschaft über ein Volk, das indische nämlich, das zu Ungehorsam und Rebellion neigt auch auf Grund seiner unbesonnenen und unkontrollierten »Vermehrung« (in Mukerjee 2010, S. 246 f). In ähnlicher Weise warnte Hitler vor der Gefahr, die das unkontrollierte Wachstum der Eingeborenen in der Ukraine und in Osteuropa für Deutschindien darstellte (Hitler 1942/1951, S. 453 f). Von der Verdammung der Kolonialherrschaft als erster Quelle und Ausdruck totalitärer Herrschaft bis zur Wiederaufnahme eines Gemeinplatzes kolonialistischer Ideologie, um die Kolonialvölker, allein schon aufgrund ihrer grenzenlosen Zahl, einer Neigung zum Totalitarismus zu bezichtigen: Die theoretische Atemlosigkeit von Arendts Versuch, die *Ursprünge* als Ganzes dem ideologischen Klima des Kalten Krieges anzugleichen, lag auf der Hand!

Es ist eine Rückentwicklung, die sich im Lauf der Zeit verschlimmert. Das geht besonders aus dem Essay *Über die Revolution* hervor. Hier ist Marx Urheber »der politisch jedenfalls verderblichsten Lehre der Moderne, dass das Leben der Güter höchstes und dass der Lebensprozess der Gesellschaft Zweck und Ende aller Politik sei«. Das Resultat ist katastrophal:

> »Mit der Einführung dieses ›Ideals‹ hat Marx die Freiheit an die Notwendigkeit ausgeliefert, nicht anders als Robespierre vor ihm und sein größter Schüler Lenin im Laufe der folgenschwersten Revolution, die sich auf ihn berufen kann, nach ihm« (Arendt 1974, S. 81).

Die drei größten Feinde der Freiheit und indirekt die gefährlichsten Vorkämpfer des Totalitarismus verkörpern nun Robespierre, Marx und Lenin. Es geht jeweils um den jakobinischen politischen Führer, der die Abschaffung der Sklaverei auf Santo Domingo und den Sieg der schwarzen Sklaven, geführt von Toussaint Louverture (auch er, nicht zufällig bekannt als »schwarzer Jakobiner« oder als Führer der schwarzen Jakobiner, hätte von Arendt stillschweigend in ihre

Auswahl der Freiheitsfeinde eingereiht werden können) besiegelt hat; um den Philosophen, der früher als andere die dem Kolonialismus innewohnende Barbarei angeprangert hat; um den Politiker, der sofort nach der Machtergreifung die »Sklaven der Kolonien« aufgerufen hat, ihre Ketten zu sprengen, womit er die antikoloniale Weltrevolution (großartiges Element des 20. Jahrhunderts) vorantrieb. In der Tat ist es nun nicht mehr der Kolonialismus, der auf der Anklagebank sitzt, sondern es sind seine großen Gegner; es wird auf die beiden Revolutionen als konsequente Feinde der Freiheit verwiesen, auf die Französische (und jakobinische) Revolution und auf die Oktoberrevolution, die den Zusammenbruch des weltweiten kolonialistischen Sklavensystems befördert haben.

Dieses Abdriften ist kein Zufall. Doch lassen wir das Missgeschick einmal dahingestellt, das Arendt für einen Moment dazu bringt, einen Topos der kolonialistischen Ideologie zu bemühen. Ein Punkt ist jedoch klar. Wenn man, wie es im dritten Teil der *Ursprünge* und in den weiteren Arbeiten geschieht, von der despotischen und im Grunde totalitären Herrschaft abstrahiert, die Kolonialismus und Imperialismus den kolonialen Völkern und denen kolonialer Herkunft auferlegen, und die furchtbaren Probleme ignoriert, die der Emanzipationsprozess für die unterworfenen Völker oder jene, die Gefahr laufen unterworfen zu werden, mit sich bringt, und sich ausschließlich auf das Vorhandensein oder Fehlen liberaler Institutionen konzentriert, die in der Lage sind, die Macht zu begrenzen, dann ist schon von vornherein klar, dass der Verdacht des Totalitarismus nicht auf die Verantwortlichen der Kolonialkriege, sondern auf ihre Opfer fallen wird.

Ein Bespiel: Das Frankreich der Juli-Monarchie, das sich Anfang 1830 in die Eroberung Algeriens stürzte, war liberaler als das von ihm unterworfene arabische Land. Jedenfalls war es eben dieses liberale Frankreich, das eine Politik formulierte und durchführte, die von Tocqueville folgendermaßen zusammengefasst wurde: »Alles zerstören, was einem dauernden Zusammenschluss der Bevölkerung gleicht oder mit anderen Worten einer Stadt. Ich glaube, es wäre von höchster Wichtigkeit, nicht eine einzige Stadt in den von Abd el-Kader (dem Anführer des Widerstands) kontrollierten Regionen bestehen oder entstehen zu lassen« (Losurdo 2011a, VII, 6). Nun, welchen Sinn hätte es, den Totalitarismusverdacht allein für die Opfer solcher erklärtermaßen genozidalen Politik geltend zu machen?

Jedenfalls trafen die *Ursprünge*, vielleicht auch auf Grund der Vergangenheit von Arendt, die eine Zeitlang selbst vom Denken von Marx und der kommunistischen Bewegung beeinflusst war, zumindest seit Anfang der 1970er Jahre auf keinen Widerstand in Kreisen des westlichen Marxismus, der nun in seinem Endstadium ankam.

5. Mit Arendt von der Dritten Welt zur »westlichen Hemisphäre«

Die bei Arendt mit Ausbruch des Kalten Krieges eingetretene Wende betraf nicht nur die Lesart der Vergangenheit. Machen wir einen Sprung von zwei Jahrzehnten bezogen auf die erste Auflage der *Ursprünge*. Es waren die Jahre, in denen die weltweite antikoloniale Revolution sich auch in den USA mit dem Emanzipationskampf der Afroamerikaner zeigte: Die Dritte Welt forderte das Ende eines mehrere Jahrhunderte währenden Kapitels der Geschichte, das im Zeichen des Kolonialismus wie des Neokolonialismus und der ›weißen Vorherrschaft‹ auf politischer, ökonomischer und ideologischer Ebene stand. Und gegen diese tumultuöse Bewegung der Kolonien, Exkolonien, Kolonialvölker und Völker kolonialen Ursprungs bezog die Philosophin mit einer unmissverständlichen Erklärung Stellung: »Die Dritte Welt ist keine Realität, sondern eine Ideologie«. Diese Erklärung wurde einige Jahre danach unterstrichen: Die Dritte Welt ist »eine Ideologie oder eine Illusion. Afrika, Asien, Lateinamerika: die sind Realität« (Arendt 1972, S. 123 u. 209f).

Aber wenn die Dritte Welt eine ideologische Abstraktion ist, warum sollte Asien dann eine »Realität« sein? Offensichtlich sprechen wir hier von politischen Realitäten: Es wäre absurd, Asien als geografische Kategorie der Dritten Welt gegenüberzustellen, die eindeutig eine politische Kategorie ist. Und in dem Moment, in dem Arendts Erklärung zustande kam, umfasste Asien entgegengesetzte politische Realitäten. Der Einkommensunterschied, der Japan von den weniger entwickelten Ländern trennte, war enorm, und lebendig war auch noch die Erinnerung an die Gräuel, mit denen das Reich der aufgehenden Sonne sich befleckt hatte bei dem Versuch, seine asiatischen Nachbarn zu kolonisieren und zu versklaven.

Wenige Jahre vor der eben erwähnten Erklärung ließ sich die Philosophin bei der Verurteilung der Revolutionen, die sich auf der Spur von Marx und Lenin bewegten, in ihrem Buch *Über die Revolution* zu einer anderen zwingenden Erklärung hinreißen: »Soweit die Erinnerung der Menschheit reicht, hat das menschliche Leben unter dem Fluch der Armut gestanden«, auch wenn »dieser Fluch heute aus den Ländern des Westens zu verschwinden scheint« (Arendt 1974, S. 142). »Länder des Westens«! Unter einer einzigen Kategorie wurden die unterschiedlichsten politisch-sozialen Realitäten vermischt: Das industriell am weitesten fortgeschrittene Land und die damals von Unterentwicklung und Massenelend am meisten betroffenen Länder; die Supermacht, die sich auf Basis der Monroe-Doktrin das Recht nahm, souverän in Lateinamerika einzugreifen, und die Länder, die gezwungen waren, solche Interventionen und die damit verbundene Lage als Halbkolonien zu ertragen. In *Über die Revolution* zitierte die Philosophin nur einmal James Monroe, und nannte ihn dort unmissverständlich einen Verfechter der Sache der Freiheit (Arendt 1974, S. 83/369, Anm. 4); es gab weder einen Hinweis auf die Sklaven in seinem Besitz, noch auf die Doktrin, die von ihm den Namen hatte und die neokoloniale Herrschaft der nordamerikanischen Republik über den gesamten Kontinent, über die »westliche Hemisphäre« beanspruchte.

Gerechtfertigt im Namen der Zurückweisung von »Abstraktionen«, endet die Flucht vor der Dritten Welt bei einer noch abstrakteren Entität (politisch-sozial gesprochen). Doch diese zweite Abstraktion weist sofort auf ein ganz bestimmtes Land, über das die

Philosophin sich erneut sehr deutlich äußert: »Der Kolonialismus und der Imperialismus der europäischen Nationen« sind »das große Verbrechen, in das Amerika niemals verwickelt war« (Arendt 1958, S. 46). In diesem Bilde gibt es (eine unglaubliche Unterschlagung!) keinen Raum für den Krieg gegen Mexiko und seine Zerstückelung, für die Kolonisierung und Annexion Hawaiis, für die Eroberung der Philippinen und die rücksichtslose Unterdrückung der Unabhängigkeitsbewegung, bisweilen unter expliziter Nutzung der genozidalen Praktiken, die seinerzeit gegen die Indianer angewandt worden waren.

Damit stoßen wir auf die spektakulärste Verdrängung: diejenige der Enteignung, Deportation und Dezimierung der Eingeborenen, um sich das Land anzueignen, das oft dank der Arbeit von schwarzen Sklaven kultiviert wurde, die aus Afrika deportiert wurden und auf dieser Reise unter einer sehr hohen Sterberate litten. Dieses Kapitel der Geschichte hat nicht zufällig Hitler inspiriert, der in den »Eingeborenen« Osteuropas die Indianer ausmachte, die enteignet und schließlich dezimiert werden sollten, um die Germanisierung der eroberten Territorien zu ermöglichen, während die Überlebenden dazu bestimmt waren, wie die schwarzen Sklaven im Dienste der Herrenrasse zu arbeiten. Nun, dieses Kapitel der Geschichte, das die Zeitspanne des kolonialen Expansionismus des Westens umfasst und dessen ganzen Horror in sich vereint, hätte, so Arendt, zumindest was die US-amerikanische Anfangsphase angeht, nichts zu tun mit der Geschichte des Kolonialismus!

Anfang des 20. Jahrhunderts bemerkte ein berühmter britischer Politiker und Philosoph, dass das Werk *Demokratie in Amerika* von Tocqueville »weniger eine politische Studie als ein Werk der Erbauung ist« (Bryce 1901, S. 325). In diese letzte Kategorie passt auch die Arbeit *Über die Revolution* von Arendt. Es handelt sich um zwei Texte, die die Gründung der USA als größtes Kapitel der Geschichte der Freiheit feiern, ohne ein Wort darüber zu verlieren, dass die neugeborene nordamerikanische Republik in ihrer Verfassung die schwarze Sklaverei verankert und Jahrzehnte lang die Sklavenbesitzer entscheidenden Einfluss auf die politischen Institutionen nehmen sieht. »In einer Periode, in der die Bewegung für die Abschaffung der Sklaverei schon auf beiden Seiten des Atlantiks im Gang war« (Ferguson 2011, S. 129), nahm die Institution der Sklaverei ihre härteste Ausformung an (der weiße Besitzer konnte die Mitglieder der schwarzen Familie, die er besaß, bei Bedarf als separate Stücke oder Waren einzeln verkaufen) und triumphierte politisch und konstitutionell. Veröffentlicht kurz nach der ersten großen antikolonialen Revolution (der von Santo Domingo/Haiti) und mit Missbilligung von jener sprechend, drückte die *Demokratie in Amerika* ihre Bewunderung für die USA aus, die versuchten, das von den früheren Sklaven regierte Land auszuhungern und zur Kapitulation zu zwingen. *Über die Revolution* erblickte das Licht der Welt am Höhepunkt der weltweiten antikolonialen Revolution, und seine Autorin gerierte sich wie Tocqueville: Sie verurteilte diese Revolution und errichtete jener Supermacht, die diese mit jeglichem Mittel niederzuschlagen suchte, ein Denkmal.

Trotz alledem übte Arendt weiterhin einen großen Einfluss auf den westlichen Marxismus aus. Wir werden sehen, dass die These, wonach der Kolonialismus und der Imperialismus den USA fremd gewesen seien, bei Hardt und Negri unkritisch wieder aufgenommen wird (vgl. unten, IV, 10). Man könnte sagen, dass der Weg von Arendt (Flucht vor der antikolonialen Revolution und der Dritten Welt und Landung in der »westlichen Hemisphäre« und ihrem mythisch verklärten Führungsland) auch der Weg der Autoren von *Empire* ist.

6.
Foucault und die Entfernung der Kolonialvölker aus der Geschichte

Zusammen mit Arendt sorgte ein anderer Autor, bereits in den 1960er Jahren von Althusser anerkannt (Althusser, Balibar 1965, S. 30f, 58, 135f), der damals der angesehenste marxistische Philosoph war, dafür, den Bruch des westlichen Marxismus mit der antikolonialen Revolution irreparabel zu machen. Ich beziehe mich auf Michel Foucault. Dank seiner Analyse der Durchdringung oder Allgegenwart der Macht nicht nur in den Institutionen und gesellschaftlichen Beziehungen, sondern bereits im konzeptionellen Rahmen, strahlte er eine Aura von faszinierendem Radikalismus aus, die es erlaubte, abzurechnen mit der Macht und der Weltanschauung als Grundlage des »realen Sozialismus«, dessen Krise immer deutlicher wurde.

In Wirklichkeit ist der Radikalismus nicht nur offensichtlich, sondern kippt in sein Gegenteil um. Der Gestus der Verurteilung eines jeden Machtverhältnisses, ja jeder Form von Macht, sowohl innerhalb der Gesellschaft wie im Diskurs über die Gesellschaft, macht jene *bestimmte Negation* ziemlich problematisch oder unmöglich, jene Negation eines »bestimmten Inhalts«, die, mit Hegel gesprochen, die Voraussetzung einer realen Transformation der Gesellschaft ist, die Voraussetzung der Revolution (Hegel 1812/1969-79, Bd. 5, S. 49). Hinzu kommt, dass das Bemühen um die Kennzeichnung und Entmystifizierung der Herrschaft in all ihren Formen überraschende Lücken ausgerechnet da enthüllt, wo Herrschaft sich in ihrer ganzen Brutalität zeigt: spärlich oder nicht existent ist die Beachtung der Kolonialherrschaft.

An dem Protest gegen das Massaker an den Algeriern in Paris, den Sartre unterstützte und an dem auch Pierre Boulez, ein Freund von Foucault, teilnahm, scheint Letzterer sich nicht beteiligt zu haben. Allgemeiner gesagt, er spielte keine Rolle im Kampf gegen die Folter und die schreckliche Repression, mit der die Macht versuchte, den nationalen Befreiungskampf in Algerien niederzuschlagen. In Bezug auf Foucault wurde mit Recht festgestellt, dass »seine Kritik der Macht auf Europa gerichtet bleibt« (Taureck 2004, S. 40 u. 116).

In seinen Werken sind die Kolonialvölker und die Völker kolonialer Herkunft auch auf historischer Ebene abwesend. So ist die Behauptung zu erklären, dass am Ende des 19. Jahrhunderts »in Europa und den Vereinigten Staaten« das »Verschwinden des Spektakels der Bestrafung« und der »öffentlichen Ritualisierung des Todes«

sich zu zeigen begonnen habe (Foucault 1975, S. 13 f; Foucault 1976, S. 213). Die hier vorgeschlagene Periodisierung bezieht sich auf die 1757 an Robert-François Damiens (verantwortlich für ein gescheitertes Attentat auf Ludwig XV.) vollzogene und von Foucault mit einer Fülle grausamer Details rekonstruierte Folter (1975, S. 9 ff). Wenn wir allerdings auch die Afroamerikaner in dieses Bild einbeziehen, müssen wir sagen, dass wir zwischen dem Ende des 19. und dem Anfang des 20. Jahrhunderts nicht das Verschwinden, sondern den Triumph des »Spektakels der Bestrafung« und der »öffentlichen Ritualisierung des Todes« vor uns haben. Und so wurde in den USA der *white supremacy* der Schwarze hingerichtet, der (oft zu Unrecht) beschuldigt worden war, einen Angriff auf die sexuelle und rassische Reinheit einer weißen Frau unternommen zu haben:

> »Ankündigungen der Hinrichtungen wurden in den Lokalzeitungen publiziert und Ersatzwagen wurden an die Züge angehängt für bisweilen tausende Zuschauer, die aus kilometerweit entfernten Gegenden kamen. Um dem Lynchen beizuwohnen, konnten die Schulkinder einen freien Tag bekommen.
>
> Das Spektakel konnte Kastration einschließen, Häutung, Röstung, Erhängung, Erschießung. *Souvenirs* für Käufer konnten Finger und Zehen sein, Zähne und Knochen, ja die Genitalien des Opfers, als wären es Ansichtskarten von dem Ereignis« (Woodward 1998, S. 16).

Wir sind hier recht weit entfernt von der Rekonstruktion der Geschichte der »Ökonomie der Bestrafung« (»in Europa und den Vereinigten Staaten«) und von der »modernen Seele«, wie sie der französische Philosoph konstruiert: In den ersten Jahren des 20. Jahrhunderts »hat die Bestrafung nach und nach aufgehört, eine Inszenierung zu sein, und alles daran, was Spektakel sein konnte, ist inzwischen mit einem negativen Werturteil belegt« (Foucault 1975, S. 13 f u. 27). In Wirklichkeit wurden, was die Afroamerikaner angeht, Hinrichtung und Tod zu einem aufsehenerregenden Spektakel ohnegleichen gemacht und, weitab davon, nur für außergewöhnliche Ereignisse (Attentat auf einen König oder Staatschef) reserviert zu sein, fast zur täglichen Praxis.

7.
Foucault und die esoterische Geschichte des Rassismus...

All das wird von dem französischen Philosophen ignoriert, und es handelt sich dabei nicht um einen Verkehrsunfall. Er skizziert eine bizarre Geschichte des Rassismus, sogar so bizarr, dass sie schließlich esoterisch wird. Zusammengefasst: »In der Mitte des 20. Jahrhunderts« entsteht in Frankreich im Gegensatz zur annalistischen Tradition, die der staatlichen Souveränität verpflichtet ist, ein ganz neuer Diskurs, antiautoritär und revolutionär, der die Gesellschaft in als einander bekämpfende Rassen (oder Klassen) zerlegt und »ein Prinzip der Heterogenität einführt: die Geschichte der einen ist nicht die Geschichte der anderen« (Foucault 1976, S. 73 u. 65).

Doch einige Zeit später vollzieht sich eine Wende: »Die Idee der Rasse mit allem, was sie zugleich mit sich bringt an Monistischem, Statischem und Biologischem, wird die Idee des Kampfes der Rassen ersetzen«. Es ist eine echte Kehrtwende: »Der Rassismus repräsentiert sprichwörtlich den revolutionären Diskurs, aber verkehrt herum«. Doch es gilt: »Die Wurzel, aus der sie kommen, ist dieselbe« (Foucault 1976, S. 74). So ließen sich die Tragödie und der Horror des 20. Jahrhunderts erklären. Das Dritte Reich »nimmt das am Ende des 19. Jahrhunderts verbreitete Thema eines Staatsrassismus wieder auf, der damit befasst ist, die Rasse zu schützen«. Was das aus der Oktoberrevolution hervorgegangene Land angeht: »Was der revolutionäre Diskurs als Klassenfeind bezeichnete, wird im Rassismus des Sowjetstaats zu einer Art biologischer Gefahr« (Foucault 1976, S. 75).

Das ist eine Rekonstruktion, die zahlreiche Probleme aufwirft. An erster Stelle: Der »Staatsrassismus« bricht erst im 20. Jahrhundert aus? Diese Periodisierung haben schon lange zuvor die Abolitionisten in Zweifel gezogen, die die US-amerikanische Verfassung schon im 19. Jahrhundert als Pakt mit dem Teufel brandmarkten und auf den Straßen verbrannten, weil sie die Rassensklaverei festschrieb; oder jene Abolitionisten, die dem Gesetz von 1850 über entlaufene Sklaven vorhielten, jeden US-Bürger zwingen zu wollen, zum Menschenjäger zu werden: Mit Strafe bedroht wurde nicht nur derjenige, der versuchte, den verfolgten Schwarzen vor seinen rechtmäßigen Eigentümern zu verstecken oder ihm zu helfen, sondern auch derjenige, der nicht zu seiner Ergreifung beigetragen hätte (Losurdo 2011a, IV, 2). Zur teilweisen Rechtfertigung Foucaults könnte man sagen, dass er dieses Kapitel der Geschichte nicht kennt; aber er hätte wenigstens den Kommentar von Marx lesen können über das *Fugitive Slave Law*: »Sklavenfänger für die südlichen Sklavenhalter zu spielen, schien der konstitutionelle Beruf des Nordens« (MEW 15, S. 333). Jedenfalls haben wir nicht einen Rassismus vor uns, der sich nur auf der Ebene der Zivilgesellschaft manifestiert: auf der Grundlage expliziter konstitutioneller und juristischer Normen wurde die Entscheidung über die soziale Stellung und das Schicksal eines Individuums auf der Grundlage eines Gesetzes über die Rassenzugehörigkeit festgestellt und sanktioniert; das ist eindeutig »Staatsrassismus«.

Wenn schon die These, dass der »Staatsrassismus« zum ersten Mal im 20. Jahrhundert aufgetaucht sei, jeglicher Grundlage entbehrt, ist es dann zumindest unstrittig, dass es die Geburt des Dritten Reichs sei, die »das Entstehen eines absolut rassistischen Staates« markierte? (Foucault 1976, S. 225) Der besondere Horror, mit dem Hitlerdeutschland sich befleckte, der Horror des Judenmordes, steht außer Frage, doch um diesen geht es hier nicht wirklich. Lesen wir einen maßgeblichen US-amerikanischen Historiker des Rassismus: »Die Nazi-Definition eines Juden war nie so streng wie die ›the one drop rule‹ genannte Norm, die bei der Klassifizierung der Schwarzen in den Gesetzen über die Rassenreinheit im Süden der Vereinigten Staaten galt«; was einen Juden auf Basis der Nürnberger Gesetze definierte, war auch die Zugehörigkeit des einen oder anderen Vorfahren zur jüdischen Religion, während in den USA die

Religion überhaupt keine Rolle bei der Definition des Schwarzen spielte. Was alles entschied, war das Blut, auch ein einziger Tropfen Blut (Fredrickson 2002, S. 8 u. 134f).

Wenn wir dann die Vereinigten Staaten vor den Sezessionskriegen betrachten, sind wir mehr denn je zu einer Schlussfolgerung gezwungen: Hier erscheint die Realität des Rassenstaates mit noch mehr Klarheit als im Dritten Reich; Hitler besaß keine Sklaven (weder schwarze noch weiße), während, wie wir wissen, die ersten Jahrzehnte der Geschichte der nordamerikanischen Republik hindurch quasi all ihre Präsidenten Besitzer von (schwarzen) Sklaven waren. Doch in der Geschichte, die Foucault vom Rassismus zeichnet, ist kein Platz für die Afroamerikaner und auch nicht für die Kolonialvölker oder die Völker kolonialen Ursprungs in ihrer Gesamtheit. Deshalb ist das Verständnis des Faschismus beeinträchtigt: Wir sehen, wie der Hauptideologe des Nazismus (Alfred Rosenberg) sich drei Jahre vor Hitlers Machtergreifung auf den »Rassenstaat«, der in den USA (im Süden) noch bestand, als Modell beruft, das man bei dem Aufbau des Rassenstaats in Deutschland berücksichtigen solle.

Allgemeiner: Die Verdrängung des Kolonialismus macht ein adäquates Verständnis des Kapitalismus unmöglich. Wenn wir die kapitalistischen Länder zusammen mit den Kolonien analysieren, die in ihrem Besitz sind, können wir schnell erkennen, dass wir eine doppelte Gesetzgebung vor uns haben, eine für die Rasse der Eroberer, die andere für die Rasse der Eroberten. In diesem Sinn begleitet der Rassenstaat oder (mit Foucaults Worten) »der Rassismus des Staates« wie ein Schatten die Geschichte des Kolonialismus (und des Kapitalismus); nur dass dieses Phänomen in den Vereinigten Staaten, aufgrund der räumlichen Nähe, in der die verschiedenen »Rassen« leben, deutlicher zu Tage tritt.

Leider abstrahiert der französische Philosoph bei seiner Rekonstruktion der Geschichte des Rassismus nicht nur von der kolonialen Tradition, sondern auch von der politisch-sozialen Geschichte als solcher. Er geht nicht von der Begegnung bzw. dem Zusammenstoß verschiedener Kulturen aus und von dem Verhältnis, das der Westen nach und nach zu der kolonialen oder halbkolonialen Welt hergestellt hat. Er konzentriert sich auf ein Kapitel der Ideengeschichte, das sich auf den Westen, ja vor allem auf Frankreich bezieht. Es handelt sich hier nicht um das Land (Mutterland und Kolonien), das im Laufe der Revolution das rassistische Sklavenhalterregime in Santo Domingo (wie auch in der benachbarten nordamerikanischen Republik) verurteilt, das auf der durch Gesetz festgeschriebenen Herrschaft der »Aristokratie der Epidermis« und des »Adels der Haut« basiert. Es geht nicht um das Land, in dem die erste epische Kraftprobe zwischen Verfechtern und Gegnern der schwarzen Sklaverei und des Rassenstaates stattfand.

Nein, ein anderes Frankreich steht im Mittelpunkt der von Foucault geschriebenen Geschichte des Rassismus. Auch wenn er sich ziemlich vage ausdrückt und keine konkreten Texte oder Autoren benennt, bezieht er sich auf einen Diskurs, der sich im Zuge der Revolution herausbildet und den politisch-sozialen Konflikt – nicht im französischen Kolonialimperium als Ganzem, sondern im Mutterland Frankreich (von den Kolonien abstrahierend) – in rassischen Begriffen liest: Während Boulainvilliers die Privilegien der Adligen als Erben der siegreichen Franken verteidigte, forderten Autoren wie Sieyès und Thierry dagegen das Recht der Gallo-Romanen (oder des Dritten Standes) ein, die ihnen von eben jenen Franken auferlegte Herrschaft abzuschütteln.

Erneut springt die ungewöhnliche Vorgehensweise Foucaults ins Auge, der nicht bei Boulainvilliers beginnt, sondern bei seinen Gegnern: Die Revolutionäre sollen die ersten gewesen sein, die den politisch-sozialen Konflikt in rassischen Begriffen gelesen hätten. Doch abstrahieren wir einfach davon: Waren die Kritiker Boulainvilliers tatsächlich von Rassismus infiziert, hatten sie wirklich vor, eine biologistische und unüberwindliche »Heterogenität« zwischen den kämpfenden politisch-sozialen Subjekten zu Tage zu fördern? Obwohl Sieyès von Rassen und Völkern in Kampf und Krieg sprach, bestritt er das absolute Privileg, das die Verfechter der Aristokratie beanspruchten, die »schließlich dahin kämen, sich als eine andere

Spezies Mensch zu betrachten«, eine höhere Art (Sieyès 1788/1985, S. 99). Wie der Hinweis auf das gemeinsame Menschsein zeigt, haben wir, wenn überhaupt, eine Kritik des Rassismus vor uns, nicht seine Theoretisierung. Ist nun »die Geschichte der Einen« wirklich »nicht die Geschichte der Anderen«?

Tatsächlich begann Thierry, als er 1853 die Geschichte des Dritten Standes schrieb, mit der Schlacht zwischen Franken und Galliern, endete aber damit, die fortschreitende »Fusion der Rassen« zu rühmen, das fortschreitende Verschwinden der »Rassenunterschiede« und der »legalen Konsequenzen des Unterschieds der Abstammung«, und all das auf der Woge eines Kampfes, bei dem die Leibeigenen und die Ausgeschlossenen überhaupt die Feudalherren polemisch mit folgenden Worten angingen: »Wir sind Menschen wie sie« (Thierry 1853, S. 411, 413 u. 424). Ist das ein rassistischer Diskurs oder eine Kritik daran?

Was schließlich Boulainvilliers betraf, so rechtfertigte er natürlich die Privilegien seiner Herkunftsklasse, indem er sich auf einen Konflikt zwischen unterschiedlichen »Rassen« bezog, doch dabei handelte es sich immerhin um zum Westen gehörende Rassen; er verglich den Dritten Stand mit den Gallo-Romanen, die zwar besiegt, aber dem Bereich der Zivilisation nicht fremd waren; er verglich ihn nicht mit den Schwarzen der Kolonien, d.h. mit einer »Rasse«, die als von Natur aus minderwertig angesehen wurde und nur zur Sklavenarbeit fähig war. Mit seiner Theorie hatte Boulainvilliers sicher nicht vor, die Bourgeoisie, die in Frankreich einen beachtlichen sozialen Aufstieg erlebt hatte, der Sklaverei oder der kolonialen Unterdrückung zu unterwerfen; er hatte die Absicht, den exklusiven Charakter der aristokratischen Privilegien zu betonen. Der Prozess der authentischen Rassifizierung traf dagegen an erster Stelle die Kolonialvölker (und an zweiter die Volksklassen der Metropole, die oft mit den Wilden der Kolonien verglichen wurden), und beteiligt an solchen Prozessen war die oberste Schicht des Dritten Standes, die das Thema des gemeinsamen Menschseins nur im Kampf gegen die Privilegien der Aristokratie verwendete.

All das überschreitet Foucaults historisch-konzeptionellen Rahmen. In ihm ist kein Platz für die jahrhundertelangen Prozesse der Rassifizierung und Enthumanisierung, von denen die Kolonialvölker betroffen sind, ebensowenig wie für die großen Kämpfe um Anerkennung, angefangen mit dem, der im Laufe der Radikalisierung der Französischen Revolution zur Abschaffung der Sklaverei in den Kolonien führt. Wir müssen uns fragen: Ist zur Klärung der Geschichte des Rassismus die in Frankreich unter Beteiligung einiger weniger Intellektueller geführte Debatte über Franken und Gallo-Romanen tatsächlich wichtiger als die Eroberungskriege zum Nachteil jener Völker, die zunehmend als ein Haufen von *homunculi* betrachtet werden, Völker ohne wirkliche Menschenwürde und deshalb dazu bestimmt, versklavt und ausgerottet zu werden, wie es im Laufe dessen geschah, was dann bisweilen wegen seiner Dimension als der »größte Genozid der Menschheitsgeschichte« (Todorov 1982, S. 7) bezeichnet wurde, nämlich das, was sich in Folge der Entdeckung/Eroberung Amerikas vollzog? Was Frankreich angeht: Ist das Kapitelchen der Ideengeschichte, auf das Foucault seine Aufmerksamkeit konzentriert, bedeutender als die Revolution oder der Krieg in Santo Domingo zur Erhaltung oder Abschaffung der schwarzen Sklaverei? Es handelt sich um eine gigantische Konfrontation, in die große Menschenmassen einbezogen sind und die ein zentrales Kapitel der Weltgeschichte darstellt. Doch all dies ist zu sehr von materiellen Elementen durchdrungen (die Ketten der realen Sklaverei, der Profit aus dem Sklavenhandel und aus den von Sklaven produzierten Gütern) und zu bekannt, um Foucaults Interesse zu erregen, der lieber beweisen will, dass Revolution und Rassismus Hand in Hand gehen, und auf eine Originalität aus ist, die an Esoterik grenzt.

Der antirevolutionäre Eifer und der Esoterikkult erreichten ihren Höhepunkt in der Auslegung der dreißig Regierungsjahre Stalins als ein Regime im Zeichen des staatlichen und biologischen Rassismus. Die traditionelle Theorie des Totalitarismus behauptet eine Nähe von Hitlerdeutschland und der Sowjetunion Stalins und setzt sie in mehr oder weniger radikaler Weise gleich. Doch es bleibt immer noch ein großer Unterschied und sogar ein klarer Gegensatz auf ideologischer Ebene: Das erste Land proklamiert offen das Ziel, ein auf ›weißer und arischer Vorherrschaft‹ gegründetes Kolonialreich zu erbauen; das zweite steht für den Kampf gegen Kolonialismus und Rassismus. Foucault dagegen widmet sich einem Vorhaben, das den Unterstützern der zeitgenössischen Totalitarismustheorie stets zu gewagt erschien: Er setzt Hitler und Stalin auch auf ideologischer Ebene gleich, insoweit als beide Verfechter des »biologischen Rassismus« seien. Das ist eine zweifellos neue These, doch wird sie durch irgendeinen Beweis gestützt oder durch Argumente, die einem Beweis ähneln?

Was das Verhältnis zum äußeren Feind angeht, bemerkte Nolte, der oberste Geschichtsrevisionist, dass im Laufe des Zweiten Weltkriegs die »rassistische« Darstellung Deutschlands im Westen durchaus gängig, in »einer Art Replik« der Lesart des Konflikts, die »dem Nationalsozialismus teuer war«; ganz anders jedoch in der Sowjetunion, die sich an eine »historische Darstellung« hielt. In der Tat war es nicht Stalin, sondern Roosevelt, der mit einer biologischen Lösung liebäugelte: »Wir müssen das deutsche Volk kastrieren oder so behandeln, dass es nicht weiter Leute produzieren kann, die sich verhalten wollen wie in der Vergangenheit«. Es ist kein Zufall, dass Benedetto Croce am Ende des Zweiten Weltkriegs in seiner Kritik an einem solchen Vorhaben betonte, dass die angesprochenen »Sterilisierungen« dem »von den Nazis selbst gegebenen Beispiel« folgten. In der Tat waren im Dritten Reich der »Endlösung« immer wiederkehrende Programme oder Empfehlungen zur »Massensterilisation der Juden« vorangegangen. Im Übrigen wusste Croce nicht, dass das Dritte Reich seinerseits viel von der eugenischen und rassistischen Tradition der USA gelernt hatte, wie es aus den Erklärungen von Rosenberg und Hitler selbst hervorgeht. Bleibt die Tatsache, dass der liberale Philosoph mit seiner punktuellen Bemerkung schon im Vorhinein die fantastische Geschichte des Rassismus, die der radikale französische Philosoph gezeichnet hat, widerlegt.

Was den inneren Feind betrifft: Unter Bezugnahme auf eine Erklärung Stalins, nach der »der Sohn nicht für den Vater haftet«, verkündete die »Prawda« Ende 1935 die Rücknahme einer Diskriminierung, die es Kindern der privilegierten Klassen verbot, zur Universität zu gehen. Für sich spricht die pädagogische Obsession, die nach dem Zeugnis einer bewährten antikommunistischen US-Historikerin (Anne Applebaum) den Gulag kennzeichnete: Bis zuletzt, während Hitlers Vernichtungskrieg wütete und sich das ganze Land in einer absolut tragischen Lage befand, kümmerte man sich darum, »Geld und Zeit« zu finden und aufzubringen für »die Propaganda, die Programme und Versammlungen zur politischen Indoktrination«. Der terroristische Charakter der Diktatur und der Horror des Gulag stehen fest, doch wo findet sich die Biologie? Man muss die politisch-moralische Entspezifizierung (Ausschluss aus der menschlichen und zivilen Gemeinschaft), die Religionskriege und ideologische Kriege beherrscht und dem Opfer den Ausweg der Bekehrung lässt, von der rassistischen Entspezifizierung, die von Natur aus unüberwindlich ist, unterscheiden (vgl. Losurdo 2007, IV, 2 u. 5: zur Bemerkung Noltes zu dem Projekt der Zwangssterilisation von Deutschen von F. D. Roosevelt für die Deutschen; V, 9 u. II, 8: über die verschiedenen Formen der Enthumanisierung; Losurdo 2012a, S. 180 ff zu Applebaum und der UdSSR Stalins). Wir können größte Empörung über den Kreuzzug gegen die Albigenser oder die Bartholomäusnacht empfinden, aber ich kenne keine Historiker oder Philosophen, die diese beiden Ereignisse in die Geschichte des biologischen Rassismus einbeziehen!

Ein letzter Gedanke. Als Foucault seine hier analysierte Vorlesung am Collège de France hält – im Jahr 1976 –, ist das System der Apartheid im rassistischen Südafrika noch sehr lebendig. Andererseits hatte Arendt zehn Jahre zuvor auf das Verbot aufmerksam gemacht, das nach wie vor gemischtrassige Ehen in Israel betraf, und auf andere Bestimmungen ähnlicher Art, die in paradoxer Analogie zu den »berüchtigten Nürnberger Gesetze[n] von 1935« standen (Arendt 1986, S. 75). Doch wenn der französische Autor sich im Zeichen des »Staatsrassismus« auf die Suche nach einer anderen, dem Dritten Reich vergleichbaren Realität begibt, so gelingt es ihm, nur in der Sowjetunion fündig zu werden, in dem Land also, das seit seiner Gründung beim Vorantreiben der Emanzipation der Kolonialvölker eine entscheidende Rolle gespielt hatte und noch 1976 an vorderster Stelle stand bei der Verurteilung der anti-schwarzen und anti-arabischen Politik Südafrikas beziehungsweise Israels.

8.
... und der Biopolitik

Nicht weniger esoterisch und nicht weniger von antirevolutionärem Eifer durchdrungen ist die Geschichte der von Foucault rekonstruierten »Biopolitik«, der Kategorie also, die ihren außerordentlichen Erfolg eben diesem französischen Philosophen verdankt. Er bedient sich ihrer, um den Horror des 20. Jahrhunderts zu erklären. Hier die historische Bilanz, die er in letzter Instanz zieht: Seit Beginn des 20. Jahrhunderts setzen sich eine neue Vision und eine »neue Machttechnologie« durch. Es geht nicht mehr wie in der Vergangenheit darum, den Körper der Individuen zu disziplinieren; nun wird die Macht »auf das Leben der Menschen angewandt, oder besser, betrifft nicht so sehr den Körper-Mensch als vielmehr den Menschen, der lebt, den Menschen als lebenden«, sie betrifft »intime Prozesse, die spezifisch für das Leben sind, wie Geburt, Tod, Produktion, Krankheit«, die »Reproduktion« des menschlichen Lebens (Foucault 1976, S. 211 u. 209 f). Ja, mit dem Aufkommen der Biopolitik »hat die Macht im 20. Jahrhundert vom Leben Besitz ergriffen« oder zumindest »das Leben erschwert«, was »gleichbedeutend damit ist, dass die Macht dahin gelangt ist, die ganze Oberfläche zu besetzen, die sich vom Organischen zum Biologischen erstreckt, vom Körper zur Bevölkerung«, zu den »biologischen Gemeinschaftsprozessen«; heute muss »die Sicherheit des Ganzen in Bezug auf seine inneren Gefahren« garantiert werden.

Bereits als solche ist die biopolitische Wende voll von Gefahren. Hinzu kommt dann der Rassismus oder besser der staatliche und biologische Rassismus, der fordert, »eine Trennung einzuführen, nämlich zwischen dem, was leben, und dem, was sterben soll«. Er verwandelt die Biopolitik in eine Praxis des Todes (Foucault 1976, S. 218, 215 u. 220). Hieraus entsprängen die katastrophalen Folgen, die wir schon aus der UdSSR Stalins und aus dem Deutschland Hitlers kennen.

Wie schon im Falle der Geschichte des Rassismus, ist im Falle derjenigen der Biopolitik das Schweigen über den Kolonialismus, der doch der Geburtsort des einen (wie wir gesehen haben) wie der anderen (wie wir gleich sehen werden) ist, ohrenbetäubend. Erhellend ist, was in Amerika mit der Ankunft der *conquistadores* geschah. Die Eingeborenen waren oft dazu verurteilt, sich zu Tode zu arbeiten. Eine beinahe unbegrenzte Zahl an potenziellen Sklaven stand zur Verfügung, und auch an jenen mangelte es nicht, die sich daran machten, ihren Reichtum zu mehren, indem sie die Reproduktion des menschlichen Viehs förderten, dessen Besitzer sie waren:

> »Las Casas berichtet, dass der Preis einer Sklavin steigt, wenn sie schwanger ist, genauso wie bei den Kühen. »Dieser unwürdige Mann hat geprahlt, hat sich – ohne irgendeine Scham zu zeigen – gegenüber einem Kleriker gerühmt, alles dafür getan zu haben, viele Indianerfrauen zu schwängern mit dem Ziel, für sie einen besseren Preis zu bekommen, wenn er sie als schwangere Sklavin verkaufe« (Todorov 1982, S. 213).

Das Zeugnis von Las Casas bezog sich auf eine Zeit, in der die Rothäute noch nicht durch Schwarze als versklavte Arbeitskräfte ersetzt waren. Als diese Veränderung eintrat, wurden die Ersten in der Tat mit unbrauchbarem, sperrigem Ballast gleichgesetzt und dazu bestimmt, vom Angesicht der Erde gelöscht zu werden, während die Zweiten dazu verurteilt waren, als Sklaven zu arbeiten und sich zu vermehren. Um die rassische Hierarchie zu festigen und zu perpetuieren, wurden in den englischen Kolonien Nordamerikas und dann in den USA zwei Regeln angewandt: Einerseits das Verbot der *Ras-*

senmischung oder der »Bastardisierung«, d.h. das Verbot sexueller oder ehelicher Beziehungen zwischen Mitgliedern der »höheren« Rasse und Mitgliedern der »niederen Rassen«. Auf diese Weise trennte eine strenge rechtliche und eine biopolitische Barriere die Herren- und die Sklavenrasse, und das waren ausreichende Garantien dafür, dass die Letztere weiterhin gefügig und gehorsam blieb. Wenn es notwendig war, wurde die zweite Methode angewandt: Ein unter schrecklichen Qualen zugefügter Tod erwartete diejenigen, die Anzeichen zeigten, die Lektion nicht verstanden zu haben. War das ungestörte Funktionieren der Einrichtung der Sklaverei erst garantiert, war das menschliche Vieh angehalten, zu wachsen und sich zu vermehren.

1832 erklärte Thomas R. Dew, ein einflussreicher Ideologe des Südens, ohne jede Scham und nicht ohne Stolz, dass Virginia ein »Staat zur Zucht von Negern« sei: In einem Jahr exportierte er 5000 von ihnen. Ein Pflanzer rühmte sich, seine Sklaven seien »Zuchttiere von außerordentlicher Qualität«. Unter Sklavenbesitzern bestand eine weit verbreitete Methode der Kapitalvermehrung in der Ermutigung zu früher Mutterschaft und generell in der Förderung von Geburten: Nicht selten waren bereits 13- oder 14-jährige Mädchen Mütter und hatten mit zwanzig fünf Kinder zur Welt gebracht; sie konnten sogar ihre Freilassung erreichen, wenn sie ihren Patron um zehn oder fünfzehn neue kleine Sklaven reicher gemacht hatten (Franklin 1947, S. 149). Das war eine Praxis, die Marx' Beachtung nicht entging. Er analysierte mit folgenden Worten die in den USA am Vorabend der Sezessionskriege herrschende Situation: Einige Staaten waren spezialisiert auf die *Negerzucht* (MEW 23, S. 467) oder auf »breeding of slaves« (MEW 30, S. 290); indem sie von den traditionellen »Exportartikeln« absehen, »züchten« diese Staaten »Sklaven« als zu exportierende Waren (MEW 15, S. 336).

Das war der Triumph der Biopolitik. Während die *conquistadores* sich auf eine (wiewohl stets tolerierte und von der politischen Macht ermutigte) Biopolitik privaten Charakters stützten, haben wir nun eine Biopolitik vor uns, die nach präzisen Regeln und Normen umgesetzt wird; es ist eine Biopolitik des Staates (und daneben ein Rassismus des Staates). Der Staat, die »Macht«, beschäftigt sich mit den »biologischen Gemeinschaftsprozessen«, »hat Besitz ergriffen vom Leben« und tut das in radikalster Form, indem er eine drastische »Trennung zwischen dem, was leben, und dem, was sterben soll« aufstellt: Die Zucht der Schwarzen geht Hand in Hand mit der Deportation und Dezimierung der Eingeborenen. Die Trennung reproduziert sich innerhalb der Schwarzen: Soweit sie verdächtigt werden, »die Sicherheit des Ganzen« zu gefährden (um auch hier die Sprache Foucaults zu verwenden), werden sie als nicht lebenswert angesehen und getötet, die übrigen werden dazu angehalten, zu wachsen und sich als Sklaven zu vermehren.

Später, zu Beginn des 20. Jahrhunderts, fasst John A. Hobson, der ehrenwerte englische Liberale, den Lenin in seinem Essay über den Imperialismus umfassend genutzt hat, die Biopolitik des kapitalistisch-kolonialistischen Westens folgendermaßen zusammen: Die Bevölkerungsteile, die »von den überlegenen weißen Siedlern gewinnbringend ausgebeutet werden können« überleben (und sind auch zur Vermehrung angehalten), während die anderen »zum Verschwinden neigen« (oder genauer dazu: dezimiert und ausgelöscht zu werden) (Hobson 1902, S. 214).

Von diesem zentralen Kapitel der Geschichte der Biopolitik, dem kolonialistischen Kapitel, findet sich bei Foucault keine Spur. Doch sein Schweigen hört hier nicht auf. Auch in der kapitalistischen Metropole verdichtete sich eine überflüssige und unproduktive Bevölkerungsschicht. Auch sie war Ballast und erinnerte manchmal an die Indianer. Ein ähnliches Schicksal erwartete die einen wie die anderen. Es war die von Benjamin Franklin klar ausgedrückte Überzeugung, die er bezüglich der Eingeborenen äußerte:

> »Wenn es in die Pläne der Vorsehung passt, diese Wilden auszurotten mit dem Ziel, Platz zu schaffen für die Kultivatoren des Landes, scheint mir, dass der Rum das geeignete Mittel wäre. Er hat schon alle Stämme ausgelöscht, die vorher die Küste bewohnten.«

Sechs Jahre zuvor hatte Franklin einen Arzt mit folgenden Worten gewarnt:

> »Die Hälfte der Leben, die Sie retten, haben es nicht verdient, gerettet zu werden, weil sie unnütz sind, während die andere Hälfte nicht gerettet werden sollte, weil sie perfide ist. Wirft Ihnen Ihr Gewissen niemals die Gottlosigkeit dieses permanenten Krieges gegen die Pläne der Vorsehung vor?«

Eine ähnlich radikale Behandlung hat die Biopolitik dem externen wie dem internen Ballast der kapitalistischen Metropole vorbehalten. Wie bei den echten Indianern trennte die Biopolitik bei den »Indianern« der Metropole souverän die Leben, die »es wert waren, gerettet zu werden«, von den anderen, oder, um es mit Foucault zu sagen, das, »was leben, von dem, was sterben soll«. Hundert Jahre nach Franklin sprach Nietzsche sich für die Vernichtung der »dekadenten Rassen« und von »Millionen Misslungener« aus.

Das Problem der Biopolitik durchdrang jeden Aspekt der kapitalistischen Gesellschaft. Wie sollte man sich die gefügige und unterwürfige Arbeitskraft sichern, die der Kapitalismus braucht? Sieyès träumte davon, den gesellschaftlichen Konflikt dadurch lösen zu können, dass man Schwarze mit Menschenaffen paarte: Er hoffte, dass daraus eine natürliche Sklavenrasse entstehen würde. Etwas realistischer war Jeremy Bentham, der vorschlug, zusammen mit Vagabunden auch ihre Nachkommen in zartem Alter in »Arbeitshäuser« (der Zwangsarbeit) zu sperren, um sie später zu verkuppeln und eine »Klasse von Eingeborenen« zu schaffen, gewöhnt an Arbeit und Disziplin. Es wäre »die sanfteste aller Revolutionen« – versicherte der englische Liberale – oder, wie wir mit der heute üblichen Sprache sagen könnten, die biopolitische. Vor diesem politisch-ideologischen Hintergrund versteht man die Erfindung der »Eugenik« in England, einer neuen Wissenschaft, zu deren überzeugtesten Anhängern in Europa Nietzsche zählte und die in den USA weite Verbreitung und Anwendung fand (zu all dem vgl. Losurdo 2011a, I, 5 u. IV, 6; Losurdo 2009, XIX).

Auch dieses zweite Kapitel der Geschichte der Biopolitik, jenes im eigentlichen Sinne kapitalistische, wird von Foucault ignoriert, der auch dem dritten keine Beachtung schenkt, das wir als das Kriegskapitel bezeichnen könnten. In der Tat entsteht der Begriff der Biopolitik auf der Woge des Ersten Weltkriegs und der Erste, der ihn nutzt, ist der Schwede Rudolf Kjellén. Wir sind im Jahr 1920. Das Klima ist deutlich von dem Entsetzen über das Ausmaß des gerade beendeten Massakers geprägt, umso mehr, als der soeben geschlossene Frieden vielen wie ein bloßer Waffenstillstand vorkommt, der einer neuen gigantischen Kraftprobe und einem neuen Gemetzel vorausgeht. Andererseits verbreitet sich nach dem von der Oktoberrevolution und von Lenin ausgehenden Aufruf an die »Sklaven der Kolonien«, ihre Ketten zu sprengen, weithin im Westen die Angst vor der antikolonialen Revolution, die sich abzeichnet, ja schon begonnen hat.

Unter diesen Umständen läuft die Fruchtbarkeit der Kolonialvölker Gefahr, anstatt die Zahl der Sklaven und Halbsklaven zu vermehren, die möglichen Feinde des Westens und der großen Kolonialmächte zu vervielfachen. Und so verbreitet sich in den USA und in Europa die Klage über den Selbstmord oder den »Rassenselbstmord«, dem jene Großmächte entgegengingen, die Abtreibung oder Geburtenrückgang tolerierten. Es gibt keinen Mangel an jenen, die sich eine schreckliche Frage stellen: Lohnt es, während die totale Mobilmachung auch in wirtschaftlicher Hinsicht im Gange ist, Ressourcen nach dem Gießkannenprinzip für die Behandlung von Unheilbaren zu verteilen, die im neuen, am Horizont heraufziehenden Krieg nur zur Last fallen können, oder sollte man sie nicht in Lagern zusammenfassen, um die Zahl der wirklichen und potenziellen Kämpfer zu erhöhen und deren Lage zu verbessern? Auch hier wird klar, dass Politik »Biopolitik« geworden ist.

Die drei Kapitel, von denen hier die Rede ist, können auf konzeptueller Ebene unterschieden werden, sind aber auf chronologischer Ebene nicht voneinander zu trennen. Schauen wir, was in England in den Jahren vor dem Ersten Weltkrieg geschah. Einer der Experten der königlichen Kommission, die zum Studium des Problems der »Geistesschwachen« eingesetzt wurde, warnt: Sie »senken die allgemeine Kraft der Nation«, auch drohen sie, die »nationale Zerstörung« hervorzurufen. Der von Churchill weit verbreitete Bericht empfiehlt energische Maßnahmen: Man muss die »Geistesschwachen«, die Asozialen und die voraussichtlichen Gewohnheitsverbrecher (zwangs-)sterilisieren; die »faulen Vagabunden« wiederum sollten in Arbeitslagern eingesperrt werden. Nur so könne man »eine nationale und rassische Gefahr, die nicht übertrieben werden kann«, adäquat angehen. Schon einige Zeit zuvor hatte sich Churchill einem seiner Cousins so anvertraut: »Die Verbesserung der britischen Rasse (*Zucht*) ist mein politisches Lebensziel«. Der Wissenschaftler, der dieses Kapitel der Geschichte untersucht hat, kommentiert: Als Home Secretary war Churchill 1911 Befürworter »drakonischer« Maßnahmen, die »ihm persönlich eine fast unbegrenzte Macht über das Leben der Individuen eingebracht hätten« (Ponting 1994, S. 100ff; Ponting 1992).

Von diesen drei Kapiteln der Biopolitik findet sich bei Foucault, der den Begriff benutzt, als habe er ihn erfunden, keine Spur. Tatsächlich hat er ihn in letzter Instanz radikal wieder-erfunden: Die Kategorie »Biopolitik« steht heute neben der des »Totalitarismus« und ergänzt sie. In beiden Fällen bezweckt man, die Stalinsche UdSSR in die Nähe des Hitlerschen Deutschland zu rücken, bisweilen indem man in das Verdammungsurteil schließlich den Sozialismus als solchen und den Wohlfahrtsstaat einbezieht (Foucault 1978-79/2004, S. 113f u. 195f). Ähnlich geht Hayek vor, der auch die Unterstützer des Sozialismus jeglicher Form und des Sozialstaats des »Totalitarismus« bezichtigt. Noch einmal: Trotz des Anscheins, den er sich gibt und trotz seiner radikalen Gesten landet Foucault weitgehend bei der flachen herrschenden Ideologie. Es versteht sich von selbst, dass diese Verflachung in der möglichst radikalen Verdrängung der Kolonialgeschichte am deutlichsten wird.

9. Von Foucault zu Agamben (über Levinas)

Zu den Philosophen mit Bezug zum heute in Agonie liegenden westlichen Marxismus gehört zu einem gewissen Teil Giorgio Agamben, der bisweilen mit Horkheimer und Adorno oder Alain Badiou verglichen wird (Žižek 2009a, S. 126, 207 u. 420) und Autor in Sammelbänden gemeinsam mit den renommiertesten Vertretern des westlichen Marxismus ist (Agamben et. al., 2009). Hier will ich mich nur mit dem wichtigen Beitrag beschäftigen, den er zur Zerstörung der Verbindung zwischen dem westlichen Marxismus und der antikolonialen Revolution beigesteuert hat, deshalb beziehe ich mich allein auf seine *Einleitung* (Agamben, 2012) zu der 1996 erschienenen Übersetzung von *Einige Betrachtungen über die Philosophie des Hitlerismus* von Emmanuel Levinas, ursprünglich veröffentlicht 1934. Es handelt sich um nur wenige Seiten, die sich jedoch auf die Themen beziehen, die im Zentrum meiner Arbeit stehen.

Das Lob von Agamben ist groß und feierlich (2012, S. 9): »Der Text von Levinas, den wir hier vorstellen, ist vielleicht der einzige gelungene Versuch der Philosophie des 20. Jahrhunderts, mit dem entscheidenden Ereignis dieses Jahrhunderts, dem Nazismus, abzurechnen«. Worum geht es? Nach dem hier hochgelobten Autor negiert der Hitlerismus das Fundament des »Liberalismus«, der »europäischen Zivilisation«, des »westlichen Geistes«, »die Struktur des Denkens und der Wahrheit in der westlichen Welt«, und weist die These der »unbeschränkten Freiheit des Menschen gegenüber der Welt« zurück, der »souveränen Freiheit der Vernunft« (Levinas 1934, S. 25f, 33f u. 28). Dem allem setzt der Nazismus »das Biologische mit der ganzen Fatalität, die es mit sich bringt« entgegen, »die mystische Stimme des Blutes«, die Idee der Rasse. Wann hat die Perversion begonnen, die »das traditionelle Denken des Westens« in Frage stellt? »Der Marxismus weist zum ersten Mal in der westlichen Geschichte dieses Menschenbild zurück«. Weit davon entfernt, »die absolute Freiheit, die Wunder vollbringt«, anzuerkennen, halte Marx fest, »dass das Sein das Bewusstsein bestimmt«; auf diese Art und Weise mache er einen »Überraschungsangriff auf die europäische Kultur, bricht die harmonische Kurve ihrer Entwicklung ab« (Levinas 1934, S. 32 f u. 29 f). Es ist der Anfang der Katastrophe, die im Nazismus kulminiert: Der Historische Materialismus ebnet den Weg zum biologischen Rassismus.

Traditionell werden Marx und die von ihm ausgehende politische Bewegung aus einem entgegengesetzten Grund angeklagt, sich nämlich der *Hybris* der Vernunft und der Praxis hingegeben zu haben und mit abenteuerlichen Experimenten des Social Engineering eine radikal neue Gesellschaft und Welt errichten zu wollen. In dieser Kritik steckt ein Funken Wahrheit: Jede große revolutionäre Bewegung neigt dazu, die Bedeutung und den Widerstand der gesellschaftlichen Realität zu unterschätzen, die Rolle der Praxis in einer manchmal unverhältnismäßigen Weise zu erhöhen und in das zu verfallen, was ich den »Idealismus der Praxis« genannt habe (Losurdo 2016a, IX, 1-2). Es ist kein Zufall: Als Gramsci im Kerker den Wunsch verspürte, die faschistische Zensur zu umgehen, erkannte er die Notwendigkeit, sich eines Synonyms für Marxismus oder Historischen Materialismus zu bedienen, und sprach von der »Philosophie der Praxis«, aber gewiss nicht von einer »Philosophie des Seins«!

Doch um ja die These von der Kontinuität vom Historischen Materialismus zum biologischen Rassismus zu beweisen, schreckt Levinas nicht vor einem Gewaltakt zurück. Er erkennt Marx die These zu, wonach »das Sein das Bewusstsein bestimmt«, doch er macht sich nicht die Mühe zu erklären, um welche Art von »Sein« es sich handelt. Gut, schauen wir in *Zur Kritik der Politischen Ökonomie*: »Es ist nicht das Bewusstsein der Menschen, das ihr Sein bestimmt, sondern umgekehrt ihr gesellschaftliches Sein, das ihr Bewusstsein bestimmt« (MEW 13, S. 9). Das gesellschaftliche Sein ist die Geschichte, aber welchen Sinn hat es dann, diesen Ort der unaufhörlichen Veränderungen, dem Blut, der biologischen Natur gleichzusetzen, die von den Vorkämpfern des Rassismus als Synonym für eine ewige Wahrheit gefeiert wird und schließlich mit den

Irrungen, Abweichungen, Phantasien und ideologischen Mystifikation abrechnen werde, von denen der Geschichtsprozess so reich ist?

Die These von Levinas und Agamben ist die Wiederaufnahme eines alten Gemeinplatzes, der schon am Ende des 19. Jahrhunderts von einem hervorragenden Vertreter der »europäischen Zivilisation« und des »westlichen Geistes« widerlegt worden ist. Ich beziehe mich auf Émile Durkheim. Der große Soziologe unterscheidet klar zwischen Historischem Materialismus und »politisch-sozialem Darwinismus«, welch Letzterer »nur darin besteht, die Entwicklung der Institutionen mittels der spezifischen Prinzipien und Konzepte der zoologischen Entwicklung zu erklären«. Ganz anders die materialistische Geschichtsauffassung von Marx:

> »Sie sucht die ursächlichen Triebkräfte der geschichtlichen Entwicklung [...] in dem *künstlichen* Milieu, das die Arbeit der assoziierten Menschen neu geschaffen und der Natur hinzugefügt hat. Sie macht die sozialen Erscheinungen nicht vom Hunger, vom Durst und vom Geschlechtstrieb etc. abhängig, sondern von dem Stand, den die *menschliche Geschicklichkeit* erreicht hat, von den Lebensweisen, die daraus resultieren, mit einem Wort von kollektiven *Werken.*« (Durkheim 1897, S. 116f, zu Antonio Labriola mit Bezug auf Marx).

Ich habe die Begriffe kursiv hervorgehoben, die eine antizipierende Widerlegung einer Lesart von Marx bedeuten, wie Levinas sie bevorzugt. Gewiss, aus dessen Sicht bedeutet eine Philosophie, die die Rolle des »gesellschaftlichen Seins« unterstreicht, immer eine gefährliche Gratwanderung. Doch auch auf diesen Vorwurf hat Durkheim im Vorhinein geantwortet: Es ist eine Hauptregel der »soziologischen Methode«, nicht die bewussten Intentionen und Vorstellungen der Individuen heranzuziehen, sondern die Situationen, Verhältnisse, die »sozialen Fakten« (Durkheim 1895, S. 164). »Unter dieser Bedingung, und nur unter dieser, kann die Geschichte eine Wissenschaft werden und kann folglich die Soziologie existieren«. Das ist ein Punkt, an dem die Konvergenz mit dem Historischen Materialismus so klar wird, dass der französische Soziologe hinzufügt: Zu dieser Schlussfolgerung »sind wir gekommen, bevor wir Marx kannten, dessen Einfluss wir überhaupt nicht ausgesetzt waren« (Durkheim 1897, S. 118f). Folglich wäre für die ruinöse Wende, die in den Nazismus mündete, auch einer der größten Soziologen mitverantwortlich, ein Intellektueller jüdischer Herkunft im Frankreich der Dritten Republik.

Die These, wonach Marx mit der Unterstreichung der »materiellen Interessen« sich auf einen abschüssigen Hang begeben habe, der zum Triumph des biologisch-rassistischen Materialismus führe, ist auf der Ebene der Geschichte wie der Philosophie einfach ein Nonsens. Das »System der Bedürfnisse« ist ein Abschnitt der Hegelschen *Grundlinien der Philosophie des Rechts*, die er mit einem diesbezüglichen Lob der politischen Ökonomie und einer Würdigung von Smith, Say, Ricardo beginnt (§ 189). Levinas und Agamben laufen Gefahr, einen beträchtlichen Teil des intellektuellen Pantheons des Westens als Vorläufer des Dritten Reichs zu entlarven!

Ohne eine philosophische Grundlage zu haben, entwickeln sich die Betrachtungen von Levinas und Agamben in einem völlig imaginären historischen Raum. In den Jahren vor der Veröffentlichung des Textes des französischen Philosophen wurde im Westen eine wütende Kampagne gegen den Marxismus und den Bolschewismus explizit im Namen der Biologie geführt. Für diese erbärmlichen Doktrinen sei »die einfache Existenz höherer biologischer Werte ein Verbrechen«; »eine Schlacht bis zum letzten Blutstropfen zwischen Biologie und Bolschewismus« sei im Gange. Letzterer widerspreche wütend der »neuen biologischen Entdeckung (*revelation*)«, nicht nur, indem er eine »antirassistische« Haltung annehme und die »farbigen Rassen« aufwiegele, sondern auch, indem er sich der »eugenischen Wahrheit« widersetze, die fordere, dass die Gesellschaft sich auf die eine oder andere Art und Weise von den Unterlegenen befreie (Stoddard 1921, S. 220; Stoddard 1923, S. 223 u. 86).

Die Katastrophe könne nur abgewendet werden, indem man mit allen Mitteln die Wahrheit der Biologie gegen die marxistischen und bolschewistischen Wahnvorstellungen bekräftige. Der sich so äußerte, war ein zuerst von zwei US-Präsidenten (Warren G. Harding und Herbert C. Hoover) gerühmter und später in Berlin von Hitler feierlich empfangener US-Intellektueller (Losurdo 2011b, III, 5). Es waren die Jahre, in denen das im Süden der USA bestehende Regime der *white supremacy* eine solche Anziehung auf den Nazismus ausübte, dass ihr Oberideologe von der nordamerikanischen Republik als einem »glänzenden Land der Zukunft« sprach, dem das Verdienst zukomme, die glückliche »neue Idee eines Rassenstaates« formuliert zu haben, eine Idee, die man »mit jugendlicher Kraft« in Deutschland selbst in die Praxis umsetzen solle, indem man sie nicht nur gegenüber Schwarzen und Gelben, sondern auch gegen die Juden anwende (Rosenberg 1930, S. 673). Wie man sieht, ist es sinnlos, den liberalen Westen dem marxistischen und nazistischen Biologismus entgegenzuhalten. Das erwähnte Kapitel der Geschichte wird von Levinas und Agamben souverän ignoriert. Sie leiten a priori die Bedeutung des Dritten Reichs aus einer Idee ab, die zwar den Anspruch erhebt, tiefgründig zu sein, jedoch, weil sie von der Geschichte abstrahiert, hohl ist.

Während sie auf der einen Seite eine Karikatur des Historischen Materialismus zeichnen, nehmen Levinas und Agamben auf der anderen Seite eine Sicht auf das Dritte Reich ein, die man als hollywoodesk bezeichnen könnte: Die sofort an ihrer Rohheit erkennbaren Nazis, denen es nur darauf ankommt, von Blut, Rasse und Waffen zu reden, und die absolut unfähig sind, einen Diskurs zu verstehen und zu artikulieren, der sich auf Innerlichkeit, Seele, geistige und kulturelle Werte bezieht. In Wirklichkeit können bereits die größten, vom Dritten Reich angezogenen Intellektuellen solche Stereotypen widerlegen: Heidegger, Schmitt etc. Vor allem, drückte es sich in der Persönlichkeit des Führers aus: Wie seine wichtigsten Biografen unterstreichen, hegte er von frühester Jugend an »Träume, ein großer Künstler zu sein«. Die

Ausübung brutalster Macht hinderte ihn nicht daran, jene von der Liste echter Führer zu streichen, die keinen Sinn für Kunst hatten, und an die Lehrer zu appellieren, sich dafür einzusetzen, »in den Menschen den Instinkt für Schönheit zu wecken«: Für das, »was die Griechen als das Wesentliche betrachteten« (Losurdo 2009, XXIV, 6).

Die nazistischen Anführer verschmähten es nicht einmal, der Moral zu huldigen, der »›in der Stille hörbaren Stimme‹, von der Goethe und Kant gesprochen haben«, dem »kategorischen Imperativ« wie auch der »Freiheit«, dem »Gefühl der Verantwortung« und der »Kultur der Seele«, die all dies einschließt (Rosenberg 1930, S. 339 u. 336). Es genügt, die Kolonialvölker aus der bürgerlichen Gemeinschaft, der moralischen Gemeinschaft, der menschlichen Gemeinschaft auszuschließen, und schon kann eine Politik der Versklavung der dienstbaren Rassen und der Vernichtung der jüdisch-bolschewistischen Agitatoren, die diese zu einem wahnsinnigen Aufstand treiben, sehr wohl Hand in Hand gehen mit dem Lob des kategorischen Imperativs und der Feier der moralischen, künstlerischen, kulturellen und geistigen Werte des Westens und der weißen arischen Rasse. Wenn man also das Dritte Reich verstehen will, muss man mit der Wiederaufnahme und Radikalisierung der kolonialen Tradition (und des ihr innewohnenden Rassismus) beginnen, d. h. mit dem von Levinas und Agamben ignorierten und verdrängten Problem.

Das Neue, das sich bei diesen beiden Autoren vollzieht, ist nicht zu unterschätzen. Die geläufige Theorie des Totalitarismus und der Biopolitik stellte das Dritte Reich und die Sowjetunion auf eine Stufe, doch Marx war davon, soweit nicht ausgespart, nicht direkt betroffen. Nun jedoch verleumdet man als Ausgangspunkt des Niedergangs, der im Dritten Reich mündet, das in Osteuropa ein koloniales Sklavenreich zu errichten sucht, um so die ›Vorherrschaft der weißen, arischen Rasse‹ zu sichern, einen Philosophen, der zusammen mit dem ganzen Kolonialsystem die schwarze Sklaverei mit feurigen Worten anprangert und sich über die Sympathie empört, mit der wichtige Sektoren der liberalen britischen Welt auf die sezessionistische Konföderation der Sklavenhalter schaut. Auf der anderen Seite wird die liberale Welt makellos reingewaschen, die über Jahrhunderte umfassend in das weltweite kolonialistische Sklavenhaltersystem eingebunden war mit dem im Süden der USA noch in den ersten Jahrzehnten des 20. Jahrhunderts bestehenden Regime der *white supremacy* die Bewunderung der Naziführer wecken konnte. Es ist ein totales Unverständnis der wirklichen Geschichte, das sich zu allem Überfluss im Zeichen eines übertriebenen Pathos für Europa und den Westen entfaltet, denen der Nazismus alles andere als fremd war.

10.
Negri, Hardt und das unverhohlene Lob des Empires

Die geheime Geschichte des Rassismus und der Biopolitik ist eine indirekte Apologetik des liberalen Westens, dessen führende Rolle in der Geschichte des kolonialen Expansionismus und des mit ihm verbundenen Rassismus verschwiegen oder weitgehend unterschätzt wird. Mit Negri (und mit Hardt) ändert sich das Bild dagegen: Die Apologetik wird direkt und unverhohlen. Und emphatisch. Das mag wie ein polemisches Urteil scheinen. Um diesen Eindruck zu widerlegen, kann eine Art intellektuelles Experiment oder, wenn man so will, ein Spiel dienen. Wir wollen zwei Textstellen vergleichen, die auf sehr verschiedenartige Autoren zurückgehen, beide jedoch bemüht, die Vereinigten Staaten positiv Europa gegenüberzustellen. Die erste würdigt »die amerikanische Erfahrung« und betont »den Unterschied zwischen einer in Freiheit entstandenen Nation, die dem Prinzip verpflichtet ist, wonach alle Menschen gleich geschaffen sind, und den Nationen des alten Kontinents, die gewiss nicht in Freiheit entstanden sind«.

Und nun die zweite:

> »Gründete die amerikanische Demokratie denn nicht auf der Demokratie des Exodus, auf affirmativen und nicht-dialektischen

> Werten, auf Pluralismus und Freiheit? Sorgten nicht diese Werte sowie die Vorstellung immer neuer Grenz- und Siedlungsräume dafür, dass sich die Ausweitung ihrer demokratischen Basis fortlaufend vollzog, und zwar ungeachtet jedes abstrakten Hindernisses der Nation, der ethnischen Zugehörigkeit und der Religion? […] Als Hannah Arendt behauptete, dass die amerikanische Revolution der französischen überlegen sei, da die amerikanische eine unbegrenzte Suche nach politischer Freiheit sei, während es sich bei der Französischen Revolution lediglich um eine begrenzte Auseinandersetzung aufgrund von Knappheit und Ungleichheit gehandelt habe, pries sie nicht nur ein Freiheitsideal, das die Europäer gar nicht mehr kannten, sondern reterritorialisierte es in den Vereinigten Staaten.«

Welche der beiden hier zitierten Textstellen ist apologetischer? Schwer zu sagen: Beide bewahren tiefstes Schweigen über das Schicksal der Eingeborenen, der Schwarzen, über die Monroe-Doktrin, die Unterwerfung der Philippinen und die erbarmungslose und teilweise genozidale Unterdrückung der Unabhängigkeitsbewegung in diesem Land etc. Und auch wenn das Ausmaß an Auslassungen und der apologetische Eifer in keinem der beiden Fälle zu wünschen übrig lassen, kann man sagen, dass der zweite Text inspirierter und lyrischer klingt: Er verdankt sich der Feder von Hardt und Negri (2002, S. 387 f), während der erste von Leo Strauss (1952, S. 43 f) stammt, dem Stichwortgeber der US-amerikanischen Neokonservativen!

Mit geringen Varianten kann man dieses intellektuelle Experiment oder dieses Spiel lange und immer mit demselben Resultat wiederholen. Was ist die wahre Bedeutung des Aufstandes der englischen Siedler in Amerika gegen die Regierung in London, der in die Gründung der USA mündete? Wir haben soeben die grenzenlose Begeisterung der beiden renommierten Vertreter des westlichen Marxismus gesehen. Lesen wir nun die Analyse eines US-amerikanischen Wissenschaftlers:

> »Die amerikanische Revolution war keine soziale Revolution wie die französische, russische, chinesische, mexikanische oder kubanische, sie war ein Unabhängigkeitskrieg. Und es handelt sich nicht um einen von den Eingeborenen geführten Unabhängigkeitskrieg gegen die ausländischen Invasoren (wie im Fall der Indonesier im Kampf gegen die Holländer und der Vietnamesen und Algerier gegen die Franzosen), sondern um einen Krieg der Siedler gegen ihr Ursprungsland. Wenn man es mit etwas Jüngerem vergleichen will, muss man auf die Revolte der französischen Siedler von Algerien gegen die [französische] Republik hinweisen oder auf die von den Rhodesiern [den Siedlern] angenommene Haltung gegenüber dem Vereinigten Königreich« (Huntington 1968, S. 134).

Jedenfalls gleicht, was das Verhältnis zu den Kolonialvölkern und den Völkern kolonialer Herkunft angeht, die Gründung der Vereinigten Staaten eher einer Konterrevolution als einer Revolution: Indirekt erkennt das ein Autor mit konservativer Orientierung (und eine zunehmende und renommierte US-Geschichtsschreibung), doch in den Augen der Autoren des *Empire* handelt es sich dabei um einen blasphemischen Gedanken!

Fahren wir fort mit der Gegenüberstellung. Heutzutage beschreiben herausragende US-amerikanische Wissenschaftler mit liberaler Orientierung die Geschichte ihres Landes als Geschichte einer *Herrenvolk democracy*, d.h. einer Demokratie, die nur für das *Herrenvolk* (bemerkenswert der Rückgriff auf den von Hitler geschätzten Begriff) gilt und andererseits nicht zögert, die Schwarzen zu versklaven und die Rothäute vom Antlitz der Erde zu tilgen. »Nur in den Vereinigten Staaten gab es eine stabile und direkte Verbindung zwischen Sklavenbesitz und politischer Macht. Nur in den USA spielten die Sklavenbesitzer eine zentrale Rolle bei der Gründung einer Nation und der Schaffung repräsentativer Institutionen« (Davis 1969, S. 33). *Empire* dagegen sagt zusammenfassend über die »amerikanische Demokratie«, die mit der »transzendenten« Vision der Macht bricht, wie sie der europäischen Tradition eigen ist, und die – unterstreichen die Autoren mit Berufung auf Arendt – der Ort sei, »an dem die moderne Politik als solche erfunden worden sei«, oder »die Durchsetzung der Freiheit« (Hardt, Negri 2002, S. 175 f).

Des Antiamerikanismus unverdächtige Wissenschaftler haben keine Schwierigkeit mit der Feststellung, dass »die Vereinigten Staaten seit dem ersten Tag ihrer Existenz eine imperiale Macht sind« (Romano 2014, S. 7) und dass es »keine selbstsichereren Imperialisten gibt als die Gründerväter« der nordamerikanischen Republik (Ferguson 2004, S. 33 f). Hardt und Negri jedoch sprechen immer von »*europäischem* Kolonialismus« und von europäischem Imperialismus: »Imperialismus dehnte eigentlich die Souveränität europäischer Nationalstaaten über deren eigene Grenzen hinaus aus. Schließlich konnte man alle Landstriche der Welt aufteilen und die gesamte Weltkarte in die Farben Europas tauchen« (Hardt, Negri 2002, S. 10).

Zum Schluss: Nehmen wir eine zentrale Gestalt in der Geschichte des weltweiten Aufstiegs der USA. Ich denke an Wilson. Unter den internationalen Geschichts- und Politikwissenschaftlern ist es fast eine Selbstverständlichkeit, von »Wilson-Nationalismus« (Romano 2014, S. 39) zu sprechen. Es handelt sich um einen Präsidenten, der Protagonist einer Rekordzahl von militärischen Interventionen in Lateinamerika im Namen der Monroe-Doktrin war und gerne Partei ergriff zur Verteidigung der *white supremacy* auf nationaler wie internationaler Ebene, um damit die Unterdrückung der kolonialen Völker und der Völker kolonialer Herkunft zu wiederholen (Losurdo 2016b, VIII, 1). Doch in den Augen von Hardt und Negri (2002, S. 186) wird Wilson zum Vorkämpfer der »internationalistischen Friedensideologie«, weitab von der »imperialistischen Ideologie europäischer Art«!

Es kommt einem die Bemerkung von Marx über Bakunin in den Sinn, der mit all seinem antistaatlichen Radikalismus damit endete, England auszusparen, den »eigentlich kapitalistische[n] Staat«, der »die wahre Spitze der bürgerlichen Gesellschaft in Europa« darstellt (MEW 18, S. 610 u. 608). Die Polemik von Hardt und Negri gegen das Prinzip der staatlichen Souveränität verschont gerade dasjenige Land, das sich selbst eine monströs ausgeweitete Souveränität zuspricht, die es berechtigt, selbstherrlich in jedem Winkel der Welt zu intervenieren, mit oder ohne Autorisierung durch den Sicherheitsrat; dieses Land, weit davon entfernt, eine Alternative zum europäischen Militarismus zu bilden, stellt, um es mit Sartre zu sagen (1967, S. 23), das »übereuropäische Monstrum« dar.

V. Kapitel

Aufschwung oder Abgesang des westlichen Marxismus?

1. Der Anti-Antiimperialismus Žižeks

Im Vergleich zu 1989 und zu den Jahren unmittelbar danach, zu der Periode, in der der Diskurs über den unbetrauerten Tod von Marx fast zum gesunden Menschenverstand gehörte, zeigt sich das ideologische Bild unserer Tage ein wenig anders: Das Interesse an dem großen Denker und Revolutionär ist offenkundig und nimmt zu, und die Autoren, die sich auf die eine oder andere Art auf ihn berufen, genießen bisweilen beträchtliches Prestige und Popularität. Können wir also von einem Aufschwung des westlichen Marxismus sprechen?

Vor einiger Zeit hat der berühmteste Vertreter dessen, was sich selbst gern kokett als »westlicher libertärer Marxismus« bezeichnet, 2011 als »das Jahr des Erwachens der radikalen Emanzipationspolitik in der ganzen Welt« begrüßt (Žižek 2009a, S. 255; Žižek 2012, S. 163). Es stimmt, der Autor beeilte sich, Beachtung für die gerade eingetretene Desillusionierung einzufordern. Doch abstrahieren wir von den folgenden Entwicklungen, um uns auf das in solch schmeichelhaften Worten begrüßte Jahr 2011 zu konzentrieren: Ja, es war das Jahr, in dem die neuen Protestbewegungen (»Occupy Wall Street«, »Indignados« etc.) sich wie eine Ölpfütze auszubreiten schienen, aber es war auch das Jahr, in dem die NATO einen

Krieg gegen Libyen entfesselte, der, nachdem er zehntausende Tote verursacht hatte, mit dem schrecklichen Lynchmord an Gaddafi endete. Der neokoloniale Charakter der Aggression wurde von renommierten westlichen Presseorganen erkannt. Und dennoch ließ sich Hillary Clinton zu einem so ungehörigen Jubel hinreißen (*we came, we saw, he died!* – rief die damalige Außenministerin triumphierend aus), dass sie sogar bei einem Journalisten der »Fox News« moralische Bedenken hervorrief: In seinen Augen war der Enthusiasmus über ein Kriegsverbrechen beunruhigend. Leider fand das berüchtigte neokoloniale Unternehmen, über das wir hier sprechen, nicht nur keinen nennenswerten Widerstand im westlichen Marxismus, sondern wurde in Italien zumindest von einer zeitgeschichtlichen Persönlichkeit dieser Denkströmung legitimiert (vgl. unten, V, 7).

Ebenso gingen im Jahr 2011 in Tel Aviv und anderen israelischen Städten Hunderttausende von »Empörten« auf die Straße gegen die Verteuerung des Lebens, die Mietkosten etc., doch hüteten sie sich sehr davor, die Fortdauer und die zunehmende Kolonisierung der Palästinensergebiete in Frage zu stellen: Die »Empörung« lenkte die Aufmerksamkeit auf die wachsenden Notlagen breiter Schichten der jüdischen Gemeinschaft, hielt jedoch die endlose Tragödie des Volkes, das der militärischen Besatzung unterworfen ist, für nicht erwähnenswert. Es ist eine Tragödie, die ein Professor der Hebräischen Universität von Jerusalem in einer renommierten US-amerikanischen Zeitschrift folgendermaßen beschreibt: Zumindest was die besetzten Palästinensergebiete angeht, ist Israel eine »Ethnokratie«, in letzter Instanz ein Rassenstaat.

Die Kolonisierung des den Palästinensern mit Gewalt weggenommenen Landes geht ununterbrochen weiter. Diejenigen, die zu protestieren wagen, »werden hart behandelt, manchmal für lange Zeit eingesperrt, manchmal bei Demonstrationen getötet«. All das ist Teil »einer bösartigen Kampagne«, »die das Leben der Palästinenser so elend wie möglich machen soll [...] in der Hoffnung, dass diese sich davonmachen«. Es ist eine ethnische Säuberung im

Gange, wenn auch eine solche, die sich zeitlich hinzieht. Wir haben eine so harte Ethnokratie vor uns, dass sie an die »die dunklen Vorläufer der Geschichte des vergangenen Jahrhunderts« erinnert (Shulman 2012). Jedenfalls wurden die über die ihnen auferlegte Teuerung »Empörten«, jedoch Indifferenten gegenüber der grausamen »Ethnokratie«, unter der die Palästinenser leiden, von zwei berühmten Autoren marxistischer Orientierung als Vorkämpfer für eine neue, »auf kommunitären Beziehungen basierende« Gesellschaft gelobt (Hardt, Negri 2012, S. 66).

Ist also das Jahr 2011 »das Jahr des Erwachens der radikalen Emanzipationspolitik in der ganzen Welt« (um Žižek zu zitieren) oder das Jahr der Wiederkehr des Ideals einer Gesellschaft, »die auf kommunitären Beziehungen basiert« (um mit Hardt und Negri zu sprechen), oder ist es das Jahr, in dem die kolonialistischen und neokolonialistischen Freveltaten auf Stillschweigen, ja Duldung im traditionellen Umfeld der Linken treffen? Wenn sie in ihrer Bilanz vollständig vom Schicksal abstrahieren, das den Kolonialvölkern vorbehalten ist, so reproduzieren und dehnen Žižek, Hardt und Negri die grundlegende Grenze des westlichen Marxismus aus. Unter diesem Gesichtspunkt lässt der Erfolg, den vor allem Žižek in unseren Tagen genießt, eher an einen letzten Abgesang als an einen Aufschwung des westlichen Marxismus denken.

Die Verdrängung der Kolonialfrage ist integraler Bestandteil der theoretischen und politischen Vorstellungen des slowenischen Philosophen: Himmelweit entfernt vom ganz Anderen, das er erhofft oder erträumt, sieht er die existierende Welt völlig vom Kapitalismus beherrscht; es habe keinen Sinn, die imperialistischen und kolonialistischen Mächte von jenen Ländern zu unterscheiden, die sich vor kurzem von der Kolonialherrschaft befreit haben und noch, zwischen Versuch und Irrtum schwankend, die Rückständigkeit zu überwinden suchen, also auch auf ökonomischer Ebene die Unabhängigkeit zu erreichen und sich politische Institutionen zu geben, die ihren ökonomisch-sozialen Bedingungen und ihrer geopolitischen Lage entsprechen. Žižek ist gegenüber der Kategorie

Dritte Welt nicht weniger feindlich gesinnt als Arendt. Doch er ist radikaler. Seine Ironie richtet sich scharf gegen jene Länder, die sich zwar auf eine revolutionäre Ideologie und manchmal den Marxismus beziehen und die Flagge des Antiimperialismus schwenken: Der Klassenkampf sehe als Protagonisten nicht mehr »die Kapitalisten und das Proletariat in jedem Land«, sondern finde im internationalen Rahmen statt, wobei sich eher Staaten als soziale Klassen entgegenstünden; auf diese Weise wird die marxistische »Kritik des Kapitalismus als solchem« reduziert und zu einer »Kritik des ›Imperialismus‹« deformiert, die das Wesentliche aus den Augen verliert, nämlich die kapitalistischen Produktionsverhältnisse (Žižek 2007, S. 2 u. 5).

Ist das Terrain erst einmal leergeräumt von Kategorien wie Dritte Welt, Imperialismus, Antiimperialismus, bliebe, was die Gegenwart betrifft, als einzige vernünftige Unterscheidung jene zwischen autoritärem und nichtautoritärem Kapitalismus. In die erste Kategorie wäre an erster Stelle China einzuordnen (Žižek 2009c, S. 131), aber es könnte auch Vietnam einbezogen werden oder vielleicht sogar Kuba nach den jüngsten Öffnungen für den Markt und die (zumindest tendenziell kapitalistische) Privatwirtschaft. In jedem Fall gehörten jene Länder »Lateinamerikas« dazu, die durch einen zu Caudillismus und Autoritarismus neigenden »populistischen Kapitalismus« gekennzeichnet seien (Žižek 2009a, S. 450). Bei genauem Hinsehen taucht wieder die von dem slowenischen Philosophen verachtete Unterscheidung zwischen der Dritten Welt auf der einen und dem kapitalistischen Westen (mit anhaltenden kolonialistischen Tendenzen und Traditionen) auf der anderen Seite auf; nur dass sich jetzt diese Unterscheidung ausschließlich zum Ruhme des liberalen Westens präsentiert, der zum Modell wird, an dem die Länder der Dritten Welt sich orientieren sollten.

Zusammengefasst: Žižeks Vision unterscheidet sich nicht vom Selbstverständnis der herrschenden Klassen Europas und der USA. Die Feststellung einer solchen Konvergenz ist per se noch keine Widerlegung. Die Widerlegung aber liefert der slowenische Philosoph selbst. Er bezieht sich auf die von Kissinger an die CIA herausgegebene Direktive, die das Ziel hatte, das Chile Salvador Allendes zu destabilisieren (»Macht, dass die Wirtschaft aufheult vor Schmerz«) und weist darauf hin, dass solche Politik weiterhin gegen das Venezuela von Chávez eingesetzt werde (Losurdo 2016a, XI, 7). Eine Frage jedoch wird vermieden, die sich allerdings stellt: Warum soll das Venezuela von Chávez und Maduro als »autoritärer« gelten als das Land, das mit jeglichem Mittel versucht, es zu destabilisieren und zu unterwerfen, und das sich anmaßt, seine Diktatur in Lateinamerika und der ganzen Welt auszuüben? Gewiss, aus der Sicht des Selbstverständnisses des liberalen Westens ist der Despotismus oder der Autoritarismus, der gegen die Kolonialvölker ausgeübt wird, irrelevant. Auf der Grundlage dieser Logik rühmte Bill Clinton anlässlich seiner ersten Amtseinführung als Präsident die USA als älteste Demokratie der Welt. Der Versklavung der Schwarzen und der Ausbeutung, Deportation und Dezimierung der Eingeborenen zeigte er keinerlei Beachtung. Eine ähnliche, ebenso willkürliche Abstraktion nimmt Žižek vor, wenn er nicht einmal fragt, ob der Autoritarismus Washingtons nicht bis zu einem gewissen Grad den Autoritarismus von Caracas stimuliert.

Man kann eine Bemerkung allgemeiner Art machen: Es ist eine sehr merkwürdige Kapitalismuskritik, die die schlimmsten Aspekte dieses Systems ausspart, die doch, nach der Lehre von Marx, gerade in den Kolonien recht offensichtlich sind. Eine Kritik der Lohnarbeit, die sich in Schweigen hüllte über die Zwangsarbeit, wäre gänzlich unglaubwürdig; doch die Geschichte der Zwangsarbeit unter ihren diversen Formen ist zum Großteil die Geschichte der kolonialen Unterdrückung. Und zweifellos ist eine Kritik des »Autoritarismus« à la Žižek abwegig, die dazu einlädt, jenen Autoritarismus zu übersehen, der sich, durch souveränen Beschluss einer Großmacht oder eines Bündnisses von Großmächten, gegen andere Völker richtet und sie verheerenden Embargos oder Bombardierungen und militärischer Besatzung unterwirft.

2. Žižek, die Abwertung der antikolonialen Revolution und die Dämonisierung Maos

Die Nichtbeachtung des Kampfes zwischen Kolonialismus und Antikolonialismus ergibt sich auch aus den vom slowenischen Philosophen hervorgehobenen Kapiteln zur Geschichte. Bezüglich der Revolution der schwarzen Sklaven von Santo Domingo/Haiti merkt er an, dass diese, nach dem Tod von Jean-Jacques Dessalines 1806, eine »Regression zu einer neuen Form hierarchischer Herrschaft« erlebt (Žižek 2009b, S. 159). Die Beobachtung ist richtig, wenn man sich ausschließlich an die Innenpolitik hält. Auf internationaler Ebene jedoch ist das Bild ganz anders: Auch wenn es ihr nicht gelang, eine stabile Form zu erreichen und die Autokratie zu überwinden, spielt die Macht der Sklaven oder Ex-Sklaven weiterhin eine revolutionäre Rolle; es ist Alexandre Pétion, Präsident von 1806 bis 1818, dem es gelang, Simón Bolívar die Zusage zur unmittelbaren Befreiung der Sklaven, im Austausch gegen die Unterstützung des lateinamerikanischen Kampfes für die Unabhängigkeit von Spanien, abzuringen. Wer jedoch stur die Institution der Sklaverei verteidigt, ist hingegen das »demokratische« Nordamerika, das mit Embargopolitik und Seeblockade versucht, Haiti auszuhungern und zur Kapitulation zu zwingen, jenes Land, das trotz des Despotismus seines politischen Regimes die Sache des Abolitionismus und der Freiheit für die Schwarzen verkörpert. Wollten wir das Kriterium zu Hilfe nehmen, das Žižek für die Lektüre der Gegenwart geltend macht, müssten wir Haiti als »autoritären Kapitalismus« und zugleich die USA als mehr oder weniger »demokratischen« Kapitalismus bezeichnen. Eine solche Lektüre lässt uns jedoch weder die Gegenwart, noch die Vergangenheit angemessen verstehen, ja verzerrt sie beide.

Nicht weniger einseitig fällt das Urteil des slowenischen Philosophen über die Sowjetunion nach dem Tode Lenins aus. Ich beschränke mich darauf, hier ein lapidares Urteil wiederzugeben: »Heidegger hat Unrecht, wenn er den Holocaust auf die industrielle Produktion von Toten reduziert; wer das getan hat, war der stalinistische Kommunismus, nicht der Nazismus« (Žižek 2007, S. 10). Lassen wir die Lust an der Provokation einfach beiseite, die einem Autor eigen ist, der das Feuerwerk manchmal mehr zu lieben scheint als die Argumente. Das ist nicht das Wesentliche: Wir haben gesehen, wie herausragende Historiker die Hitlersche Aggression im Osten als größten Kolonialkrieg aller Zeiten charakterisiert haben, einen Kolonialkrieg, auf den Stalin sich, wie wir wissen, schon vor der Eroberung der Macht durch Hitler vorbereitet hat. Gut, das Mindeste, was sich sagen lässt, ist, dass der Theoretiker des »westlichen libertären Marxismus« kein antikolonialistisches Vorurteil hegt! So wie er die internationale Rolle Haitis, der Inkarnation der Sache des Abolitionismus trotz seines despotischen politischen Regimes, ignoriert, so beachtet er auch nicht die internationale Rolle der Sowjetunion Stalins, der, indem er den Versuch Hitlers vereitelt, Osteuropa auf ein »Deutschindien« zu reduzieren, die Sterbeglocke für das weltweite Kolonialsystem (zumindest in seiner klassischen Form) geläutet hat.

Es ist vor allem bezeichnend, wie Žižek sich gegenüber einem anderen, jüngeren Kapitel der Geschichte aufführt. Dieses Mal geht es um China. Mit Bezug auf die vom Großen Sprung 1958/59 ausgelöste oder heftig verschärfte schwerste ökonomische Krise und schreckliche Hungersnot verweist er mit verwirrender Leichtfertigkeit auf »Maos grausame Entscheidung, zehn Millionen Menschen am Ende der 50er Jahre an Hunger sterben zu lassen« (Žižek 2009a, S. 212). Als ich das erste Mal auf diese Feststellung gestoßen bin, war ich sprachlos: War die italienische Übersetzung vielleicht unpräzise oder übertrieben? Nichts dergleichen! Auch das Original ist unzweideutig und noch viel grauenhafter: »Mao's ruthless decision to starve tens of milllions to death in the late 1950s« (Žižek 2008, S. 169). Im Original ist nicht von »zehn Millionen Menschen« die Rede, sondern von »Dutzenden Millionen Menschen«: eventuell hat der Übersetzer versucht, den guten Ruf des von ihm übersetzten Autors zu retten, indem er die Übertreibungen reduzierte. Jedenfalls ist zur Kenntnis zu nehmen: Das immer wiederkehrende Motiv der Kampagne, zusammen mit dem Führer, der in Peking mehr als ein Vierteljahrhundert die Macht ausgeübt hat, auch die chinesische Volksrepublik als solche zu dämonisieren, jene Republik, die aus der größten antikolonialen Revolution der Geschichte hervorgegangen ist – dieses Motiv wird ohne jede kritische Vorsicht vom berühmtesten Vertreter des »westlichen libertären Marxismus« aufgegriffen!

Allerdings findet die fragliche Anklage bei seriöseren Autoren keinen Anklang. Obwohl es zwar auf den riesigen Ausmaßen der Katastrophe besteht, räumt aber selbst das *Schwarzbuch des Kommunismus* ein, dass es »nicht Maos Ziel gewesen sei, seine Landsleute massenhaft zu töten« (Margolin 1997, S. 456). Auch prominente westliche Staatsmänner haben sich geweigert, das Schlachtross des beginnenden Kalten Kriegs gegen das große asiatische Land zu besteigen. In einem Interview in der Wochenzeitung »Die Zeit« betont der westdeutsche Ex-Kanzler Helmut Schmidt (2012) den nicht intendierten Charakter der Tragödie, in die seinerzeit der Große Sprung mündete. In gleicher Weise argumentiert Kissinger (2011, S. 107 u. 183 f): Gewiss handelte es sich um »eine der schlimmsten Hungersnöte in der Geschichte der Menschheit«. Doch Mao zielte darauf ab, »die industrielle und agrarische Entwicklung« Chinas maximal zu beschleunigen, wollte in kurzer Zeit den Westen einholen, also weithin oder allgemein eine Verbesserung der Lebenslage erreichen. Zusammengefasst: Dem angesehenen US-Wissenschaftler und -Politiker zufolge hatte »Mao das chinesische Volk wieder aufgerufen, Berge zu versetzen, aber dieses Mal haben die Berge sich nicht bewegt«.

So ehrenwert und von intellektueller Seriosität gekennzeichnet die zitierten Stellungnahmen auch sein mögen, verkörpern sie doch eine Grenze: Sie ignorieren den historischen Kontext, in den der Große Sprung eingebettet ist, und dass er auf den lang anhaltenden Kampf zwischen Kolonialismus und Antikolonialismus zurückgeht. Wir kennen bereits die von Mao unmittelbar am Vorabend der Ausrufung der chinesischen Volksrepublik ausgedrückte Sorge: Trotz des ruhmreichen nationalen Befreiungskampfs, den sie hinter sich habe, sei sie dem Risiko ausgesetzt, ökonomisch von den USA abhängig und folglich zu einer Halbkolonie zu werden.

In der Tat waren die Direktiven der Regierung Truman in dieser Zeit klar und erbarmungslos: Obwohl sie sich nach Jahrzehnten Krieg und Bürgerkrieg in verzweifelter Lage befand, nicht in die UNO aufgenommen worden war und militärisch eingekreist und bedroht wurde, sollte die chinesische Volksrepublik einem Wirtschaftskrieg unterworfen werden, der sie in eine »katastrophale ökonomische Situation«, »in ein Desaster« und zum »Kollaps« bringen sollte. Das hätte auch die Niederlage der Politik der chinesischen KP herbeigeführt, die bis dahin nur bäuerliche Gebiete von mehr oder weniger Ausdehnung regiert hatte und deshalb überhaupt keine »Erfahrung« hatte, was »das Feld der städtischen Wirtschaft« angeht. Es war diese Situation extremer Fragilität der Wirtschaft und des Fallens oder Wiederhineinfallens in eine halbkoloniale Abhängigkeit, der Mao zu entkommen versuchte, indem er einen Aufruf zur Massenmobilisierung militärischen Typs an Dutzende Millionen von Bauern richtete, die, wiewohl halbe Analphabeten, mit ihrem revolutionären Enthusiasmus eine wunderbare Beschleunigung der ökonomischen Entwicklung hätten bewirken können.

In Wirklichkeit tappte der chinesische Führer mit seiner Ungeduld und seiner Unerfahrenheit auf dem »Feld der städtischen Wirtschaft« schließlich in die Falle, die ihm seine Feinde gestellt hatten. Das Resultat war die Katastrophe. Eine Tatsache aber gibt zu denken: Anfang der 1960er Jahre rühmte sich ein Mitarbeiter der Regierung Kennedy, Walt W. Rostow, des von den Vereinigten Staaten errungenen Erfolges, es nämlich erreicht zu haben, die ökonomische Entwicklung Chinas um »Dutzende Jahre« zurückzuwerfen. Und das heißt, dass die schreckliche Hungersnot, die auf den Großen Sprung von 1958/59 gefolgt war, nicht auf die angebliche Mordlust Maos zurückzuführen war, sondern auf die machiavellistische Tücke der von Washington verfolgten Politik (Losurdo 2015a, VI, 10).

Also: Margolin, Schmidt und Kissinger haben den Fehler gemacht, das desaströse utopistische Experiment Maos nicht vollständig in die Geschichte der kolonialen Tragödie einzuordnen, die mit den Opiumkriegen begann und in den Jahren des Großen Sprungs noch voll im Gange war. Indem er den Kampf zwischen Kolonialismus und Antikolonialismus ebenso verdrängt wie den verzweifelten Wettlauf von Mao, um diesem trostlosen Massenelend zu entfliehen, das wiederum Resultat der Aggression und der Kolonialherrschaft war, schiebt Žižek hingegen alles auf das Konto des mörderischen Wahnsinns des chinesischen Führers.

3.
Harvey und die Verabsolutierung der »zwischenimperialistischen Rivalitäten«

Während Žižek die antikoloniale Revolution offen geringschätzt, ist sie bei David Harvey, einem anderen bedeutenden Vertreter des westlichen Marxismus, die große Abwesende. Schon das Bild, das er, ausgehend von der Analyse der Widersprüche des Kapitalismus, von der ersten Hälfte des 20. Jahrhunderts malt, ist an sich bezeichnend: »Wie Lenin genau vorausgesehen hatte, bildeten fünfzig Jahre Rivalität und zwischenimperialistische Kriege, in deren Verlauf die rivalisierenden Nationalismen große Bedeutung erlangten, das Gesamtergebnis« (Harvey 2003, S. 46). Die große historische Krise, die 1914 ausbrach und ein vorläufiges Ende mit der Niederlage des Dritten Reichs fand, wäre nur durch den Zusammenstoß zwischen entgegengesetzten imperialistischen Mächten zu charakterisieren? War das ein imperialistischer Krieg, mit dem die »Eingeborenen« Osteuropas dem Versuch Hitlers, sie zu unterwerfen und zu versklaven, einen heftigen Widerstand entgegensetzten? Genauso wie den Großen Vaterländischen Krieg ignoriert Harvey den Widerstandskampf des chinesischen Volkes gegen die Aggression des japanischen Imperialismus, ganz zu schweigen von den »kleineren« nationalen Kriegen (in Jugoslawien, Albanien, Frankreich, auch in Italien selbst), die zum Zweiten Weltkrieg gehörten und die Niederlage des Dritten Reichs besiegelten. Der einzige Konflikt, auf den Bezug genommen wird, sind die »zwischenimperialistischen Rivalitäten und Kriege«.

Zu Unrecht beruft sich Harvey auf Lenin, der, wie wir gesehen haben, schon 1916 nationale Kriege nicht nur in der klassischen kolonialen Welt, sondern mitten im Herzen Europas beschworen hat, womit er das Szenario vorwegnahm, das wenig mehr als zwei Jahrzehnte später Wirklichkeit werden sollte. Der britische marxistische Wissenschaftler liest hingegen den Zweiten Weltkrieg nach dem Schema, das wir schon kennen: Von der Großen Depression zu den zwischenimperialistischen Rivalitäten. Anders gesagt: Um die verheerende, 1929 ausgebrochene ökonomische Krise zu überwinden, »war der Aufwand eines Krieges zwischen kapitalistischen Staaten nötig« (Harvey 2003, S. 48 u. 76). Wie aber lässt sich erklären, dass Hitler an die Macht kam, indem er als Verfechter der ›weißen Vorherrschaft‹ in Europa und der Welt auftrat? Dieser war sich sehr bewusst, dass durch die Oktoberrevolution und angeregt durch den Appell Lenins an die »Sklaven der Kolonien«, ihre Ketten zu sprengen, die antikoloniale Weltrevolution bereits in Gang gesetzt war und es darum ging, sie mit allen Mitteln einzudämmen und zurückzudrängen.

Es ist diese antikoloniale Revolution, die Harvey beim Blick auf die Vergangenheit wie auf die Gegenwart ignoriert. Um genau zu sein, gibt es, was die Gegenwart angeht, eine eigentümliche Ungereimtheit: Wenn er die Konflikte unserer Tage analysiert, beschreibt der britische marxistische Wissenschaftler sie korrekt; doch am Ende subsumiert er unter die Kategorie der zwischenimperialistischen Rivalitäten und Kriege auch Widersprüche und Prozesse völlig anderer Natur. Harvey unterstreicht die Rolle der USA bei den Staatsstreichen, von denen der eine, der in Chile 1973 Allende stürzte, und der andere, der in Venezuela 2002 für eine kurze Zeit Chávez absetzte und einsperrte; er verbirgt seine Sympathie für den Volkswiderstand nicht, der in beiden Fällen die imperialistische Arroganz bekämpft (Harvey 2003, S. 8). Leider fragt er sich nicht, welcher Art der Widerspruch zwischen Chile und Venezuela einerseits und den USA auf der anderen Seite war.

Und diese Frage stellt er sich auch nicht, nachdem er die Beziehungen zwischen Washington und Peking (korrekt) analysiert hat. Sehen wir es uns an: Die USA wollen die Möglichkeit haben, »den Öl-Fluss an ihre Gegner« im Allgemeinen und insbesondere an China »zu kappen«; sie sind nicht geneigt, sich friedlich mit der Wende abzufinden, die das ökonomische Zentrum nach Ostasien verschiebt; sie verspüren die starke Versuchung, ihre Militärmacht zu nutzen, um ihre wankende Hegemonie zu festigen. Zusammengefasst, sie tendieren dazu, vom »informellen Imperium zum formellen Imperium« (Harvey 2003, S. 25, 77 u. 4) überzugehen. All dessen, so weiter die Erkenntnis des britischen Wissenschaftlers, scheint sich die chinesische Führung vollständig bewusst zu sein: Die von dieser seit Ende 1979 eingeleiteten ökonomischen Reformen dienen dem großen asiatischen Land dazu, die »technologischen Kapazitäten« zu entwickeln und »sich besser gegen auswärtige Aggressoren zu verteidigen« (Harvey 2005, S. 142).

Bleibt man bei dieser Beschreibung, ginge es um Maßnahmen, die auch eine Versicherung gegen imperialistische Begierden und Projekte wäre, von Großmächten betrieben, die verantwortlich dafür waren, dass einem Fünftel oder einem Viertel der Weltbevölkerung ein »Jahrhundert der Erniedrigung« im Zeichen der kolonialen oder halbkolonialen Unterdrückung auferlegt wurde. Doch aus dem allgemeinen Bild, das von dem Vertreter des westlichen Marxismus gezeichnet wird, ergibt sich eine völlig andere Schlussfolgerung: Beim Übergang vom 20. zum 21. Jahrhundert »beginnt das Echo der geopolitischen Auseinandersetzung hörbar zu werden, die so destruktiv für die 30er Jahre wurde«; es besteht das Risiko, dass sich erneut »das Szenario Lenins von einer gewaltsamen Auseinandersetzung der kapitalistischen Machtblöcke« zeigt (Harvey 2003, S. 71 u. 75). Die Geschichte ist die Wiederholung des Identischen, ist die ewige Rivalität zwischen den kapitalistischen und imperialistischen Mächten. Es kommt einem Lenins Warnung in den Sinn, die wir schon kennen, die von dem britischen marxistischen Wissenschaftler aber ignoriert wird: Man kann den Imperialismus nicht richtig verstehen, wenn man »die enorme Bedeutung der nationalen Frage« aus den Augen verliert.

4.
Ach, hätte Badiou doch Togliatti gelesen!

Unter den jüngsten Vertretern des westlichen Marxismus scheint Badiou derjenige zu sein, dem es am ehesten gelingen könnte, die grundlegende Grenze dieses Denkens zu überwinden. Er hat die seltene Courage gehabt, von den Jahren 1989-91 als von einer »zweiten Restauration« zu sprechen (Badiou 2005, S. 39). Das wird besonders im internationalen Rahmen evident. Der Untergang der Sowjetunion ist gewiss vom palästinensischen Volk, das sich ohne jegliche Verteidigung dem israelischen kolonialen Expansionismus ausgesetzt sah, nicht als ein Moment der Befreiung erlebt worden; ebenso wenig vom kubanischen Volk, das seine Unabhängigkeit gegen die Versuche Washingtons, die Monroe-Doktrin wieder in Kraft zu setzen, nur mit großen Opfern verteidigen konnte. Nach dem Untergang der Sowjetunion haben die US-amerikanischen Neokonservativen davon geträumt, ein Imperium von weltweiten Dimensionen durchzusetzen. Von den Umwälzungen der Jahre 1989-91 als von einer »zweiten Restauration« zu sprechen, schien also den Weg zu einer Wiederentdeckung der kolonialen und neokolonialen Frage zu ebnen.

Doch diese Wiederentdeckung fand auch bei Badiou nicht statt. Während er seinen verdienstvollen Kampf gegen den Neoliberalismus führte und einschneidende Maßnahmen gegen Einsparungen, Armut, wachsende Ungleichheit und gesellschaftliche Polarisierung forderte, formulierte er eine These, die radikal sein möchte: »Die Gerechtigkeit ist wichtiger als die Freiheit«, »die Gerechtigkeit ist das Ziel« der »klassischen revolutionären Politik« seit den »großen Jakobinern von 1792«, seit »unseren großen jakobinischen Vorfahren« (Badiou 2011, S. 38, 40 u. 42). Die Jakobiner sollen wenig an der Sache der Freiheit interessiert gewesen sein? Am Ende des 18. Jahrhunderts waren die »schwarzen Jakobiner« von Santo Domingo mit Unterstützung der Jakobiner, die in Paris regierten, die Vorkämpfer einer der größten Freiheitsschlachten der Weltgeschichte: Sie stürzten die Sklaverei und die Kolonialherrschaft und verteidigten diese Erfolge, indem sie das von Napoleon geschickte mächtige Heer schlugen. Aus dieser Revolution ging Haiti hervor, das erste Land auf dem amerikanischen Kontinent, das die Sklaverei abgeschafft hatte und sogar in der Nachbarschaft der nordamerikanischen Republik gedieh, die mit allen Mitteln ausgestattet war, das von Ex-Sklaven regierte Land zu erdrosseln. Badiou definiert die Jakobiner zu Recht als »Vorfahren« der kommunistischen Bewegung; in der Tat sind es zuerst die Jakobiner, die dem kolonialistischen Sklavensystem den ersten von zwei tödlichen Schlägen zufügen, den anderen fügen jedoch die Bolschewiki und Kommunisten zu. Zumindest unter diesem Gesichtspunkt sind die einen wie die anderen als Vorkämpfer für die Sache der Freiheit zu betrachten.

Es versteht sich von selbst, dass die herrschende Ideologie in eine völlig andere Richtung geht. Am Anfang des Kalten Kriegs ließ Isaiah Berlin einen Hymnus auf den Westen mit folgenden Worten erklingen: Wenn es auch noch Armutsbereiche gebe, die die »positive Freiheit« (Zugang zu Bildung, Gesundheit, Freizeit etc.) behindern, sei für alle die »negative Freiheit« garantiert, die echte liberale Freiheit, die Sphäre der unverletzlichen Autonomie des Individuums.

So drückte er sich in einem 1949 veröffentlichten Essay aus, derweil verboten Dutzende Unionsstaaten durch Gesetz die »Verunreinigung der weißen Rasse« durch sexuelle und eheliche Kontakte mit der anderen. Von diesen Maßnahmen, die ergriffen wurden, die Völker kolonialen Ursprungs in einer Dienerkaste einzugrenzen, nahm Berlin nicht Notiz, genauso wenig wie vom weltweiten Kolonialsystem: Genossen die Völker, die der Kolonialherrschaft unterworfen und der tyrannischen Macht und der Willkür ihrer Regierenden ausgesetzt waren, wenigstens die »negative Freiheit«? Es ist völlig klar, dass Berlin von dem Los absah, das den kolonialen Völkern und den Völkern kolonialer Herkunft vom Westen auferlegt war, und er erkannte nicht, dass das Verbot sexueller und ehelicher interrassischer Beziehungen, das auf die dauerhafte Trennung von den als niedrig betrachteten Rassen abzielte, letztendlich auch die negative Freiheit der Mitglieder der privilegierten weißen Gemeinschaft schwer beeinträchtigte. Es waren die Kommunisten, die die negative Freiheit für alle voranbrachten und sich in vorderster Front gegen die rassische Trennung und Diskriminierung engagierten und aus eben diesem Grunde im Süden der USA schrecklichen Verfolgungen ausgesetzt waren, just in dem Moment, als Berlin den liberalen Westen pries (Losurdo 2011b, VII, 7).

Doch paradoxerweise wird die willkürliche Abstraktion vom Los der Kolonialvölker und derjenigen kolonialer Herkunft letztendlich von Badiou unterschrieben: Wie anders lässt sich die Behauptung erklären, dass die Vorkämpfer des Aufstands gegen das kolonialistische Weltsklavensystem mehr an der Sache der »Gerechtigkeit« als an der der »Freiheit« interessiert gewesen seien? Wenn auch mit unterschiedlichen und entgegengesetzten Werturteilen, teilen Berlin und Badiou doch die These, die Liberalen seien die Theoretiker und Wächter der »negativen Freiheit«: Beide verdrängen die beängstigenden Ausschlussklauseln, die den liberalen Diskurs über die »negative Freiheit« charakterisieren.

Indem er in der Art argumentiert, wie wir es gesehen haben, greift der französische Philosoph erneut einen Gemeinplatz des westlichen Marxismus der vergangenen Jahrzehnte auf. Man denke an die Kritik, die seinerzeit Crawford B. Macpherson dem Liberalismus vorhielt, dass er nämlich in Wirklichkeit ein Synonym für »Eigentümer-« oder »Besitzindividualismus« sei. In dieser Definition sind sowohl das Substantiv Eigentümer bzw. Besitz wie das des Individualismus falsch (unter der Bedingung, versteht sich, die Kolonialfrage nicht zu verdrängen). Beginnen wir mit dem zweiten Substantiv: In der nordamerikanischen Republik und in den europäischen Kolonien war das Schicksal eines Individuums vom ersten bis zum letzten Tage von seiner Rassenzugehörigkeit bestimmt, die eine unüberwindbare Barriere zwischen der weißen Herrenrasse und den farbigen Kolonialvölkern bildete. Das Verdienst eines Individuums spielte überhaupt keine Rolle oder eine ziemlich geringe: das ist alles andere als Individualismus! Was das erste Substantiv betrifft: Der abergläubische Kult, den die kapitalistische Bourgeoisie dem Eigentum widmet, erstreckt sich nicht auf das Eigentum der Kolonialvölker. Das ist ein Punkt, auf dem Marx ausdrücklich besteht:

> »Die Bourgeoisie ist die Verfechterin des Eigentums; hat aber je eine revolutionäre Partei solche Agrarrevolutionen hervorgerufen wie die in Bengalen, in Madras und in Bombay? [...] Hat sie nicht zur gleichen Zeit, wo sie in Europa über die unantastbare Heiligkeit der Staatsschuld schwätzte, in Indien die Dividenden der Radschas beschlagnahmt, die ihre Privatersparnisse in Obligationen der Ostindischen Kompanie angelegt hatten?« (MEW 9, S. 225).

Auch gegenüber den irischen und schottischen Bauern, auch gegenüber den in Europa angesiedelten Kolonial- und Halbkolonialvölkern zögerte die Regierung in London in keiner Weise, die »frechste Schändung des ›heiligen Rechts des Eigentums‹« (MEW 23, S. 756) zu exekutieren.

Man könnte dem entgegenhalten, dass der Kolonialismus für uns heute Vergangenheit ist. Doch man muss nur nach Palästina schauen: Eine willkürliche Macht kann jeden mit Enteignung bedrohen oder dem Gefängnis und außergerichtlicher Exekution; es gibt dabei keinen öffentlichen oder privaten Lebensaspekt der Mitglieder eines Kolonialvolks, der der Kontrolle, dem Eingreifen, der Übermacht der Besatzungskräfte entzogen wäre. Gewiss bedeutet in unseren Tagen der klassische Kolonialismus die Ausnahme, nicht die Regel. Doch man vergesse nicht, dass die wöchentlichen außergerichtlichen Hinrichtungen, die vom US-Präsidenten beschlossen und in jedem Winkel der Welt ausgeführt werden, wie die »New

York Times« vom 30. Mai 2012 berichtet, fast immer Bürger der Dritten Welt ins Visier nehmen, und Bürger der Dritten Welt bilden auch die »Kollateralschäden«, die oft die außergerichtlichen Exekutionen begleiten. Und das ist nicht alles: Welche Freiheit oder Sicherheit des Eigentums genießen die Bürger eines Landes, das durch eine souveräne Entscheidung des Westens und vor allem seines Führungslandes bombardiert, besetzt, auf eine Hungersnot zurückgeworfen werden kann, ohne dass zumindest die Autorisierung durch den Sicherheitsrat der UNO abgewartet worden wäre? Wie renommierte westliche Presseorgane berichten, ist die erste Aktion der US-Geheimdienste (oder der britischen oder französischen), wenn sie sich daran machen, ein als rebellisch betrachtetes Land zu destabilisieren, die folgende: Gegen die Amtsträger, die nicht auf ihre Seite überlaufen, wird die Drohung der Übergabe an den Internationalen Strafgerichtshof erhoben, der sie für den Rest ihres Lebens der Freiheit berauben kann. Dabei ist das ein Internationaler Strafgerichtshof, der so wenig über den Parteien steht, dass er, während er gegen das Staatsoberhaupt eines angegriffenen und besiegten Landes wüten kann, nicht einmal gegen den letzten der Soldaten oder US-Auftragnehmer ermitteln kann, was auch immer die Verbrechen seien, die von diesen begangen oder ihnen vorgeworfen worden seien! Die doppelte Gerichtsbarkeit ist ein konstitutives Element der kolonialen Tradition, und der Kampf zwischen Kolonialismus und Neokolonialismus auf der einen und Antikolonialismus auf der anderen Seite ist, mag er auch neue Formen angenommen haben, noch lange nicht beendet. Das bedeutet, dass die Marxisten auch in unseren Tagen, wenn sie gegen Kolonialismus und Neokolonialismus kämpfen, die Sache der negativen Freiheit, verstanden in einem universalistischen Sinne, fördern können (vgl. dazu Losurdo 2017, II, 3 u. VI, 3).

Was an erster Stelle die unerträglich unmenschliche Natur der kapitalistischen Gesellschaft bestimmt, sind nicht in erster Linie der »Eigentümer«-Charakter ihres »Individualismus« (Macpherson) oder die Priorität, die eher der »Freiheit« als der »Gerechtigkeit« zugestanden wird (Badiou), sondern vielmehr der Despotismus und Terror, die in den Kolonien entfaltet werden (Marx), beziehungsweise die »barbarische Diskriminierung zwischen den Menschenwesen«, von der Togliatti sprach, wobei er sich auf die Lehren von Marx und Lenin berief. Von Anderson und vielen anderen vor ihm in den östlichen Marxismus verbannt, hatte der Führer des PCI das Verdienst, jeden Gegensatz zwischen »Freiheit« und »Gerechtigkeit« zurückzuweisen.

Natürlich sind bei der Förderung der einen wie der anderen die objektiven Bedingungen zu beachten: Selbst für die Klassiker des Liberalismus bewirkt eine Kriegs- oder Bürgerkriegssituation, dass die Sicherheit Vorrang hat vor der Freiheit. Doch es bleibt dabei, dass Togliatti (1954/1973-84, Bd. 5, S. 869) im Kommunismus die Bewegung sieht, die natürlich für die »sozialen Rechte« kämpft, die aber, indem sie die »barbarische Diskriminierung zwischen menschlichen Wesen« zurückweist, zugleich demonstriert, dass sie die »Freiheitsrechte« sehr viel ernster nimmt, als das die liberale Tradition tut, und eben deshalb sieht er dieses Erbe als »Erbe unserer Bewegung«, der kommunistischen Bewegung. Man möchte aufstöhnen: Ach, hätte Badiou doch Togliatti gelesen!

5.
»Transformation der Macht in Liebe«, »Kritische Theorie«, »Fusionsgruppe«, Verzicht auf die Macht

Der Bruch des westlichen Marxismus mit der antikolonialen Revolution bedingt auch die Weigerung, sich der Probleme anzunehmen, auf die jene bei der Eroberung der Macht stößt. Auch bei diesem Thema ist der Kontrast zwischen westlichem und östlichem Marxismus deutlich. An die Rolle als Opposition und an Kritik gewöhnt und in unterschiedlichem Maße vom Messianismus beeinflusst, schaut der Erstere mit Argwohn und Missbilligung auf die Macht, die Letzterer nach dem Sieg der Revolution auszuüben hat. Es ist die Macht als solche, die den Gegenstand der Anklage des jungen Bloch bildet:

> »Das Herrschen und die Macht an sich sind böse, aber es ist nötig, ihr ebenfalls machtgemäß entgegenzutreten, als kategorischer Imperativ mit dem Revolver in der Hand, wo und solange sie nicht anders vernichtet werden kann, wo und solange sich Teuflisches gegen das (unentdeckte) Amulett der Reinheit noch derart sperrt; und sich danach erst des Herrschens, der ›Macht‹ auch des Guten, der Lüge der Vergeltung und ihres Rechts so reinlich als möglich zu entledigen« (Bloch 1923/1985a, S. 302).

Während der junge deutsche Philosoph die Ausübung der Macht, wenn auch nur für einen kurzen Zeitraum, in Betracht zog, wandten andere sich desorientiert und erschreckt von dieser Perspektive ab. Gleich nach der Oktoberrevolution machten diejenigen, die deren Legitimität und historische Notwendigkeit behaupteten, das Argument geltend, dass die Bolschewiki nicht auf die im Laufe des Kampfes gegen den Krieg errungene Macht verzichten konnten, ohne das sinnlose Gemetzel zu verlängern. Das war ein Argument, das die damalige Mehrheit der italienischen Sozialistischen Partei in keiner Weise beeindruckte: Lenin »sollte die Macht energisch zurückweisen« (Turati 1919a, S. 333). Auch in Italien sei es absurd, sich dem Problem der Eroberung der Macht zu stellen: »Die Beendigung des Kriegs muss von denen vollbracht werden, die ihn wollten. Von dem Elend, das er uns hinterlassen hat, müssen wir für *unsere Kritik* profitieren, für unseren Aufbau der Propaganda und Vorbereitung« (Turati 1919b, S. 347).

Zu denken gibt die Tendenz, die Aufgabe der Partei oder der sozialistischen Bewegung mehr in der »Kritik« zu sehen als im Kampf für die Veränderung der politisch-gesellschaftlichen Realität (nach Eroberung der Macht). »Kritik« wurde dann der Schlüsselbegriff der »Kritischen Theorie«, deren Haltung ihren klassischen Ausdruck im definitiven *Incipit* von Adornos *Negativer Dialektik* fand:

> »Philosophie, die einmal überholt schien, erhält sich am Leben, weil der Augenblick ihrer Verwirklichung versäumt ward. Das summarische Urteil, sie habe die Welt bloß interpretiert, sei durch

> Resignation vor der Realität verkrüppelt auch in sich, wird zum Defaitismus der Vernunft, nachdem die Veränderung der Welt misslang [...] Praxis, auf unabsehbare Zeit vertagt, ist nicht mehr die Einspruchsinstanz gegen selbstzufriedene Spekulation, sondern meist der Vorwand, unter dem Exekutiven den kritischen Gedanken als eitel abzuwürgen, dessen verändernde Praxis bedürfte« (Adorno 1966, S. 13).

Die antikoloniale Revolution und der Sturz des weltweiten kolonialistischen Sklavensystems, das auf der Leugnung des universalen Menschenbildes und der Verdinglichung der Mehrheit der Menschheit gründete, war in vollem Gange, doch in den Augen des Vertreters der Kritischen Theorie war »die Veränderung der Welt misslungen« und die »Philosophie« hatte keine »Verwirklichung« gefunden, nur weil das Ganze in einem beispiellosen, unvorhergesehenen und quälenden Prozess stattfand, der aber weit davon entfernt war, die Macht als solche in Frage zu stellen.

Im Gegensatz zu Adorno ist Sartre ein leidenschaftlicher Vertreter der Aktion, der Praxis, des politischen Engagements; und doch hat der Philosoph des *engagement* etwas mit dem Vertreter der Kritischen Theorie gemein. Wiederkehrend und durchgängig erscheint in der *Kritik der dialektischen Vernunft* das Motiv, wonach die »Fusionsgruppe«, Vorkämpferin der Revolution, auf kaum zu verhindernde Weise dazu neigt, in eine »praktisch-tatenlose« Struktur zurückzufallen, die selbst hierarchisch und autoritär ist. Erhaben und magisch sei allein der Anfangsmoment der Revolution, wenn eine von der breiten öffentlichen Meinung als unerträglich betrachtete Macht gestürzt wird, aber gewiss nicht der Moment der Konsolidierung der neuen Macht und des Aufbaus der neuen Ordnung. Macht korrumpiert.

Das ist eine Art Haltung, die mit diversen Variationen bei nicht wenigen Vertretern des westlichen Marxismus zu finden ist. Bei der Rekonstruktion seiner Entwicklung fährt der italienische Theoretiker des Operaismus, nachdem er erklärt hat, nie Interesse an der Dritten Welt gehabt zu haben, fort:

> »Uns gefiel es im Gegenteil, dass die Arbeiter des 20. Jahrhunderts die Kontinuität der langen, glorreichen Geschichte der unteren Klassen unterbrachen mit ihren hoffnungslosen Revolten, ihren millenaristischen Häresien, ihren wiederholten, stets schmerzhaft unterdrückten, selbstlosen Versuchen, die Ketten zu sprengen« (Tronti 2009, S. 58).

Weit davon entfernt die Macht auszuüben, schaffen es in diesem Falle die unteren Klassen nicht einmal das Ancien Régime zu stürzen. Doch die wiederholten Niederlagen bewirken kein Umdenken, sie stimulieren keine Kritik des Millenarismus, und sie sind nur zum Teil ein Grund zum Leiden. Sie sind nämlich andererseits der Beweis für die ambitionierte Größe des revolutionären Projekts und für die Reinheit und Nobilität des Anliegens. Die Macht bleibt weiterhin ein Element der Verunreinigung.

Damit kommen wir zu den beiden Autoren des *Empire*: »Von Indien bis Algerien, von Kuba bis Vietnam – der Staat ist das vergiftete Geschenk der nationalen Befreiung«. Ja, die Palästinenser können mit der Sympathie und Unterstützung des westlichen Marxismus rechnen; aber sobald sie »sich institutionalisiert haben werden«, kann man nicht mehr an »ihrer Seite« sein. Es ist nämlich so, dass »sobald die Nation die Gestalt eines souveränen Staates annimmt, ihre progressiven Funktionen vollständig verschwinden« (Hardt, Negri 2002, S. 147 u. 122). Das bedeutet, dass man mit dem chinesischen, vietnamesischen, palästinensischen Volke oder anderen nur so lange sympathisieren kann, wie sie unterdrückt, erniedrigt und ohne Macht sind (also der kolonialistischen und imperialistischen Macht unterworfen); man kann folglich einen nationalen Befreiungskampf nur in dem Maße unterstützen, wie er weiter mit einer Niederschlagung zu rechnen hat! Die Niederlage oder die Unentschlossenheit einer revolutionären Bewegung sind die Voraussetzung, dass sich gewisse Vertreter des westlichen Marxismus selbst feiern und als Rebellen fühlen können, die sich unter allen Umständen weigern, sich mit der institutionalisierten Macht zu beflecken.

Die hier beschriebene Tendenz hat ihren Platz in einem neueren Buch gefunden, das im Rahmen des westlichen Marxismus einigermaßen erfolgreich war und schon in seinem Titel einlädt, die »Welt verändern, ohne die Macht zu übernehmen« (Holloway 2002). Auf die Macht verzichten, um sich auf die Kritik des Bestehenden zu konzentrieren, die Abweichungen und Kompromisse vermeiden, die die Aussicht auf die Eroberung der Macht unvermeidlich mit sich bringt. Klingt edel und erhaben! Wie jämmerlich erscheinen doch im Lichte der neuen Wahrheit im Nachhinein die großen Kämpfe, die die Kolonialvölker, die niederen Klassen und die Frauen geführt haben, um die drei großen Diskriminierungen (Rasse, Zensuswahlrecht, Geschlecht), die diese drei Gruppen vom Genuss der politischen Rechte ausschließen wie auch von der Möglichkeit, auf die Zusammensetzung und Orientierung der Machtorgane Einfluss zu nehmen! Jämmerlich erscheinen vor allem die Emanzipationskämpfe der Kolonialvölker, die, mehr als die anderen, sich klar als Kämpfe um die Macht darstellen. Und nicht weniger jämmerlich erscheinen die Emanzipationskämpfe unserer Tage. Es gibt viele, auch außerhalb der Linken, die die Tatsache anprangern, dass sich die Demokratie im Westen immer mehr als »Plutokratie«, als Macht des großen Reichtums und der Finanzen entpuppt, die sich eines Wahlsystems bedienen kann, das mit verschiedenen Mitteln den Zugang der Volksklassen zu den Repräsentationsorganen und den höchsten politischen Ämtern sehr erschwert oder unmöglich macht. Was bedeutet all das schon, wenn das wirkliche Problem darin besteht, die »Welt [zu] verändern, ohne die Macht zu ergreifen«?

Die Plutokratie macht sich auch auf internationaler Ebene bemerkbar. Seinerzeit hatte Churchill betont: »Die Weltregierung sollte den satten Nationen anvertraut werden, die für sich selbst nicht mehr wollen als das, was sie schon haben. Wenn die Weltregierung in den Händen der ausgehungerten Nationen wäre, wäre es eine ständige Gefahr« (in Chomsky 1991, S. IX). In Organismen wie der Weltbank oder dem Internationalen Währungsfonds sind es die Patrone von gestern und heute, die das Gesetz machen. Und diese versuchen auch, die UNO aus dem Spiel zu nehmen, indem sie für den Westen (die »satten Nationen«, von denen Churchill sprach) die Macht beanspruchen, Kriege in jedem Winkel der Welt auch ohne Autorisierung durch den Sicherheitsrat zu entfesseln.

Die neue, von Holloway proklamierte Wahrheit ist eine Wahrheit, die den Religionen eignet. Unmittelbar nach der Niederlage der jüdischen nationalen Revolution, niedergeschlagen vom römischen Imperialismus, proklamierte Jesus: »Mein Reich ist nicht von dieser Welt«. Mit seiner Selbstauflösung verlässt der westliche Marxismus den Bereich der Politik und landet bei der Religion.

6.
Der Kampf gegen die »Phrase« von Robespierre bis Lenin

Doch Unbehagen und Misstrauen gegenüber der Macht als solcher haben sich nicht nur im Westen gezeigt. In Russland warfen die Gegner des Marxismus seinen Anhängern, auch den offensichtlich revolutionärsten, vor, nur Schwätzer zu sein, unfähig, ein Land zu regieren und zu leiten und deshalb vor der Verantwortung der Macht zu fliehen. Unmittelbar am Vorabend der Oktoberrevolution weist Lenin auf einen Artikel eines Gegners hin, in dem ein lächerliches Bild des Bolschewismus gezeichnet wird, auch um seine Genossen davon zu überzeugen, ihr letztes Zögern zu überwinden:

> »Aber trotz ihres ganzen rhetorischen Draufgängertums, ihrer prahlerischen Phrasen, ihres zur Schau getragenen Selbstvertrauens sind die Bolschewiki, mit Ausnahme einiger Fanatiker, bloße Maulhelden. Die ›ganze Macht‹ zu übernehmen würden sie aus eigenem Antrieb nicht versuchen. Desorganisatoren und Zerstörer par excellence, sind sie im Grunde Feiglinge, die sich in tiefster Seele sowohl ihrer Ignoranz als auch der Kurzlebigkeit ihrer gegenwärtigen Erfolge sehr wohl bewusst sind […] Ihrer ganzen Natur nach verantwortungslos, ihren Methoden und Mitteln nach Anarchisten, sind sie nur als eine der Richtungen des politischen Denkens, oder richtiger als eine seiner Verirrungen, denkbar« (LW 26, S. 73).

Da wir wissen, wie die Sache ausgegangen ist, können wir heute über dieses Bild lächeln, aber wir können nicht die Geschichte dahinter vergessen. Seit Jahrhunderten denunziert die konservative und liberale Kultur die »Abstraktheit« der intellektuellen Unterstützer einer radikalen politischen und sozialen Veränderung: Utopien und Träume von gesellschaftlicher Wiedergeburt – so das wiederkehrende Motiv des liberal-konservativen Vorwurfs – konnten nur Intellektuelle pflegen, die keinerlei Erfahrung in der Handhabung der Macht hatten. Ja nicht einmal in der Verwaltung eines großen Privatbesitzes; es waren meist Habenichtse, die sich ihren Lebensunterhalt mit Kultur verdienten und somit eingetaucht waren in eine künstliche Welt der Bücher, der Ideen, der Utopien, die nie durch die Realität und die Praxis geprüft wurden; sie waren die »Lumpen der Feder« – nach der abfälligen Bemerkung von Burke – und wie konnten die vorgeben, einen Staat zu regieren und eine Aufgabe zu erfüllen, die absolut außerhalb ihrer Reichweite lag? (Losurdo 2007, II, 11).

So einseitig und von klassenmäßigem Geist sie auch geprägt sein mochte, war eine solche Kritik nicht ganz falsch. Es besteht kein Zweifel daran, dass die intellektuellen Eigentümer, als sie auf die Krise des Ancien Régime trafen, schon eine reale Erfahrung in der Ausübung der Macht hinter sich hatten. In der amerikanischen Revolution waren es die Sklavenbesitzer, die eine herausragende Rolle spielten und in den ersten Jahrzehnten der nordamerikanischen Republik quasi ununterbrochen das Amt des Präsidenten innehatten. Vor der Gründung des neuen Staates hatten sie sich nicht darauf beschränkt, ihre Sklaven als eine Art »Vieh« neben anderem Privatbesitz zu nutzen: Über ihre Sklaven hatten sie exekutive, legislative und judikative Macht ausgeübt; sie waren also, als sie zur Macht gelangten, gut vorbereitet. Ähnliche Überlegungen kann man für das liberale England anstellen: Sklavenbesitz gab es, wenn auch jenseits des Ozeans, doch es waren die Großgrundbesitzer, die den Ton in der Kammer der Lords und im House of Commons sowie in der liberalen Kultur vorgaben. Und sie übten angesichts der damaligen gesellschaftlichen Verhältnisse eine gewisse Form der Macht über die Bauern aus, umso mehr, als sie bisweilen (wie es vor allem bei der *gentry*, dem niederen Adel, der Fall war) die Rolle von Friedensrichtern ausübten und damit die richterliche Gewalt innehatten. Alles in allem erlebten also die beiden liberalen Revolutionen auf beiden Seiten des Atlantiks den Aufstieg von Klassen zur Macht, die über eine bewährte Verwaltungs- und Regierungspraxis verfügten.

Das Bild änderte sich radikal mit der Französischen Revolution (und vor allem ihrer jakobinischen Phase) und mit der Oktoberrevolution: Diejenigen, die 1794 die Sklaverei abschafften, das waren offensichtlich nicht die Sklavenbesitzer, sondern die »Lumpen der Feder«, die »abstrakten« Intellektuellen, aber eben deshalb waren sie für die Überlegungen und Berechnungen der Besitzer des menschlichen Viehs taub. Und 1917 waren es nicht die Nutznießer der kolonialen Ausbeutung, die die »Sklaven der Kolonien« aufriefen, ihre Ketten zu sprengen, sondern ihre Gegner, auch diese »abstrakte« Intellektuelle.

Die Verdienste dieser sozialen Gestalt dürfen uns freilich nicht dazu bringen, ihre Grenzen aus den Augen zu verlieren. Robespierre (1792/1950-67, Bd. 8, S. 80f) sah sich gezwungen, gegen die Vertreter eines Exports der Revolution zu polemisieren, die sich einbildeten, sie könnten einen endgültigen Sieg über den »allgemeinen Despotismus und die allgemeine Aristokratie« herbeiführen, indem sie sie auf der Redner-»Tribüne« durch »erhabenes« Denken und »rhetorische Figuren« bezwangen. Ein wichtiger Teil der bolschewistischen Partei, der sich weigerte, den erniedrigenden Frieden von Brest-Litowsk zu unterschreiben, der Sowjetrussland vom Wilhelminischen Deutschland auferlegt wurde und ihm einen ziemlich beträchtlichen Teil seines nationalen Territoriums raubte, träumte von einem europäischen »revolutionären Krieg«, der alles lösen und schwierige Entscheidungen überflüssig machen würde, ohne die extreme Schwäche Sowjetrusslands zu berücksichtigen. Lenins Spott war scharf: Man könne nicht gegen einen übermächtigen Feind mit »wunderbaren, hinreißenden, berauschenden Losungen, denen der reale Boden fehlt«, angehen; es habe keinen Sinn, »sich durch Worte, Deklamationen und pathetische Aufrufe einlullen« zu lassen; es gelte, »der Wahrheit ins Gesicht zu sehen« und eine konkrete Analyse der Kräfteverhältnisse vorzunehmen. Leider lehnten die »Helden der revolutionären Phrase« diese Mühe ab; tatsächlich sei die »revolutionäre Phrase« eine Losung, die nur »Gefühle, Wünsche, Entrüstung, Empörung« ausdrücke (LW 27, S. 1f).

Doch jene, die in jedem Kompromiss mit dem Imperialismus den Verzicht auf den revolutionären Anspruch und die Moral sahen, antworteten: »Im Interesse der internationalen Revolution halten wir es für zweckmäßig, es auf die Möglichkeit ankommen zu lassen, der Sowjetmacht, die jetzt rein formal wird, verlustig zu gehen«. In den Augen von Lenin waren diese Worte »seltsam und ungeheuerlich« (LW 27, S. 52f), und er beklagte in dieser Stellungnahme die hartnäckige Haltung der Intellektuellen, die dazu neigten, in der Macht (mit den Kompromissen, die sie unweigerlich mit sich bringt) eine Quelle der moralischen Verseuchung zu sehen, und daher die Rolle der ewigen Opposition vorziehen würden, »kritisch«, aber im Wesentlichen unrealistisch, wie es, nicht ganz zu Unrecht, die liberalen und konservativen Kreise noch am Vorabend des Oktober unterstellt hatten.

Zur Zeit der Bildung der Kommunistischen Internationale war also die Abgehobenheit von revolutionären Intellektuellen im Osten wie im Westen wahrzunehmen, doch an einem bestimmten Punkt zeigte sich eine Aufspaltung. Im Osten waren die an die Macht gelangten Intellektuellen oder Ex-Intellektuellen gezwungen, sich auf einen mühsamen Lernprozess einzulassen. Im März 1920 forderte Lenin die Kader der Partei und des Staates auf, alles zu erlernen, was nötig war, um nicht von der Konterrevolution hinweggefegt zu werden: »Die Fähigkeit des Verwaltens fällt nicht vom Himmel und kommt nicht wie der Heilige Geist über uns« (LW 30, S. 450).

Ganz anders die Entwicklungen im Westen: Die messianischen Erwartungen über die »Wandlung der Macht in Liebe« waren nicht wahr geworden; deshalb hörte aber die misstrauische Haltung gegenüber der Macht, die als Quelle der intellektuellen und moralischen Verseuchung wahrgenommen wurde, nicht auf. Die Kluft zwischen östlichen und westlichen Marxisten stellte sich schließlich als Gegensatz zwischen Marxisten dar, der einen, die Macht ausübten, und der anderen, die in der Opposition waren und sich stets mehr auf die »Kritische Theorie«, auf die »Dekonstruktion« und auf die Anklage der Macht und der Machtbeziehungen als solche konzentrierten. So nahm ein »westlicher Marxismus« Form an, der meinte, in seiner Ferne zur Macht die privilegierte oder ausschließliche Bedingung für die Wiederentdeckung des »authentischen«, nicht mehr auf eine Staatsideologie reduzierten Marxismus festlegen zu können.

Ist ein solcher Anspruch gerechtfertigt? Tatsächlich können die Distanz zur Macht und ihre Missachtung einerseits den Durchblick verbessern, andererseits aber auch die Sicht trüben. Es besteht kein Zweifel, dass der Druck, der von der Aufgabe, ein Land zu führen, ausging, Lenin, Mao und anderen Führern sowie dem östlichen Marxismus insgesamt sehr geholfen hat, sich von den messianischen Erwartungen zu befreien und eine realistischere Sicht auf den Prozess des Aufbaus einer postkapitalistischen Gesellschaft zu gewinnen. Auf der Gegenseite hat der westliche Marxismus mit seinem beharrlichen Festhalten an der »Phrase« am Ende zwei Figuren hervorgebracht, die das Ziel von Hegels Kritik sind: In dem Maße, in dem er sich mit der Kritik begnügt und in der Kritik sogar seine Daseinsberechtigung findet, ohne sich dem Problem zu stellen, tragfähige Alternativen zu formulieren und einen alternativen historischen Block zum herrschenden aufzubauen – ist er die Illustration der Besserwisserei, wie es sein soll; wenn er dann die Ferne zur Macht als Bedingung für die eigene Reinheit genießt, verkörpert das die schöne Seele.

7.
Der Krieg und die Sterbeurkunde des westlichen Marxismus

Auf Religion reduziert, und zwar auf eine Religion der Weltflucht, gelingt es dem westlichen Marxismus nicht, eine Antwort auf die Probleme der Gegenwart zu geben, insbesondere nicht auf die zunehmende Verschärfung der internationalen Lage. Schauen wir, was sich in den letzten Jahren zugetragen hat. Was den Krieg gegen Libyen 2011 betraf, haben renommierte westliche Presseorgane dessen neokolonialen Charakter erkannt. Neokolonial und blutig. Ein bedeutender französischer Philosoph, weitab vom Marxismus, bemerkte: »Heute wissen wir, dass der Krieg mindestens 30.000 Tote verursacht hat, gegenüber den anfänglichen 300 Opfern der Repression«, die man Gaddafi zur Last legte (Todorov 2012). Nach anderen Schätzungen ist die Bilanz der NATO-Intervention noch gravierender gewesen. Und die Tragödie dauert an: Ein Land ist zerstört, ein Volk ist gezwungen, zwischen Hoffnungslosigkeit in der Heimat und der Flucht ins Unbekannte, die tödlich sein könnte, zu wählen.

Ich wüsste nicht, dass es einen Vertreter des »westlichen Marxismus« oder des »westlichen libertären Marxismus« von Rang gegeben hätte, der solchen Horror beklagt hätte. Ja, eine Persönlichkeit (Rossana Rossanda), die als Gründerin einer »kommunistischen Tageszeitung« (»Il Manifesto«) doch wohl in den Rahmen des »westlichen Marxismus« oder des »libertären westlichen Marxismus« eingereiht werden kann, hat sich bis an die Schwelle eines Aufrufs zur bewaffneten Intervention gegen das Libyen Gaddafis vorgewagt. Diese Schwelle hat Susanna Camusso, Generalsekretärin der CGIL (eine Gewerkschaft, die allerdings die frühere Nähe zur Kommunistischen Partei und zum östlichen Marxismus hinter sich gelassen hat), leichten Herzens überschritten.

Wie kam man an diesen Punkt? Als die Kommunistische Partei Italiens beim Ausbruch des Ersten Irakkriegs mit ihrer Auflösung begann, erklärte einer ihrer bekannten Philosophen (Giacomo Marramao) am 25. Januar 1991 in der »Unità«: »In der Geschichte ist es nie vorgekommen, dass ein demokratischer Staat Krieg gegen einen anderen demokratischen Staat führte«. In Wirklichkeit befanden sich die beiden Länder, die sich gern selbst als die ältesten Demokratien der Welt feiern, Großbritannien und die USA, bereits zur Zeit der Krise, die zur Gründung der nordamerikanischen Republik führte, im Krieg und sie standen sich wenige Jahrzehnte später in einem anderen Krieg gegenüber, der mit einem solchen ideologischen Furor geführt wurde, dass Jefferson ihn bekanntlich als »Vernichtungskrieg« bezeichnete. Auch wenn man annehmen will, dass die demokratischen Staaten friedlich, einer neben dem anderen leben, reduziert das etwa den Genozid, der von der demokratischen nordamerikanischen Republik an den amerikanischen Indianern begangen wurde, oder jenen, der vom demokratischen Britischen Empire z.B. an den Eingeborenen Australiens oder Neuseelands begangenen wurde, auf eine Bagatelle? Ist es andererseits nicht Tocqueville, der große Theoretiker der Demokratie, der das wahre Gesicht der Kolonialkriege des liberal-demokratischen Westens enthüllt, wenn er zu offenen Praktiken des Völkermords gegen die algerische Bevölkerung aufruft? Von Togliatti bereits am Beginn des Kalten Krieges widerlegt, verdeutlicht der von Marramao bemühte Mythos erneut die Unfähigkeit des westlichen Marxismus, sich mit der antikolonialen Revolution zu vereinen.

Machen wir nun einen Sprung von acht Jahren. 1999 zögerte man in einem von der NATO ohne Autorisierung durch den Sicherheitsrat der UNO ausgelösten Krieg nicht, »zivile Objekte« anzugreifen (Ferguson 2001, S. 413), um Jugoslawien zu zerstören. Das Wesen dieses Krieges wurde allerdings von seinen Apologeten erhellt: »Nur der westliche Imperialismus – auch wenn wenige ihn gern so nennen – kann heute den europäischen Kontinent einen und den Balkan vor dem Chaos retten« (Kaplan 1999). »Was an Gutem aus dem Kosovo [von Jugoslawien abgeschnitten und zum Sitz einer gigantischen US-Militärbasis geworden] resultiert, ist das, was die Welt heute zur Kenntnis nehmen sollte; die NATO kann und will alles tun, was nötig ist, ihre vitalen Interessen zu verteidigen« (Fitchett 2000, S. 4). Doch zu Beginn der militärischen Operationen hatte ein Vertreter des westlichen Marxismus ersten Ranges die Courage zu schreiben:

> »Wir müssen erkennen, dass das keine Aktion des amerikanischen Imperialismus ist. Tatsächlich ist es eine internationale (bzw. in Wirklichkeit übernationale) Operation. Und ihre Ziele sind nicht

> von den begrenzten nationalen Interessen der USA geleitet: die Aktion hat in der Tat den Schutz der Menschenrechte (bzw. in der Tat des menschlichen Lebens) zum Ziel« (Hardt 1999, S. 8).

Im Jahr darauf verkündete *Empire* die frohe Botschaft: Es hatte keinen Sinn mehr, von Imperialismus zu sprechen wie Lenin; die Welt war nun wirtschaftlich und politisch geeint; »der ewige Weltfriede« hatte sich gar durchgesetzt (Hardt, Negri 2002, S. 13)! Diese beruhigende Botschaft wurde, wie wir gerade gesehen haben, mit der indirekten oder expliziten Rehabilitierung des Imperialismus ausgestreut. Es war eine Kampagne, die mit der Auflösung des »sozialistischen Lagers« und der Sowjetunion selbst begann und auf der Woge der Kriege, die der Westen und sein Führungsland nach und nach, ebenfalls ohne Autorisierung durch den Sicherheitsrat, entfesselte, weiter anschwoll, um zu demonstrieren, dass niemand dem souveränen imperialen Willen Washingtons und seiner engsten Verbündeten und Vasallen widerstehen konnte.

In der Euphorie jener Jahre wurden die Jubelrufe mit der Verkündung ehrgeiziger Vorhaben verflochten: Der Westen – bemerkte 1991 ein renommierter Wissenschaftler (Barry G. Buzan) – hatte »triumphiert über den Kommunismus wie über die Dritte-Welt-Bewegung« und konnte deshalb in aller Ruhe die Welt neu gestalten. Im Jahr darauf verkündete der mehr oder weniger offizielle Philosoph der westlichen »offenen Gesellschaft« (Karl R. Popper) mit Hinweis auf die früheren Kolonien: »Wir haben diese Staaten [die Ex-Kolonien] zu schnell und zu einfach befreit«; es ist, wie »einen Kindergarten sich selbst zu überlassen«. Für diejenigen, die es noch nicht begriffen haben: 1993 konnte »The New York Times Magazine«, die Sonntagsbeilage der wichtigsten US-amerikanischen Tageszeitung, ihren Enthusiasmus nicht zügeln und drückte ihn schon im Titel eines Artikels aus, der von einem erfolgreichen britischen Historiker (Paul Johnson) geschriebenen worden war: »Der Kolonialismus kommt zurück, es wurde Zeit!« Wenige Jahre später, im März/April 2002 forderte »Foreign Affairs«, eine dem

US-Außenministerium nahestehende Zeitschrift, mit ihren Überschriften und dem einleitenden Artikel (mit dem man Sebastian Mallaby betraut hatte) alle Welt auf, sich dem Offensichtlichen und den bestehenden Kräfteverhältnissen zu unterwerfen: »Die Logik des *Imperialismus*«, oder »des *Neoimperialismus*«, sei »zu schlüssig«, um sie bestreiten zu können. Noch weiter vor wagte sich der westliche, heute sehr erfolgreiche Historiker Niall Ferguson, der die Einrichtung eines »Kolonialministeriums« nach dem Vorbild des Britischen Empires forderte und mit Blick auf Washington die »großherzigste imperiale Macht, die je bestanden hat« pries (Losurdo 2016a, IX, 1).

Doch dieses Programm der kolonialen und imperialen Konterrevolution stößt auf wachsende Schwierigkeiten, und es ist so, dass sich in unseren Tagen die Analysen, Diskurse, Sorgen häufen, die auf die Gefahr eines großen Krieges hindeuten, auf einen Dritten Weltkrieg, einen Krieg, der die nukleare Schwelle überschreiten könnte. Man kann also verstehen, dass die USA seit langem darauf aus sind, »sich selbst die Möglichkeit eines ungestraften [nuklearen] Erstschlags« zu sichern (Romano 2014, S. 29), um eine bedrohliche Macht zur Erpressung der übrigen Welt auszuüben: Die anderen Länder wären in der Tat gezwungen, zwischen Gehorsam gegenüber dem Washingtoner Souverän und Vernichtung zu wählen. Es ist dieses Bestreben, das erklärt, warum Präsident Bush jr. am 13. Dezember 2001 den dreißig Jahre zuvor geschlossenen ABM-Vertrag kündigte, was am 13. Juni 2002 wirksam wurde: Es war »die vielleicht wichtigste Vereinbarung des Kalten Kriegs« (Romano 2015, S. 24), auf deren Basis die USA und die UdSSR sich verpflichteten, den Bau von Raketenabwehrbasen streng einzuschränken und damit auf das Ziel der nuklearen Unverwundbarkeit und folglich auf die weltweite Vorherrschaft zu verzichten, die solche Unverwundbarkeit gewährleisten sollte.

Der Krieg, auf den sich die Vereinigten Staaten gegebenenfalls vorbereiten, ist der Krieg gegen China, das Land, das aus der größten antikolonialen Revolution der Geschichte hervorgegangen ist und von einer erfahrenen Kommunistischen Partei regiert wird, und/oder gegen Russland, das mit Putin aus Sicht des Weißen Hauses den Fehler gemacht hat, die neokoloniale Kontrolle abzuschütteln, der Jelzin sich gebeugt oder hingegeben hatte (dank einer wilden und räuberischen Privatisierung war der Westen an dem Punkt, den gewaltigen Schatz an Energieträgern des Landes zu kontrollieren).

Diese neue internationale Situation voller Gefahren trifft den westlichen Marxismus völlig unvorbereitet. Auf der einen Seite hat ihn die Verkündung von Hardt und Negri über den Beginn des ewigen und universellen Friedens in einen Zustand der Lähmung versetzt; auf der anderen Seite unterwirft sich der Diskurs à la Marramao, der die Sache der Demokratie und die Sache des Friedens in eins setzt, der westlichen Kriegsideologie und kann dazu dienen, den von Washington propagierten Kreuzzug gegen China und Russland zu legitimieren. Inadäquat und irreführend ist auch die von Harvey so geschätzte These von den ewigen Rivalitäten und »zwischenimperialistischen Kriegen«. Mit dieser Kategorie ist nicht sicher, dass wir die militärischen Expeditionen begreifen können, die vom Westen und vor allem seinem Führungsland nach dem Triumph im Kalten Krieg und zu einer Zeit geführt werden, in der die USA die einzige Großmacht und gänzlich ohne Rivalen sind. Dezember 1989: Invasion in Panama; 1991: Erster Krieg gegen den Irak; 1999: Krieg gegen Jugoslawien; 2001: Krieg gegen Afghanistan; 2003: Zweiter Krieg gegen den Irak; 2011: Krieg gegen Libyen; im selben Jahr beginnt die Intervention in Syrien in Folge eines Versuchs des *regime change*, der von den US-Konservativen bereits 2003 beschworen worden war. Wie ist zu erklären, dass es nur der Westen und vor allem sein Führungsland (die »von Gott auserwählte Nation« oder die »unverzichtbare Nation«, umgeben von der Aura des »Exzeptionalismus«) sind, die sich das souveräne (oder imperiale) Recht anmaßen, in jedem Winkel der Erde, auch ohne Autorisierung durch den Sicherheitsrat der UNO, zu intervenieren?

Es besteht kein Zweifel: Um uns in der Gegenwart zu orientieren, dürfen wir die (meist von kommunistischen Parteien geführte) antikoloniale Revolution, die der Hauptinhalt des 20. Jahrhunderts war, und das misslungene Projekt, sie zurückzuwerfen, das im Mittelpunkt der sogenannten »neokonservativen Revolution« und der US-Außenpolitik steht, nicht aus den Augen verlieren. Entsetzt über den Schrecken des Gemetzels des Ersten Weltkriegs, erweist sich der westliche Marxismus als unfähig, sich gegen die aufeinanderfolgenden neokolonialen Kriege zu stellen und den großen Krieg, der sich am Horizont abzeichnet, zu begreifen oder sich ihm zu widersetzen. Das ist die Sterbeurkunde des westlichen Marxismus.

VI. Kapitel

Wie der Marxismus im Westen wiedererstehen kann

1. Marx und die Zukunft in vier verschiedenen zeitlichen Stadien

Kann der Marxismus im Westen wiedererstehen und unter welchen Bedingungen? Um auf diese Frage zu antworten, lohnt es sich zu fragen, auf welche Art und Weise das Denken von Marx und Engels auf die Realgeschichte des 19. Jahrhunderts gestoßen und mit ihr zusammengeprallt ist und was sie selbstverständlich nicht vorhergesehen haben und auch nicht vorhersehen konnten. Konzentriert wie ihr Diskurs auf die Veränderung der bestehenden Ordnung ist, nimmt er doch ständig Bezug auf die Zukunft, für deren Realisierung das Proletariat (die revolutionäre Klasse par excellence) und die Partei stünden, die der politische Ausdruck dieser Klasse ist.

Es muss präzisiert werden, dass die Zukunft, auf die die beiden großen Denker und Revolutionäre verweisen, sich in vier sehr unterschiedlichen zeitlichen Stadien entfaltet. Als Marx 1844 *Zur Judenfrage* schreibt, spricht er von der nordamerikanischen Republik als dem Land der »vollendeten politischen Emanzipation«: Die Zensus-Diskriminierung war im Wesentlichen aufgehoben (im Rahmen der weißen Community); fast alle erwachsenen Männer, auch die Habenichtse, hatten das Wahlrecht und konnten in die Vertretungsorgane gewählt werden. Und, um es dieses Mal mit den *Grundrissen* zu sagen, »die persönlichen Abhängigkeitsverhältnisse«, sanktioniert durch Gesetz, wie sie zur feudalen und vorbürgerlichen Gesellschaft gehörten, waren endgültig abgeschafft worden, und mit dem Beginn der kapitalistischen Gesellschaft war »persönliche Unabhängigkeit, auf *sachlicher* Abhängigkeit gegründet«, (MEW 42, S. 91) an ihre Stelle getreten.

Mit der neuen Ordnung herrschten auf gesetzlicher und formaler Ebene Freiheit und Gleichheit; indessen waren es die gesellschaftlichen Verhältnisse von Produktion und Distribution des materiellen Reichtums, die selbst krasseste Ungleichheiten sanktionierten, angefangen mit der »Lohnsklaverei«, die den Arbeitern aufgezwungen wurde, die auf formaler Ebene frei waren wie ihre Arbeitgeber und ihnen gleichgestellt. Gemäß der in der *Judenfrage* und in den *Grundrissen* skizzierten Vision würden die bestehenden Diskriminierungen, die per Gesetz bestimmte Personengruppen von der Teilnahme am politischen Leben ausschlossen, spontan und nach und nach verschwinden; der Übergang zur »vollendeten politischen Emanzipation« oder zur »persönlichen, auf sachlicher Abhängigkeit gegründeten Unabhängigkeit« könne als eine der bürgerlichen Gesellschaft selbst innewohnende Tendenz gesehen werden, und diese Tendenz würde sich früher oder später durchsetzen. Also: Der erste Typus von Zukunft, den wir bei Marx und Engels finden, ist der, den wir die »stattfindende Zukunft« nennen können, nicht die postkapitalistische Zukunft, sondern die, die bereits in der bürgerlichen Gesellschaft abläuft, die Zukunft, die die bürgerliche Gesellschaft selbst zunehmend im Lauf ihres Reifungsprozesses realisieren würde.

Die Überwindung des Kapitalismus (mit der Abschaffung der »Lohnsklaverei« und der mit dieser Politik einhergehenden Zunahme der wirtschaftlichen und gesellschaftlichen Emanzipation) weist auf einen anderen Typus von Zukunft. Die *Kritik des Gothaer Programms* sieht und erwartet nach dem Sturz der politischen Herrschaft der Bourgeoisie eine Übergangsperiode im Zeichen der »*revolutionären Diktatur des Proletariats*« (MEW 19, S. 28) und der beginnenden sozialistischen Transformation. In den Augen von

Marx handelte es sich um ein Problem, das schon in dem Moment auf der Tagesordnung stand, als er dies schrieb; und deshalb haben wir es mit einer nahen Zukunft zu tun. Die Übergangsperiode sollte schließlich in den Kommunismus münden. Um es mit dem *Manifest* zu sagen: »An die Stelle der alten bürgerlichen Herrschaft mit ihren Klassen und Klassengegensätzen tritt eine Assoziation, worin die freie Entwicklung eines jeden die Bedingung für die freie Entwicklung aller ist« (MEW 4, S. 482). Das Aufkommen des Kommunismus setzt die endgültige Niederlage des Kapitalismus und seine totale Überwindung voraus: In diesem Fall haben wir eine ferne Zukunft vor uns. Wenn dann der Kommunismus als eine Gesellschaft gesehen und bestimmt wird, die schließlich zu einem Sein völlig frei von Widersprüchen und Konflikten führt, und den Staat als solchen überflüssig macht, wird die ferne Zukunft in Wirklichkeit zu einer utopischen. Zusammenfassend lässt sich sagen: nach der noch im Kapitalismus enthaltenen Zukunft, die durch die innere Dialektik der bürgerlichen Gesellschaft die »vollständige politische Emanzipation« verwirklichen müsste, umfasst der Aufbau der postkapitalistischen Ordnung drei Typen der Zukunft: Die nahe, die ferne und die utopische Zukunft.

Es soll gleich festgehalten werden, dass sich die Dinge völlig anders entwickelt haben, als Marx und Engels vorhergesehen haben. Im Westen ist die »vollendete politische Emanzipation« keinesfalls das Resultat einer spontanen inneren Dialektik der bürgerlichen Gesellschaft gewesen. Die erste große Diskriminierung (das Monopol der Eigentümer auf die politischen Rechte und der Ausschluss der Nichteigentümer von denselben) ist nur dank des langen Kampfes der sozialistisch und marxistisch orientierten Arbeiterbewegung abgeschafft worden. Das gilt auch für die Überwindung der zweiten großen Diskriminierung, die Frauen neben der Ausübung der politischen Rechte auch den Zugang zu den freien Berufen verwehrt, indem sie sie in die häusliche Sklaverei oder die unteren Bereiche des Arbeitsmarktes einschloss. Und besonders wichtig ist die Geschichte der dritten großen Diskriminierung, jener zulasten der kolonialen Völker oder der Völker kolonialer Herkunft. In der demokratischen nordamerikanischen Republik war die Abschaffung der schwarzen Sklaverei weit davon entfernt, aus der allmählichen Entwicklung der bürgerlichen Gesellschaft heraus zu entstehen, sondern war das Resultat eines Bürgerkriegs, der der US-Bevölkerung mehr Tote brachte als die beiden Weltkriege zusammen. Doch die Niederlage des Sklaven haltenden Südens bedeutete nicht das Ende der sklavischen Arbeitsverhältnisse, die in den Kolonien weithin auch noch im 20. Jahrhundert fortbestanden.

Zusammenfassend gesagt, haben Jahrhunderte der Entwicklung des weltweiten kapitalistischen Systems, die lange Zeit unter der Hegemonie von Ländern mit solider liberaler Tradition standen, nicht die Vollendung der politischen Emanzipation hervorgebracht. Bei der Erarbeitung eines theoretischen, per definitionem »abstrakten« Modells, konnte Marx wohl sagen, dass es die der bürgerlichen Gesellschaft innewohnende Dialektik selbst sei, die in die Richtung der »vollendeten politischen Emanzipation« treibe; in Wirklichkeit wurde diese Tendenz durch eine noch stärkere neutralisiert, nämlich durch die Tendenz des kolonialen Expansionismus, der dem Kapitalismus eigen ist. Das hat zur Verfestigung monströser Formen der Ungleichheit und Unfreiheit, nicht nur in den Kolonien, sondern auch in den kapitalistischen Mutterländern selbst, beigetragen. In der nordamerikanischen Republik, in den Augen von Marx das Land der »vollendeten politischen Emanzipation« par excellence, blieben die Schwarzen auch nach dem Ende des Sezessionskrieges ohne politische und oft auch ohne bürgerliche Rechte. Das bewiesen sowohl die Praxis des wie ein Massenspektakel organisierten Lynchens als auch das Schild, das an manchen öffentlichen Parks des Südens der Vereinigten Staaten den Eintritt »für Hunde und Neger« verbot. Wie wir wissen, waren es im zur Kolonie oder Halbkolonie zurückgestuften China die Chinesen, die von der Herrenrasse mit Hunden gleichgesetzt wurden, jeder Form der Diskriminierung und Beschimpfung ausgesetzt, auch wenn sie auf Arbeitssuche in die USA ausgewandert waren!

2.
Der lange Kampf gegen das weltweite kolonialistische Sklavereisystem

Wenn die Dinge so stehen, sind wir gezwungen, das Bild zu überdenken, das Marx von der Geschichte und Theorie der Emanzipation zeichnet. In seinen Augen war der Ausgangspunkt vor der entscheidenden Revolution, die die gesellschaftliche Emanzipation verwirklichen sollte, in der amerikanischen Revolution (die das Land der »vollendeten politischen Emanzipation« hatte entstehen lassen) und in der Französischen Revolution (die die politische Emanzipation auf die Tagesordnung des gesamten Europa gesetzt hatte) festzumachen. Wir haben gesehen, dass die Revolte der Siedler, die in die Gründung der USA mündete, in Wirklichkeit eher eine Konterrevolution war, was die Beziehungen zu den Kolonialvölkern oder zu den Völkern kolonialer Herkunft angeht. Diese Beziehungen müssen aus zwei Gründen im Mittelpunkt unserer Aufmerksamkeit stehen: Es sind die Kolonien, in denen das grausamste Herrschaftssystem auf Kosten der unterworfenen Völker entstanden ist, oft unter Einschluss der Sklaverei bis hin zum Genozid; dieses Herrschaftssystem hatte tatsächlich oder potenziell die große Mehrheit der Menschheit zu ertragen.

Wir müssen also zur Kenntnis nehmen, dass die von Toussaint Louverture angeführte Revolution der schwarzen Sklaven von Santo Domingo der erste schwere Schlag war, der dem weltweiten kolonialistischen Sklavereisystem zugefügt wurde. Wenn man dabei bleiben will, in der Französischen Revolution den Ausgangspunkt der gigantischen Auseinandersetzung zwischen Emanzipation und De-Emanzipation festzumachen, die die gegenwärtige Geschichte durchzieht, müsste man sie anders als in der bisherigen Tradition datieren, indem man die Jahre 1789 bis 1791 als den Anfang der gigantischen Umwälzung beschriebe und dabei den Sturz des Ancien Régime in Frankreich und die Erhebung gegen Sklaverei und koloniale Unterwerfung in Santo Domingo in einem einzigen Prozess miteinander verknüpfte.

Wir können das Wesen des weltweiten kolonialistischen Sklavereisystems beschreiben, indem wir Zeugen und Autoren das Wort erteilen, die dem liberalen Westen alles andere als unbekannt sind. Da haben wir einen liberalen britischen Historiker aus der Mitte des 19. Jahrhunderts, der auf die Schreckensherrschaft hinweist, die Indien von England aufgezwungen wurde, eine Schreckensherrschaft, bei der »alle Ungerechtigkeiten von früheren Unterdrückern, asiatischen wie europäischen, wie eine Wohltat erscheinen« (Macaulay 1850, Bd. 4, S. 273 f). Die Dinge stehen nicht besser für die in Europa gelegenen Kolonien. Tocquevilles Freund und Gefährte bei seiner Amerikareise (Gustave de Beaumont) spricht in Bezug auf Irland von »einer religiösen Unterdrückung, die jede Vorstellung übersteigt«; die Schikanen, Demütigungen und Leiden, die der englische »Tyrann« diesem »Sklavenvolk« auferlegt hat, zeigten, dass »in den menschlichen Einrichtungen derzeit ein Grad von Egoismus und Verrücktheit herrscht, dessen Grenze unmöglich zu definieren ist«. Von der Herrschaft, die das Britische Empire über die unglückliche Insel ausübte, spricht man als von der äußersten Grenze des Bösen, als vom absolut Bösen; das ist eine Vorstellung, die in unseren Tagen meist für das Dritte Reich reserviert ist.

Sehen wir uns nun an, was in den USA geschieht. Dass der Terror die schwarzen Sklaven trifft, ist nicht erstaunlich. Die in Virginia gleich nach der Sklavenrevolte von 1831 herrschende Lage wird von einem Reisenden so beschrieben: »Der Militärdienst [der weißen Patrouillen] wird bei Nacht und Tag durchgeführt, Richmond gleicht einer belagerten Stadt […] Die Neger […] wagen es nicht, miteinander zu kommunizieren, aus Angst, bestraft zu werden«. Noch interessanter ist es festzuhalten, wie der Terror schließlich der weißen Community selber zusetzt. Hier das Zeugnis einer wichtigen politischen Persönlichkeit der Union über das im Süden der nordamerikanischen Republik herrschende Klima in den Jahren vor dem Bürgerkrieg: Die abolitionistische Partei ist nicht abwesend, aber »bedrückt von der Angst vor Unterjochung«; diejenigen, die gegen die Sklaverei sind, »wagen nicht einmal ihre Meinungen mit anderen auszutauschen, die wie sie denken, aus Angst, verraten zu werden«. Der Historiker von heute, der von solchem Zeugnis berichtet, schließt daraus, dass es dem Süden mit Hilfe von Lynchmorden, Gewalt und Drohungen jeder Art gelungen ist, nicht nur jede Opposition, sondern auch jeden schüchternen Dissens zum Schweigen zu bringen. Neben den Abolitionisten sind oder fühlen sich auch diejenigen bedroht, die Abstand von dieser rücksichtslosen Hexenjagd nehmen möchten. Alle sind vom Terror gedrängt, »den Mund zu halten, die eigenen Zweifel abzutöten, die eigenen Vorbehalte zu begraben«. Kein Zweifel: Das ist eine adäquate Beschreibung des totalitären Terrors und des Totalitarismus.

Der liberale Philosoph Herbert Spencer beschreibt, wie der koloniale Expansionismus (dessen Hauptakteure oft die Länder sind, die die liberale Tradition verkörpern) vorgeht: Auf die Enteignung der Besiegten folgt deren »Vernichtung«. Nicht nur die »Indianer Nordamerikas« und die »Eingeborenen Australiens« bezahlen den Preis. Der Rückgriff auf genozidale Praktiken findet in jedem Winkel des britischen Kolonialimperiums statt: In Indien »wurden ganze Regimenter zum Tod verurteilt«, weil sie schuldig befunden wurden, »den tyrannischen Kommandos ihrer Unterdrücker nicht gehorcht zu haben«. Ungefähr fünfzig Jahre später sieht Spencer sich gezwungen, die Dosis zu erhöhen: »Wir sind in eine Epoche des sozialen Kannibalismus eingetreten, in der die stärkeren Nationen die schwächeren verschlingen«; man müsse zur Kenntnis nehmen, dass »die weißen Wilden Europas seit langem dabei sind, die farbigen Wilden überall zu besiegen«. In der Tat: Das liberale Belgien reduziert »die indigene Bevölkerung [des Kongo] von 20 bis 40 Millionen 1890 auf 8 Millionen 1911«. Darüber hinaus kennen wir die genozidalen Praktiken, die von den USA eingesetzt wurden, um auf den Philippinen die Unabhängigkeitsbewegung zu unterdrücken.

Der Genozid wurde nicht nur praktiziert, sondern ruhig und gelassen und sogar freudig theoretisiert. Wir haben gesehen, wie sich Roosevelt am Ende des 19. Jahrhunderts gegen die rebellischen Kolonialvölker »einen Vernichtungskrieg« ausdenkt, der »Frauen und

Kinder« nicht schont. Bezeichnend ist der Ausspruch, der von dem US-Politiker und Präsidenten überliefert wird: »Ich gehe nicht so weit, zu sagen, dass gute Indianer nur die toten sind, doch ich glaube, dass es bei neun von zehn so ist; andererseits bin ich auch beim zehnten nicht allzu sicher«. Doch da gibt es wenig Anlass zu scherzen: In der nordamerikanischen Republik häuften sich die Stimmen, die in der »Auslöschung des Ungeeigneten« ein »Gesetz der göttlichen Evolution« sahen und erklärten, die »Endlösung (*ultimate solution*) der Negerfrage« als geglückte Wiederholung der bereits im Wesentlichen erfolgten »Endlösung« der Indianerfrage stehe auf der Tagesordnung.

Es ist willkürlich, die schwärzesten Seiten des 20. Jahrhunderts, die vom Nazifaschismus geschrieben wurden, von den kolonialen Traditionen abzutrennen. Hitler hatte sich vorgenommen, Großbritannien und die USA zu imitieren: er zielte darauf ab, »Deutschindien« in Osteuropa zu errichten oder dort eine koloniale Expansion zu erreichen, die derjenigen ähnelte, die seinerzeit von der nordamerikanischen Republik im Fernen Westen verwirklicht wurde. Und im Zuge der kolonialen und rassischen Unterdrückung, die Letztere zum Schaden der Eingeborenen und der Schwarzen in die Tat umsetzte, entstanden jene Begriffe, die später die Schlüsselbegriffe der nazistischen Ideologie werden sollten: *under man/Untermensch*; *ultimate solution/Endlösung*. Das deutsche Kolonialreich sollte errichtet werden dank der Zwangsarbeit der »Eingeborenen«, der Slawen, reduziert auf Bedingungen substanzieller Sklaverei.

Auch dieses Projekt war in einer langen Geschichte verwurzelt, die weit über Deutschland hinausging. Mit dem Ende des Sezessionskriegs waren die schwarzen Sklaven durch *Kulis* ersetzt worden, d.h. durch »gelbe« Halbsklaven, die aus Indien oder China stammten. Unabhängig von den Kulis hat der koloniale Expansionismus, selbst derjenige liberaler Länder, dazu geführt, den unterworfenen Völkern moderne Formen der Sklaverei oder Halbsklaverei aufzuerlegen. Gerade deshalb hat Lenin, in Bezug auf den Kampf der kapitalistischen und kolonialistischen Großmächte als

Protagonisten des Ersten Weltkrieges, von einem »Krieg zwischen Sklavenhaltern zur Konsolidierung und Verstärkung der Sklaverei« gesprochen (vgl. oben, II, 1). Eine polemische Übertreibung? Bei Ausbruch des Konflikts wurden in Ägypten die im Basar überraschten Bauern »festgenommen und in die nächsten Mobilisierungszentren gebracht«. Um es mit einem konservativen britischen Historiker (A.J.P. Taylor) zu sagen, wurden »ca. 50 Millionen Afrikaner und 250 Millionen Inder« von England gezwungen, massenhaft in einem Krieg zu kämpfen und zu sterben, von dem sie nichts wussten (vgl. Arendt 1951/2017, S. 408ff zum Kongo; Losurdo 2011a, IX, 1 zu Beaumont, II, 7 u. IV, 2 zum Terror in den USA u. X, 3 zu Spencer; Losurdo 2016a, VI, 8 zum Dritten Reich und der kolonialen Sklaverei; Losurdo 2015b, V, 5 zu Roosevelt, X, 4 zur »Endlösung« der Negerfrage u. V, 2 zur Einberufung der Afrikaner und Inder).

Wenn Sklaverei vom Eigentümer ausgeübte Macht über Leben und Tod bedeutet, ist Lenins Definition angebracht: Die Kolonialmächte maßen sich in der Tat die Macht über Leben und Tod über die von ihnen unterworfenen Völker an! Und diese Macht drohte in gewisser Weise auch den mehr oder weniger sklavenartigen Arbeitskräften, die von Großbritannien oder Frankreich an die Front geschafft wurden – zum Bau von Schützengräben oder für andere ebenso schwere und gefährliche Arbeiten. Besonders diese letzte Praxis regte das Dritte Reich an, mit einer weiteren Eskalation der Brutalität aus den unterworfenen Territorien Osteuropas eine gigantische Masse von Sklaven heranzuschaffen, die gezwungen waren, zu arbeiten und an Erschöpfung und Entbehrungen zu sterben, um den für die Kriegführung notwendigen Produktionsmechanismus aufrechtzuerhalten.

Auch was die rassistische Ideologie angeht, sind die Elemente der Kontinuität klar. Hier ein »Bekenntnis zum Rassenglauben« vom Beginn des 20. Jahrhunderts: 1) »Das Blut wird zählen«; 2) Die weiße Rasse muss herrschen; 3) Die teutonischen Völker erklären sich für die Reinheit der Rassen; 4) Der Neger ist ein niederes Wesen und wird es bleiben; 5) »Das ist ein Land des weißen Mannes«;

6) Keine gesellschaftliche Gleichheit; 7) Keine politische Gleichheit [...]; 10) Man teile dem Neger die Berufsausbildung zu, die am besten dazu geeignet ist, ihn dem Weißen dienen zu lassen [...]; 14) Dass der weiße Mann von niedrigster Art weit mehr zählt, als der Neger von höchstem Rang; 15) Die obigen Erklärungen geben die Weisungen der Vorsehung wieder.

Ist das ein Nazi-Manifest? Nein, es handelt sich um Parolen, die im Süden der USA von bewaffneten Männern in Uniform in den Jahren, die der Bildung der nazistischen Bewegung in Deutschland vorausgingen, verkündet wurden, die bei den »Jubiläen der weißen Vorherrschaft« paradierten und entschlossen waren, jedes Mittel anzuwenden, um die »Überlegenheit des Arischen« und die Sklaven- oder Halbsklavensituation der Schwarzen zu festigen (in Woodward 1951, S. 332ff).

Was das Reich der aufgehenden Sonne angeht, hat in unseren Tagen ein sehr erfolgreicher konservativer Historiker festgestellt, dass die Japaner »am Ende alles kopierten, von der Kleidung und der westlichen Frisur bis zur europäischen Praxis [speziell der britischen] der Kolonisierung fremder Länder« (Ferguson 2011, S. 306). Schließlich: Die italienischen Nationalisten, die im Namen des kolonialen Expansionismus dem Faschismus zugeströmt waren, waren in die Schule »von Kipling und Roosevelt« (Croce 1928, S. 251) gegangen, in die Schule des britischen und US-amerikanischen Kolonialismus und Imperialismus.

Der Horror des kolonialistischen Systems endete sicherlich nicht mit der Niederlage des Dritten Reichs und seiner Verbündeten. Statt mich auf Algerien und Vietnam zu beziehen, beschränke ich mich hier auf das Beispiel zweier vielleicht weniger bekannter Tragödien. Zwischen 1952 und 1959 brach in Kenia die Revolte der Mau Mau aus. Auf der Grundlage der neuesten Geschichtsschreibung zu diesem Thema beschrieb eine renommierte liberale US-amerikanische Zeitschrift folgendermaßen die Methoden, derer sich die Regierung in London bediente, um die Ordnung in ihrer Kolonie wiederherzustellen: Im Konzentrationslager von Kamiti wurden Frauen »verhört, ausgepeitscht, ausgehungert und harter Arbeit unterworfen, die das Befüllen von Gemeinschaftsgräbern mit Leichenfrachten einschloss, die aus anderen Konzentrationslagern kamen. Manche bekamen Kinder in Kamiti, aber die Todesrate unter den Kindern war enorm. Die Frauen begruben ihre Babys in Bündeln zu sechst« (Losurdo 2015a, VI, 2).

Begeben wir uns von Afrika nach Lateinamerika. In diesen Jahren sehen wir ebenso, wie die USA nicht nur grausame Militärdiktaturen errichten, sondern auch »Akte des Völkermords« verüben oder unterstützen: Das unterstreicht in Guatemala die »Wahrheitskommission«, die an das Los der Maya-Indianer erinnert, die beschuldigt wurden, mit den Gegnern des Regimes zu sympathisieren, das in Washington so beliebt war (Navarro 1999).

Diese Welt aus Sklaverei, Halbsklaverei, sklavenartigen Arbeitsverhältnissen, ungeheuerlichen Formen der Unfreiheit, krassen Diskriminierungen und furchtbaren, auch auf legaler Ebene sanktionierten oder tolerierten Ausschlussbedingungen ist, nach den ersten harten Schlägen der Jakobiner von Paris und vor allem der schwarzen Jakobiner von Santo Domingo, nur durch die kommunistische Bewegung, durch ihr unmittelbares Agieren und ihren Einfluss, radikal in die Krise geraten.

Es ist dies ein Einfluss, der sich auch im Herzen der kapitalistischen Metropole bemerkbar machte. Man denke an die Afroamerikaner. Sie waren unterdrückt von einem Regime terroristischer *white supremacy*, als die Oktoberrevolution ausbrach, die sogleich einen neuen Geist unter den Völkern kolonialen Ursprungs verbreitete. Anstatt die Unterdrückung als einen beinahe natürlichen und angesichts der Machtverhältnisse schier unüberwindbaren Zustand hinzunehmen, begannen sie zu rebellieren. Hier ist ein Afroamerikaner, der voller Verachtung erklärt: »Wenn für seine Rechte zu kämpfen heißt, Bolschewist zu sein, dann sind wir Bolschewisten, und die Leute können ihren Seelenfrieden finden« (Franklin 1947, S. 397 f).

In der Tat stellten die Schwarzen, die das Kolonial- und Rassenjoch abschütteln wollten, einen wesentlichen Teil der sich formierenden Kommunistischen Partei dar. Auch die Weißen, die mit ihnen zusammenarbeiteten, wurden als »Fremde« und Mitglieder einer niederen Rasse betrachtet und entsprechend behandelt: Ja, Kommunist sein (und die *white supremacy* herausfordern) bedeutete, »der Gefahr von Kerker, Prügeln, Entführung und sogar Tod ausgesetzt zu sein« (Kelley 1990, S. XII u. 30). Es waren die Jahre der Großen Depression, der Massenarbeitslosigkeit und des Massenelends, aber trotz der harten Konkurrenz auf dem Arbeitsmarkt brachte dies den Kampf gegen das Regime der *white supremacy* nicht zum Verstummen und untergrub nicht die Einheit zwischen jenen Weißen und Schwarzen, die diesen Kampf aufnahmen und hauptsächlich in der Kommunistischen Partei organisiert waren.

Wir machen einen Sprung von zwei Jahrzehnten und schauen uns die Bedingungen an, die zum Ende des Regimes der ›weißen Vorherrschaft‹ führten. Im Dezember 1952 schickte das US-Justizministerium einen vielsagenden Brief an das Oberste Gericht, das dabei war, die Frage der Integration in den staatlichen Schulen zu diskutieren: »Die Rassendiskriminierung leitet Wasser auf die kommunistischen Propagandamühlen und weckt auch unter den befreundeten Nationen Zweifel über die Intensität unserer Hingabe an den demokratischen Glauben«. Washington – bemerkt der US-amerikanische Historiker, der in unseren Tagen dieses Geschehen rekonstruiert – lief Gefahr, sich die »farbigen Rassen« nicht nur im Osten und der Dritten Welt zu entfremden, sondern im Inneren der USA selbst: Auch hier verzeichnete die kommunistische Propaganda einen beachtlichen Erfolg bei dem Versuch, die Schwarzen für die »revolutionäre Sache« zu gewinnen, indem sie bei ihnen den »Glauben an die amerikanischen Institutionen« ins Wanken brachte (Losurdo 2011a, X, 6). Unter dem Druck solcher Befürchtungen erklärte das Oberste Gericht die Rassentrennung in den staatlichen Schulen für nicht verfassungskonform. Man kann also die Demontage des Regimes der *white supremacy* (ein hartnäckiges Erbe des weltweiten kolonialistischen Sklavereisystems) in den USA ohne die Herausforderung durch die Oktoberrevolution und die kommunistische Bewegung nicht verstehen.

3.
Zwei Marxismen und zwei unterschiedliche Zeitlichkeiten

Natürlich fand der Sturz des weltweiten Kolonial- und Sklavenhaltersystems unter tragischen Umständen statt: In Santo Domingo/ Haiti endete der Zusammenstoß zwischen Unterstützern und Gegnern der kolonialen Unterwerfung und der Sklaverei schließlich auf beiden Seiten als totaler Krieg. Nichts ist einfacher, als beide auf die gleiche Ebene zu stellen und beiden z. B. die nordamerikanische Republik entgegenzusetzen. Scheinbar geht diese Rechnung auf, wird die Logik respektiert: Die Demokratie der Vereinigten Staaten feiert ihre Überlegenheit gegenüber der Despotie, die sowohl im napoleonischen Frankreich als auch im Santo Domingo von Toussaint Louverture und seinen Nachfolgern herrscht. Nur dass die Realität komplett anders ist: Das Land und das Volk, die das koloniale Joch und die Ketten der Sklaverei abgeschüttelt hatten, wurden von Napoleons Frankreich (mit Hilfe einer mächtigen Kriegsmaschinerie) und Jeffersons USA (mit Hilfe eines Embargos und einer Seeblockade, die explizit die ungehorsamen und rebellischen Schwarzen zum Hungern verurteilen sollten) gemeinsam bekämpft.

Mit dem gleichen Formalismus argumentiert heutzutage die gängige Totalitarismustheorie. Sie stellt die Sowjetunion unter Stalin in die Nähe von Hitlers Drittem Reich und setzt sie weithin gleich, wobei sie vergisst, dass Letzteres sich bei seinem Versuch, die Slawen einer kolonialen Herrschaft zu unterwerfen und sie zu versklaven, wiederholt auf die koloniale Tradition des Westens berief und ständig und ausdrücklich das Modell des Expansionismus des Britischen Empires vor Augen hatte ebenso wie den unaufhaltsamen Vormarsch in den Fernen Westen und die Rassenpolitik der nordamerikanischen Republik.

Leider wurde diese Lesart des 20. Jahrhunderts, die den brutalsten Ausdruck des weltweiten kolonialen Sklavereisystems und seine konsequentesten Gegner auf eine Ebene stellt, mehr oder weniger vom westlichen Marxismus und von nicht wenigen seiner Vertreter aufgegriffen. Wir haben gesehen, wie *Empire* die Sowjetunion und das Dritte Reich gleichsetzt, das Land, das die Sklaven der Kolonien aufrief, ihre Ketten zu sprengen, mit jenem Land, das sich daran machte, sie wieder zu festigen und zu verallgemeinern. In dieser gewagten historischen Bilanz spielt die antikoloniale Revolution keine Rolle. Und sie wird weiter ignoriert und verdrängt in den denkwürdigen Sätzen, mit denen Žižek aus Stalin einen Meister der industriellen Leichenproduktion und aus Mao einen orientalischen Despoten macht, der aus einer Laune heraus Dutzende Millionen seiner Landsleute zum Hungertod verurteilte.

Historisch ist es so gekommen, dass die sozialistisch und kommunistisch orientierten Länder (die alle außerhalb des hochentwickelten Westens lagen) die Aufgabe (die Realisierung der »vollendeten politischen Emanzipation«) übernehmen mussten, die Marx der bürgerlichen Revolution zugeschrieben hatte und die zu lösen sich jene als unfähig erwiesen hat und sich noch immer erweist. In diesem Sinne ist es so, als seien diese Länder im Stadium der »stattfindenden Zukunft« stehen geblieben, jener, von der Marx sagt, dass sie der bürgerlichen Gesellschaft selbst innewohne, oder auch in den ersten Momenten der nahen Zukunft, jener, in der die Enteignung der politischen Macht der Bourgeoisie und die Errichtung der »revolutionären Diktatur des Proletariats« stattfindet.

Das ist eine Dialektik, die sich nicht nur auf der politischen Ebene manifestiert hat, sondern auch auf der im engeren Sinne ökonomischen. Nach dem *Manifest* ist die Einführung »neuer Industrien«, die keine rein nationale Dimension haben und auf der Höhe des »Weltmarkts« sind, »eine Lebensfrage für alle zivilisierten Nationen« (MEW 4, S. 466). Es handelt sich um eine Aufgabe, die an sich den bürgerlichen Rahmen nicht übersteigt. Doch unter imperialistischen Bedingungen werden die Länder, die die Lösung dieser Aufgabe nicht schaffen, zur leichten Beute des Neokolonialismus. Und das gilt umso mehr für jene Länder, die aufgrund ihrer gesellschaftlichen Ordnung oder ihrer politischen Orientierung im Westen in Ungnade gefallen sind und deshalb einem mehr oder minder strengen ökonomischen und technologischen Embargo unterworfen oder ausgesetzt werden. Und wieder sehen wir, dass die Länder mit kommunistischer Orientierung, der Bereich des Kommunismus oder des »östlichen« Marxismus, an der Schwelle zur postkapitalistischen Zukunft im engen Sinne stehen bleiben. Doch es ist eben diese eigentlich postkapitalistische Zukunft und nur sie, die das Interesse, die Aufmerksamkeit und die Leidenschaft des westlichen Marxismus auf sich zieht. So führt die fehlende Abrechnung mit dem Messianismus, der in der jüdisch-christlichen Tradition wurzelt und seinerzeit durch das Erschrecken über das Gemetzel des Ersten Weltkriegs entstand, zu einer Konzentration vor allem auf die ferne und die utopische Zukunft.

Somit zeichnen sich zwei Marxismen im Zeichen von zwei recht unterschiedlichen Zeitlichkeiten ab: Die »stattfindende Zukunft« und die Anfänge der nahen Zukunft betreffen den östlichen Marxismus; die weiter fortgeschrittene Phase der nahen Zukunft und die ferne und utopische Zukunft betreffen den westlichen Marxismus. Es ist ein Problem, das Marx und Engels erahnt haben. Sie haben nicht zufällig zwei unterschiedliche Definitionen von »Kommunismus« vorgelegt. Die erste verweist auf die ferne Zukunft (manchmal gar als utopische aufgefasst) einer Gesellschaft, die die Spaltung und den Antagonismus der Klassen und die »Vorgeschichte« als solche hinter sich gelassen hat. Ganz anders sind die Vision und die Zeitlichkeit, die aus einigen Zeilen der *Deutschen Ideologie* hervorgehen: »Wir nennen Kommunismus die *wirkliche* Bewegung, welche den jetzigen Zustand aufhebt« (MEW 3, S. 35). Oder aus dem Schluss des *Manifests*: »Die Kommunisten unterstützen überall jede revolutionäre Bewegung gegen die bestehenden gesellschaftlichen und politischen Zustände« (MEW 4, S. 493). In beiden hier zitierten Passagen scheint es, als würde eine Brücke geschlagen zwischen »stattfindender« und ferner Zukunft. Und so lautet die zweite Bedingung für die Wiedergeburt des Marxismus im Westen: Ausgehend von der Lektüre von Marx und Engels muss dieser lernen, eine Brücke zwischen den zwei unterschiedlichen

Zeitlichkeiten zu schlagen. Da diese Aufgabe ignoriert oder geringgeschätzt wird, manifestieren sich umgehend jene Oberflächlichkeit und Besserwisserei, die gern die Poesie der fernen Zukunft oder langfristigen Perspektive der Prosa der unmittelbaren Aufgaben entgegensetzen.

Nichts ist einfacher und müßiger als dieses Vorgehen. Auch die auf intellektueller wie moralischer Ebene Mittelmäßigsten haben keine Schwierigkeit damit, die Zukunft der »freien Entwicklung eines jeden« zu beschwören, von der das *Manifest* (MEW 4, S. 482) spricht, und gleichzeitig die politische Macht zu verurteilen oder zu diskreditieren, die aus der Revolution hervorgegangen ist und (in einer ganz anderen geopolitischen Lage) berufen war, die ihr drohenden Gefahren abzuwehren. Die konkrete Geschichte der neuen postrevolutionären Gesellschaft, die sich zwischen Widersprüchen, Versuchen, Schwierigkeiten und Fehlern aller Art zu entwickeln sucht, wird dann en bloc als Degeneration und Verrat an den revolutionären Idealen erledigt. Eine solche Haltung, die die wirkliche Bewegung im Namen der eigenen Phantasien und Träume verurteilt und ihre Verachtung für die »stattfindende« und nahe im Namen der fernen und utopischen Zukunft zum Ausdruck bringt, diese Haltung, die Marx und Engels völlig fremd ist, beraubt den Marxismus jedes realen emanzipatorischen Gehalts.

Sich so zu gebärden bedeutet, die plurale Zeitlichkeit, die das revolutionäre Projekt von Marx und Engels charakterisiert, willkürlich wegzuamputieren. Und es handelt sich um eine zeitliche Amputation, die zugleich eine räumliche ist: Die ausschließliche Konzentration auf die ferne Zukunft (im Übrigen unter einem entschieden utopischen Gesichtspunkt) beinhaltet den Ausschluss des größten Teils der Welt und der Menschheit, jenes Teils nämlich, der begonnen hat, die ersten Schritte in die Moderne zu gehen und bisweilen an dieser Schwelle stehen blieb. Somit ist die wesentliche Bedingung für die Wiedergeburt des Marxismus im Westen die Überwindung der von ihm selber bewirkten zeitlichen und räumlichen Amputation des revolutionären Projekts.

4.
Die Beziehung zu der weltweiten antikolonialen Bewegung wiederherstellen

Die Überwindung der verhängnisvollen zeitlichen und räumlichen Amputation des Marxismus wird nicht möglich sein, wenn die Marxisten im Westen die Beziehung zur weltweiten antikolonialen Revolution (oft angeführt von kommunistischen Parteien) nicht wiederherstellen, jener Revolution, die der Hauptinhalt des 20. Jahrhunderts war und weiterhin eine wesentliche Rolle in dem Jahrhundert spielt, in das wir inzwischen eingetreten sind. Eine solche Beziehung wiederherzustellen, bedeutet an erster Stelle, die koloniale Frage wieder in vollem Umfange in die historische Bilanz des 20. Jahrhunderts und des Marxismus des 20. Jahrhunderts einzuführen. Als er schließlich mit dem Marxismus brach, wies Colletti (1980, S. 78f u. 74f) amüsiert darauf hin, dass er zu Schlussfolgerungen gelangt sei, die sich nicht von jenen unterschieden, bei denen Althusser am Ende gelandet sei. Auch für Letzteren war die Bilanz der kommunistischen Bewegung katastrophal: Nirgends – hatte der französische Philosoph bitter angemerkt – hatte sich die von den Bolschewiki versprochene »Abschaffung des neuen revolutionären Staates« verwirklicht. Im Gegenteil – fügte der italienische Philosoph triumphierend hinzu – war es den Kommunisten in keiner Weise gelungen, das Problem der Beschränkung der Macht zu lösen, im Gegensatz zu dem, was im liberalen Westen geschehen war.

Das ist eine Bilanz, die sich sinnvoll mit jener vergleichen lässt, die etwa drei Jahrzehnte zuvor von einem Philosophen umrissen wurde, der allerdings kein Anhänger des Marxismus und des Kommunismus ist, sondern ein scharfer, wenn auch wacher und respektvoller Kritiker von beiden. Gegen die Darstellung des Kalten Krieges als Zusammenstoß zwischen der freien Welt auf der einen und Despotismus und Totalitarismus auf der anderen Seite wandte er ein: »Der westliche Liberalismus ist auf die Zwangsarbeit der Kolonien gegründet« und auf wiederholte »Kriege«; ohne jede Glaubwürdigkeit sei »jede Apologie der demokratischen Regime, die ihr gewaltsames Eingreifen im

Rest der Welt verschweigt oder mystifiziert«. Folglich »haben wir das Recht, die Werte der Freiheit und der Gesinnung zu verteidigen nur dann, wenn wir uns sicher sind, dabei nicht den Interessen eines Imperialismus zu dienen und uns nicht seinen Mystifikationen anzuschließen« (Merleau-Ponty 1947, S. 63, 189 u. 45).

Um diesen Punkt abzuschließen: Wenn wir die historische Bilanz des 20. Jahrhunderts ziehen und dabei Kurzsichtigkeit und eurozentristische Überheblichkeit vermeiden, müssen wir den wesentlichen Beitrag des Kommunismus bei der Abschaffung der weltweiten Kolonialsystems und der Sklaverei erkennen. Die erbarmungslose *white supremacy*, die für die USA am Anfang des 20. Jahrhunderts charakteristisch war, ist nur von wenigen Mutigen als »absolutistische Rassen-Autokratie« (Woodward 1951, S. 332) verurteilt worden: In Wirklichkeit herrschte dieses Regime, das an das Dritte Reich erinnert, weltweit und es bildete das Hauptziel der Bewegung, die aus der Oktoberrevolution hervorging.

Auch wenn er gegenüber der Vergangenheit neue Formen angenommen hat, ist der Kampf zwischen Antikolonialismus auf der einen und Kolonialismus und Neokolonialismus auf der anderen Seite nicht zu Ende. Es ist kein Zufall, dass der Westen seinen Triumph im Kalten Krieg nicht nur als eine dem Kommunismus beigebrachte Niederlage ansah, sondern auch als eine solche für die Dritte-Welt-Bewegung, als Voraussetzung für die ersehnte Rückkehr des Kolonialismus, ja des Imperialismus. Es stimmt, dass der Enthusiasmus und die Euphorie darüber von kurzer Dauer waren; das bedeutet aber nicht, dass ein ideologisches und politisches Umdenken stattgefunden hat. So erinnern im Gegenteil die Beschwörungen und die Alarmrufe über den Untergang des Westens oder seine und seines Führungslandes relative Schwächung an ein vergleichbares Phänomen, das zu Beginn des 20. Jahrhunderts auftrat, als Autoren von außergewöhnlicher Popularität dies- und jenseits des Atlantiks die tödliche Gefahr an die Wand malten, dass »die steigende Flut der farbigen Völker« die »weltweite weiße Vorherrschaft« bedrohe (vgl. oben, IV, 3).

Natürlich hat sich in unseren Tagen die Sprache geändert, man bezieht sich nicht mehr auf die Rassen und die Rassenhierarchie; und diese Veränderung ist das Zeichen für den Erfolg der antikolonialen Revolution des 20. Jahrhunderts. Andererseits aber sind das neuerliche Lob des Kolonialismus (ja des Imperialismus) und die fortbestehende Glorifizierung des Westens (nicht mehr der weißen Rasse) als ausschließlicher Ort der echten Zivilisation und höchsten moralischen Werte ein Zeichen dafür, dass die antikoloniale Revolution noch nicht zu ihrem Abschluss gekommen ist. Von den Marxisten, die im Westen dafür eintreten, die Beziehung mit der weltweiten antikolonialen Revolution wiederherzustellen, darf also mit Recht erwartet werden, dass sie mit Sympathie nicht nur auf ein Volk wie das palästinensische schauen, das noch immer gezwungen ist, gegen einen Kolonialismus klassischen Typs zu kämpfen, sondern auch auf die Länder, die eine antikoloniale Revolution hinter sich haben und nun mühsam ihren Weg suchen und dabei insbesondere darauf achten, nicht in halbkoloniale (ökonomische und technologische) Abhängigkeit zu geraten.

Es geht nicht darum, unkritisch die Positionen solcher Länder zu übernehmen. Es würde reichen, sich noch einmal die Warnung von Merleau-Ponty (1947, S. 45) vor Augen zu führen: »Es gibt einen aggressiven Liberalismus, der ein Dogma und bereits eine Kriegsideologie ist. Er ist daran zu erkennen, dass er das Empyreum der Prinzipien liebt, nie die geografischen oder historischen Umstände erwähnt, die ihm seine Existenz ermöglicht haben, und die politischen Systeme abstrakt beurteilt ohne einen Blick auf die gegebenen Bedingungen, unter denen sie sich entwickeln«. Selbst wenn man den zitierten französischen Philosophen gegenüber dem östlichen Marxismus für zu nachsichtig halten sollte, kann man über die Betrachtungen Machiavellis bezüglich der großen Schwierigkeiten nachdenken, in die die »neuen Ordnungen« unvermeidlich geraten (*Il Principe*, VI). Man kann sich sogar an einen Klassiker des Liberalismus halten (der gleichzeitig einer der Gründerväter der USA ist): Bei Alexander Hamilton kann man lesen, dass in einer

Situation geopolitischer Unsicherheit die Herrschaft des Gesetzes und die Beschränkung der Macht nicht möglich sind und dass auch ein liberales Land gegenüber »Angriffen von außen« und »möglichen internen Revolten« auf eine Macht »ohne Grenzen« und »ohne konstitutionelle Fesseln« zurückgreift (»The Federalist«, Art. 8 u. 23).

Drittens erfordert die Wiederherstellung der Beziehung zur weltweiten antikolonialen Revolution das Eingeständnis, dass diese nicht etwas Profanes ist im Verhältnis zur heiligen Geschichte der politischen und sozialen Emanzipation, sondern die konkrete Form, die diese Geschichte im 20. und 21. Jahrhundert angenommen hat. Auch bedeutende westliche Wissenschaftler haben anerkannt, dass dank der außerordentlichen ökonomischen und technologischen Entwicklung Chinas – bestimmt das wichtigste Ereignis der letzten fünfhundert Jahre – die Epoche von Kolumbus zu Ende gegangen ist, die Epoche, während der, um es mit Adam Smith zu sagen, »die dermaßen große Überlegenheit der Kräfte zu Gunsten der Europäer daraus resultierte, dass diese jegliche Art von Ungerechtigkeit [zum Schaden der anderen Völker] begehen konnten«, die Epoche, die Hitler, der fanatischste Vorkämpfer der weißen und westlichen Suprematie, mit jedem Mittel zu verlängern versuchte (Losurdo, 2016a, XI, 8).

Die antikoloniale Revolution und die Zerstörung des weltweiten kolonialen Sklavereisystems, die im Übrigen noch zu Ende gebracht werden müssen, stellen das Problem des Aufbaus einer postkapitalistischen Gesellschaft in einen neuen und unvorhergesehenen Rahmen. Wer glaubt, die Geschichte, die sich seit der Oktoberrevolution vollzogen und ihr Epizentrum im Osten gesehen hat, sei dem Marx'schen Projekt politischer und gesellschaftlicher Emanzipation fremd, nimmt eine Haltung ein, die von Marx seit seinen Jugendjahren verspottet wurde. Von den »realen Kämpfen« – merkt dieser an – geht die revolutionäre »Kritik« aus: »Wir treten dann nicht der Welt doktrinär mit einem neuen Prinzip entgegen: Hier ist die Wahrheit, hier kniee nieder […] Wir sagen ihr nicht: Lass ab von deinen Kämpfen, sie sind dummes Zeug; wir wollen dir die wahre Parole des Kampfes zuschrein« (MEW 1, S. 345). Die Abrechnung mit jeglicher doktrinären Haltung ist die Voraussetzung für die Wiedergeburt des Marxismus im Westen.

5. Die Lehre Hegels und die Wiedergeburt des Marxismus im Westen

Es ist über das politische hinaus ein philosophisches Problem; es geht darum, sich die große Lehre Hegels anzueignen, Philosophie sei »ihre Zeit in Gedanken erfasst« (Hegel 1921/1969-79, Bd. 7, S. 26). Nicht zufällig »betrieb« der Urheber dieser Definition, wie sein Biograf berichtet, »die Zeitungslektüre im ausgedehntesten Umfang, wie nur ein Staatsmann es tun kann«, und »so stand ihm zur Belegung seiner Ansichten stets eine ungeheure Masse von Tatsachen zu Gebote« (Rosenkranz 1844, S. 415). Das ist ein Zeugnis, das einen Lichtstrahl auf den Arbeitstisch und in das Arbeitszimmer des großen Philosophen wirft. Offenbar liegen dort, neben den Klassikern der Philosophie und der Wissenschaft, auch Ausschnitte der deutschen und internationalen Presse. Seine Philosophie wird durch unaufhörlichen Vergleich mit seiner eigenen Zeit erarbeitet. Die politischen Ereignisse werden gründlich untersucht, ohne dass er sich je ihrer Unmittelbarkeit unterwirft: Es wird auch nach der logischen und erkenntnistheoretischen Bedeutung der Kategorien gefragt, derer sich die Protagonisten des politischen Kampfes bedienen oder die in ihren Reden enthalten sind; die Einzelereignisse werden in eine langfristige Perspektive eingereiht. Indem sie gezwungen ist, sich an den großen Texten der Tradition zu messen, durchläuft die durch eifrige Zeitungslektüre bewiesene politische Leidenschaft einen Klärungsprozess und erlangt historische und theoretische Tiefe: Politik, Logik (Erkenntnistheorie) und Geschichte verschränken sich eng miteinander.

Der Schreibtisch von Marx sieht nicht anders aus (auch wenn jetzt unter den Klassikern eben Hegel an erster Stelle steht); der

Druck der Ereignisse zusammen mit dem Impuls, Theorie und Praxis eng miteinander zu verbinden, hindern jedoch den Philosophen und streitbaren Revolutionär daran, sein System vollständig auszuarbeiten und vor allem das Projekt zu vollenden, das er nach der Aussage von Engels lange betrieben hat, nämlich einen *Abriss der Dialektik* zu schreiben, der vielleicht dazu bestimmt gewesen wäre, die Hegelsche *Wissenschaft der Logik* wieder aufzugreifen und zu überprüfen (MEW 36, S. 3). Jetzt hat die These, Philosophieren bestehe darin, sich die eigene Zeit begrifflich anzueignen, eine weitere Bedeutung bekommen: Es geht nicht mehr nur darum, die Interpretation der eigenen Zeit in einem strengen kategorialen Apparat zu konzeptualisieren und zu strukturieren; es geht umgekehrt auch darum, die Präsenz einer bestimmten historischen Zeit (mit ihren Widersprüchen und Konflikten) auch in den Konzeptualisierungen und den scheinbar »abstrakteren« philosophischen Systemen zu bestimmen.

Diese beiden theoretischen Ansätze, die der Geburtsort des Historischen Materialismus sind, wurden vom westlichen Marxismus aus den Augen verloren. Statt die Spuren der Historie auch in den scheinbar abstrakteren theoretischen Ausarbeitungen der großen Philosophen zu bestimmen, ist dieser, vor allem in seiner letzten Lebensphase, mit großem Eifer dabei, sie auszulöschen. Was Heidegger und Schmitt an das Dritte Reich bindet, ist offensichtlich und explizit ausgedrückt; mit der gleichen Klarheit verweist die Theoretisierung der Sklaverei als Grundlage der Zivilisation bei Nietzsche auf die Standpunkte der politischen und intellektuellen Kreise, die im Laufe des 19. Jahrhunderts in jeder Hinsicht gegen die Abschaffung der schwarzen Sklaverei opponierten und sie kritisiert haben. Einen Autor in seiner Zeit anzusiedeln, bedeutet natürlich nicht, den in seinem Werk vorhandenen theoretischen Überschuss zu negieren. Marx hatte keine Schwierigkeit damit, die Schärfe und Tiefe der Gedanken von Linguet zu betonen, der sich im 17. Jahrhundert für die Einführung der Sklaverei in Frankreich selbst aussprach, deren eigentliches Wesen der Arbeit innewohne und das unerlässliche

Fundament von Eigentum und Zivilisation sei; nicht umsonst äußerte er das Bedürfnis, den französischen Autor zu baden, um ihn von jeder politischen und ideologischen Verkrustung zu reinigen (MEW 26.1; passim). Gerade auf die oben erwähnte Art jedoch geht der westliche Marxismus vor, der die bequeme Willkür der Hermeneutik der Unschuld der Mühe der historischen Forschung vorzieht.

Ein nicht besseres Schicksal hat der zweite theoretische Schritt des Historischen Materialismus erlitten, nicht derjenige, der fordert, noch in der abstraktesten Ausarbeitung die Gegenwart der historischen Zeit zu entdecken, sondern der, der den Rückgriff auf den Begriff und die Arbeit am Begriff vorschreibt, um selbst die unmittelbarste Gegenwart zu verstehen. Man kann zunächst sagen, dass der Schreibtisch der Vertreter des westlichen Marxismus sich oft ziemlich von dem unterscheidet, den wir bei Hegel und Marx gesehen haben. Vermutlich hatte Horkheimer 1942 nicht eine »immense Zahl von Zeitungen« zur Verfügung, oder vielleicht hatte er auch weder Zeit noch Lust, sie zu lesen. Er konnte seine Enttäuschung oder Entrüstung über die Taubheit ausdrücken, die die Moskauer Führer dem Ideal des Absterbens des Staates gegenüber aufbrachten, weil er nur spärlich über die reale Situation informiert war: Die *Wehrmacht* war so weit gekommen, die Umwandlung der Sowjetunion in eine riesige Kolonie realisieren zu können, die dem Dritten Reich eine unerschöpfliche Menge an Rohstoffen und Sklaven liefern sollte. Horkheimer fehlten wesentliche Elemente des historischen Wissens, sodass die Konzeptualisierung, die er vornahm, ins Leere lief: Eher als ein Philosoph, der sich damit befasst, ein – auch radikales – Projekt zur Veränderung der Welt zu erarbeiten und zu fördern, das von den Widersprüchen und Konflikten der Gegenwart ausgeht, war er lieber ein Prophet, der sich vor Sehnsucht oder Liebe für eine völlig neue Welt verzehrte, die in keiner Beziehung zu dem gigantischen Zusammenprall zwischen Emanzipation und De-Emanzipation stand, der in eben diesem Augenblick stattfand. Nur so können wir die von Horkheimer eingenommene Haltung verstehen; sonst müssten wir sie als Selbstkarikatur lesen oder als Demonstration der komischen Effekte, die aus einer ins Extreme gesteigerten Besserwisserei resultieren können.

Zu einem entsprechenden Schluss kommen wir auch bei der Lektüre von *Empire* von Hardt und Negri. Wir haben erlebt, wie sie das Verschwinden des Imperialismus und das Eintreten des »ewigen allgemeinen Friedens« ankündigten, während ringsum – ermuntert durch den triumphalen Abschluss des Krieges gegen Jugoslawien und durch die erwiesene Fähigkeit des Westens, in jedem Winkel der Erde souverän Kriege zu entfesseln – Journalisten, Ideologen und erfolgreiche Philosophen explizit Kolonialismus wie Imperialismus rehabilitierten und im Vorhinein Kriege beschworen und rechtfertigten, die nötig seien, um diejenigen zum Schweigen zu bringen, die es wagen würden, die *pax americana* herauszufordern. Wieder müssen wir uns fragen: Welche Zeitungen lagen auf dem Schreibtisch von Hardt und Negri, als sie die bereits vollendete Realisierung der Utopie einer Welt ohne Kriege verkündeten?

Mit einem besonders interessanten Fall konfrontiert uns Marcuse. Wir haben gesehen, wie er präzise die Gründe erklärte, derentwegen ein noch wenig entwickeltes Land, das der neokolonialen Unterwerfung entkommen will, einen auf ökonomischer und politischer Ebene starken Staat haben muss. Doch die subjektiven Träume und Wünsche ließen schließlich die analytische Klarheit zunichte werden. So seufzt Marcuse, »daß sich quantitative Änderung immer noch in qualitative zu verwandeln hätte, in das Verschwinden des Staates« (Marcuse 1998, S. 64). Und vielleicht zeichnete sich ab, »dass jedenfalls in einigen der Befreiungskämpfe in der Dritten Welt […] diese neue Anthropologie sich bereits anzeigt«. Was solche emphatischen Hoffnungen beflügelte – gesteht der Philosoph nicht ohne einiges Zögern –, war eine vage und auf den ersten Blick wenig relevante Notiz. »Es war eine kleine Nachricht, die ich in einem Bericht über Nordvietnam gelesen habe und die, da ich ein absolut unverbesserlicher und sentimentaler Romantiker bin, mich ungeheuer beeindruckt hat. Es war ein sehr detaillierter Bericht, in dem unter anderem gezeigt wurde, dass in den Parks in Hanoi die Bänke nur so groß gemacht worden sind, dass zwei, und nur zwei Personen Platz darauf haben, dass jeder andere Störende überhaupt nicht die technische Möglichkeit hat, zu stören« (Marcuse 1967, S. 20).

Das sind Zeilen, die einen verblüffen, und zwar nicht nur wegen der erstaunlichen Fähigkeit zur anthropologischen Regeneration, die den vietnamesischen Bänken zugeschrieben werden: War es in einem Land, das massiven und engmaschigen Bombardements der US-amerikanischen Flieger ausgesetzt war, wirklich sinnvoll, nach Parkbänken suchen zu gehen, die die Intimität respektierten, um auf die »neue Anthropologie« ungestörter Gefühle von Verliebten zu treffen? Wieder tendiert der Prophet dazu, die Stelle des Philosophen einzunehmen.

Eine solche Tendenz lässt sich auch an der Verachtung ablesen, die Žižek dem antiimperialistischen Kampf entgegenbringt, der fälschlicherweise von der Aufgabe ablenke, den Kapitalismus zu stürzen. Zur Zeit des Sezessionskrieges war Marx gezwungen, gegen jene vorzugehen, die im Namen des Kampfes für den Sozialismus einen politischen Indifferentismus predigten: In den USA, sowohl im Norden als auch im Süden, seien die Kapitalisten an der Macht, und Sklaverei existiere noch immer, ob es sich nun um bezahlte Sklaverei (von Marx selbst angeprangert) oder um schwarze Sklaverei handele (Losurdo 2016a, Kap. IV, § 2). Wer auf diese Weise argumentierte, begriff nicht die gewaltige Emanzipation, die in der Abschaffung der eigentlichen Sklaverei liegt. Dieser im westlichen Marxismus weit verbreiteten Argumentation muss die Hegelsche Lehre entgegengesetzt werden, nach der das Universelle immer eine konkrete und bestimmte Form annimmt, oder auch die Marx'sche Lehre, nach der es sinnlos ist, die »wirklichen Kämpfe« als »Unsinn« zu bezeichnen, oder die Leninsche Lehre, nach der derjenige, der »eine ›reine‹ soziale Revolution erwartet, […] sie *niemals* erleben« werde (LW 22, S. 364).

6.
Orient und Okzident: Vom Christentum zum Marxismus

Geboren im Herzen des Westens, hat sich der Marxismus mit der Oktoberrevolution in jeden Winkel der Erde ausgebreitet, wobei er entschieden auch in ökonomisch und sozial weniger entwickelte Länder und Gebiete mit recht unterschiedlicher Kultur eindrang. Mit der jüdisch-christlichen Tradition als Hintergrund schwangen im westlichen Marxismus, wie wir gesehen haben, nicht selten messianische Motive mit (die Erwartung eines »Kommunismus«, mit dem jeglicher Konflikt und Widerspruch verschwinden sollte, damit eine Art »Ende der Geschichte«). Der Messianismus fehlt hingegen weitgehend in einer Kultur wie der chinesischen, die in ihrer tausendjährigen Entwicklung vor allem durch ihre Aufmerksamkeit für die weltliche und soziale Realität gekennzeichnet ist.

Die weltweite Ausbreitung des Marxismus ist der Anfang eines Spaltungsprozesses, der die andere Seite seines aufsehenerregenden Sieges ist. Es handelt sich um einen Prozess, der sich historisch auch in Bezug auf die großen Religionen ereignet hat. Was das Christentum angeht, mit dem Engels nicht zufällig wiederholt die sozialistische Bewegung vergleicht, entspricht die Teilung zwischen Orthodoxen auf der einen und Protestanten und Katholiken auf der anderen Seite im Großen und Ganzen der Teilung zwischen Okzident und Orient, zwischen Osten und Westen. An einem bestimmten Punkt, zwischen dem Ende des 17. und dem Anfang des 18. Jahrhunderts, schien es, als könne das Christentum auch im asiatischen Osten massiv Fuß fassen: In China waren es die jesuitischen Missionare, die großes Prestige genossen und einen beträchtlichen Einfluss ausübten; sie brachten fortgeschrittene medizinische und wissenschaftliche Kenntnisse mit und passten sich zugleich an die Kultur ihres Gastlandes an, indem sie Konfuzius und die Ahnen verehrten. Auf das Eingreifen des Papstes zur Verteidigung der ursprünglichen Reinheit der christlich-katholischen Religion reagierte der chinesische Kaiser jedoch, indem er den Missionaren die Türen des Reichs der Mitte verschloss. Das Christentum wurde mit Wohlwollen begrüßt, solange es in seine Sinifizierung einwilligte und die wissenschaftliche, soziale und menschliche Entwicklung des Landes förderte, in dem es operieren sollte; es wurde umgekehrt als Fremdkörper abgelehnt, wenn es als eine Religion der jenseitigen Erlösung wahrgenommen wurde, die in keiner Weise die Kultur und die menschlichen und sozialen Zusammenhänge des Landes respektierte, in dem sie wirkte.

Etwas Ähnliches ist dem Marxismus passiert. Schon mit Mao hat die Kommunistische Partei Chinas die »Sinifizierung des Marxismus« gefördert, um daraus Auftrieb für den Kampf um die Befreiung von der Kolonialherrschaft zu erhalten, für eine Entwicklung der Produktivkräfte, die es möglich machen würde, die Unabhängigkeit auch auf ökonomischer und technologischer Ebene zu erreichen, für die »Verjüngung« einer Nation von tausendjähriger Kultur, die seit den Opiumkriegen vom Kolonialismus und Imperialismus einem »Jahrhundert der Erniedrigung« unterworfen worden war. Weit davon entfernt, sie zu verleugnen, wurde die sozialistische und kommunistische Perspektive von den Führern der chinesischen Volksrepublik stolz verkündet: Sie wird jedoch aller messianischen Dimension beraubt; zudem wird ihre Verwirklichung einem sehr langen historischen Prozess überlassen, in dessen Verlauf die gesellschaftliche Emanzipation nicht von der nationalen Emanzipation getrennt werden kann. Und erneut ist es der Westen als Hüter der doktrinären Orthodoxie, ist es der westliche Marxismus, von dem die Missbilligung ausgeht. Dieses Mal trifft es den östlichen Marxismus. Dieser erscheint kaum glaubwürdig und insgesamt banal aus der Sicht eines Marxismus, der fasziniert ist von der Schönheit der fernen, utopischen Zukunft, die er herauf beschwört, und deren Kommen unabhängig von jeder materiellen Gegebenheit zu sein scheint (ob es sich um die geopolitische Situation handelt oder die Entwicklung der Produktivkräfte), und die deshalb ausschließlich oder in absolut erster Linie vom revolutionären politischen Willen bestimmt wird.

Die Ernüchterung, die Entfremdung, die Spaltung, von der hier die Rede ist, betreffen nicht nur China: Vom westlichen Marxismus mit teilnahmsvoller und leidenschaftlicher Aufmerksamkeit verfolgt, als es seinen epischen Widerstand gegen den mehrere Jahrzehnte dauernden Kolonialkrieg leistete, in dem zuerst Frankreich und dann die Vereinigten Staaten als Protagonisten auftraten, ist Vietnam fast in Vergessenheit geraten, seit es sich mit der prosaischen Aufgabe des Aufbaus der Wirtschaft beschäftigt. Auch Kuba weckt nicht mehr den Enthusiasmus jener Jahre, als es sich mit der militärischen Aggression auseinandersetzen musste, die von Washington 1961 (ohne Erfolg) in Gang gesetzt worden war. Nun, da die Gefahr militärischer Intervention ferner ist, streben die kommunistischen Führer Kubas nach Unabhängigkeit auch und vor allem auf ökonomischer Ebene, und um dieses Resultat zu erreichen, fühlen sie sich verpflichtet, gegenüber dem Markt und dem Privateigentum manche Zugeständnisse zu machen (sehr vorsichtig, inspiriert vom chinesischen Modell). Nun, da die Insel nicht mehr die Utopie verkörpert, die verwirklicht werden soll, sondern mit den eigenen Schwierigkeiten beim Aufbau einer postkapitalistischen Gesellschaft kämpfen muss, scheint sie in den Augen der westlichen Marxisten nicht mehr besonders faszinierend. In ihrem ersten Stadium, dem Stadium des oft auch militärischen Kampfes für die politische Unabhängigkeit, hat die antikoloniale Revolution im westlichen Marxismus manchmal die sympathetische Aufmerksamkeit und das theoretische Interesse erregt, das sie verdiente; heute, wo die antikoloniale Revolution in ihrem zweiten Stadium ist, dem des Kampfes um die ökonomische und technologische Unabhängigkeit, reagiert der westliche Marxismus mit einer Haltung, die von Desinteresse, Verachtung und Feindschaft gekennzeichnet ist.

Es war die Unfähigkeit des westlichen Marxismus, »die Wende in der Wende« im 20. Jahrhundert zur Kenntnis zu nehmen, die die Spaltung zwischen den beiden Marxismen hervorrief. Während sich die Gewitterwolken eines neuen großen Krieges verdichten, erweist sich eine solche Spaltung als äußerst unglücklich. Es ist an der Zeit, sie nun zu beenden. Natürlich werden dadurch nicht die Unterschiede verschwinden, die weiter zwischen Ost und West bestehen, was die Kultur, den Stand der ökonomischen, sozialen und politischen Entwicklung und die zu bewältigenden Aufgaben angeht: Im Osten kann die sozialistische Perspektive nicht von der Vollendung der antikolonialen Revolution auf allen Ebenen absehen; im Westen führt der Weg zu einer sozialistischen Perspektive über den Kampf gegen einen Kapitalismus, der gleichbedeutend ist mit der Verschärfung der sozialen Polarisierung und zunehmenden militärischen Versuchungen.

Es ist nicht einzusehen, warum sich diese Unterschiede in einen Antagonismus verwandeln müssten. Das gilt umso mehr, als die Exkommunikation, die der westliche dem östlichen Marxismus auferlegte, nicht das Ende des Exkommunizierten, sondern das Ende des Protagonisten der Exkommunikation förderte. Die Überwindung jeglicher doktrinären Haltung und die Fähigkeit, sich an der eigenen Zeit zu messen und eher zu philosophieren als zu prophezeien, sind die notwendige Voraussetzung dafür, dass der Marxismus im Westen wiedererstehen und sich entwickeln kann.

Literatur

Adorno, Theodor W. (1959), *Was bedeutet Aufarbeitung der Vergangenheit*, in *Eingriffe. Neun kritische Modelle*, Suhrkamp, Frankfurt a. M. 1964.

Ders. (1966), *Negative Dialektik*, Suhrkamp, Frankfurt a. M. 1966.

Ders. (1969), *Stichworte*, Suhrkamp, Frankfurt a. M., 1969.

Agamben, Giorgio et. al. (2009), *Démocratie, dans quel état*, La fabrique, Paris.

Agamben, Giorgio (2012), *Introduzione di Giorgio Agamben*, in Levinas (1934), a. a. O.

Althusser, Louis (1965), *Für Marx*, Suhrkamp, Frankfurt a. M., 1968.

Ders. (1969), *Lénine et la philosophie*, Maspero, Paris.

Ders.; Balibar, Etienne (1965), *Das Kapital lesen, I und II*, Suhrkamp, Frankfurt a. M., 1972.

Aly, Götz; Heim Susanne (2004), *Vordenker der Vernichtung. Auschwitz und die deutsche Pläne für eine neue europäische Ordnung*, Fischer, Frankfurt a. M.

Anderson, Perry (1976), *Il dibattito nel marxismo occidentale*, tr. it. di F. Moretti, Laterza, Roma / Bari 1977.

Arendt Hannah (1942a), *Die Krise des Zionismus*, in *Essays & Kommentare 2*, hrsg. von Eike Geisel und Klaus Bittermann, Edition Tiamat, Berlin 1989, S. 187-197.

Dies. (1942b), *Herzl e Lazare*, in *Ebraismo e modernità*, a cura di G. Bettini, Unicopli, Milano 1986, S. 27-33.

Dies. (1945a), *Organized Guilt and Universal Responsibility*, in »Jewish Frontier«, Januar, S. 19-23.

Dies. (1945b), *Antisemitismus und faschistische Internationale*, in *Essays & Kommentare 1*, hrsg. von Eike Geisel und Klaus Bittermann, Edition Tiamat, Berlin 1989, S. 31-48.

Dies. (1945c), *Ripensare il sionismo*, in *Ebraismo e modernità*, a. a. O., S. 77-116.

Dies. (1946a), *La morale della storia*, in *Ebraismo e modernità*, a. a. O, S. 117-122.

Dies. (1946b), *Imperialism: Road to Suicide*, in »Commentary«, Februar, S. 27-35.

Dies. (1948), *Der Besuch Menachem Begins*, in *Essays & Kommentare 2*, a. a. O., S. 113-116.

Dies. (1950), *Die vollendete Sinnlosigkeit*, in *Essays & Kommentare 1*, a. a. O., S. 7-30.

Dies. (1951), *Elemente und Ursprünge totaler Herrschaft. Antisemitismus, Imperialismus, totale Herrschaft*, 20. Aufl., Piper, München / Berlin / Zürich 2017.

Dies. (1958), *Reflections on Little Rock*, in »Dissent«, Winter 1959, S. 45-56.

Dies. (1963a), *Über die Revolution*, Neuausgabe, Piper, München 1974.

Dies. (1963b), *Eichmann in Jerusalem. Ein Bericht von der Banalität des Bösen*, erweiterte Taschenbuchausgabe August 1986, Piper, München 2011.

Dies. (1972), *Crisis of the Republic*, Harcourt Brace Jovanovich, San Diego / New York / London.

Badiou, Alain (2005), *Il secolo*, übers. ins Ital. von V. Verdiani, Feltrinelli, Milano 2006.

Ders. (2011), *La rélation énigmatique entre philosophie et politique*, Germina, Paris.

Bakunin, Michail. A. (1869), *L'istruzione integrale*, in *Stato e anarchia e altri scritti*, hrsg. von N. Vincileoni u. G. Corradini, Feltrinelli, Milano 1968.

Bastid, Marianne; Bergère, Marie-Claire; Chesneaux, Jean (1969-72), *La Cina*, übers. ins Ital. von S. Caruso u. D. Mamo, Einaudi, Torino 1974.

Benjamin, Walter (1972-99), *Gesammelte Schriften*, hrsg. von R. Tiedemann u. H. Schweppenhäuser, Suhrkamp, Frankfurt a. M.

Bloch, Ernst (1918), *Geist der Utopie*, Suhrkamp, Frankfurt a. M. 1971.

Ders. (1923/1985a), *Geist der Utopie.* Bearb. Neuauflage der zweiten Fassung von 1923, Gesamtausgabe Bd. 3, Suhrkamp, Frankfurt a. M. 1985.

Ders. (1961), *Naturrecht und menschliche Würde*, Suhrkamp, Frankfurt a. M. 1961.

Ders. (1967), *Zum Pulverfass im Nahen Osten*, in *Politische Messungen, Pestzeit, Vormärz*, Suhrkamp, Frankfurt a. M. 1970, S. 418-424.

Ders. (1977), *Tagträume vom aufrechten Gang*, hrsg. von A. Münster, Suhrkamp, Frankfurt a. M.

Ders. (1985b), *Kampf, nicht Krieg. Politische Schriften 1917-1919*, Suhrkamp, Frankfurt a. M.

Bobbio, Norberto (1951), *Invito al colloquio*, in *Politica e cultura*, Einaudi, Torino 1977, S. 15-31.

Ders. (1952), *Difesa della libertà*, in *Politica e cultura*, a. a. O., S. 47-57.

Id. (1954a), *Della libertà dei moderni paragonata a quella dei posteri*, in *Politica e cultura*, a. a. O., S. 160-194.

Ders. (1954b), *Libertà e potere*, in *Politica e cultura*, a. a. O., S. 269-282.

Ders. (1955a), *Cultura vecchia e politica nuova*, in *Politica e cultura*, a. a. O., S. 195-210.

Ders. (1955b), *Benedetto Croce e il liberalismo*, in *Politica e cultura*, a. a. O., S. 211-268.

Bryce, James (1901), *Studies in History and Jurisprudence*, Oxford University Press, New York / Oxford.

Bucharin, Nikolai I. (1984), *Lo Stato Leviatano. Scritti sullo Stato e la guerra 1915-1917*, hrsg. von A. Giasanti, Unicopli, Milano.

Carr, Edward H. (1950), *La rivoluzione bolscevica*, übers. ins Ital. von F. Lucentini, S. Caprioglio und P. Basevi, Einaudi, Torino 1964 (4. Aufl.).

Césaire, Aimé (1961), *Toussaint Louverture. La révolution française et le problème colonial*, Présence Africaine, Paris.

Chamberlain, Houston S. (1898), *Die Grundlagen des neunzehnten Jahrhunderts*, Bruckmann, München 1937.

Chomsky, Noam (1991), *Deterring Democracy*, Verso, London / New York.

Colletti, Lucio (1969), *Ideologia e società*, Laterza, Bari.

Ders. (1980), *Tramonto dell'ideologia*, Laterza, Roma / Bari.

Coppellotti, Francesco (1992), *Nota critica*, in Bloch, Ernst, *Spirito dell'utopia*, 2. Aufl., übers. ins Ital. von F. Coppellotti, La Nuova Italia, Firenze 1992.

Croce, Benedetto (1928), *Storia d'Italia dal 1871 al 1915*, Laterza, Bari 1967.

Davis, David B. (1969), *The Slave Power Conspiracy and the Paranoid Style*, Louisiana State University Press, Baton Rouge / London 1982.

Davis, Mike (2001), *Olocausti tardovittoriani*, übers. ins Ital. von G. Carlotti, Feltrinelli, Milano.

Del Bene, Marco (2009), *Propaganda e rappresentazione dell'altro nel Giappone prebellico*, in B. Bianchi et al. (Hrsg.), *Le guerre mondiali in Asia orientale e in Europa*, Unicopli, Milano.

Deng Xiaoping (1992-95), *Selected Works*, Foreign Languages Press, Beijing.
Du Bois, W. E. B. (1914), *The African Roots of the War*, in »Atlantic«, Mai, S. 707-714.
Ders. (1986), *Writings*, The Library of America, New York.
Durkheim, Émile (1895), *Le regole del metodo sociologico*, übers. ins Ital. von A. Negri, Sansoni, Firenze 1964.
Ders. (1897), *La concezione materialistica della storia*, in *Durkheim. Antologia di scritti sociologici*, hrsg. von A. Izzo, il Mulino, Bologna 1978.
Fanon, Frantz (1961), *Die Verdammten dieser Erde*, Suhrkamp, Frankfurt a. M. 1981.
Ferguson, Niall (2001), *The Cash Nexus. Money and Power in the Modern World*, The Penguin Press, London.
Ders. (2004), *Colossus. The Rise and Fall of the American Empire*, Penguin Books, London 2005.
Ders. (2006), *Ventesimo secolo, l'età della violenza*, übers. ins Ital. von D. Laddomada, Mondadori, Milano 2008.
Ders. (2011), *Civilization. The West and the Rest*, Penguin Books, London.
Figes, Orlando (1996), *La tragedia di un popolo. La Rivoluzione russa 1891-1924*, übers. ins Ital. von R. Petrillo, Tea, Milano 2000.
Fiori, Giuseppe (1966), *Vita di Antonio Gramsci*, Laterza, Bari.
Fitchett, Joseph (2000), *Clark Recalls ›Lessons‹ of Kosovo*, in »International Herald Tribune«, 3. Mai, S. 1 u. 4.
Fontaine, André (1967), *Storia d ella guerra fredda*, übers. ins Ital. von R. Dal Sasso, Il Saggiatore, Milano 1968.
Foucault, Michel (1975), *Surveiller et punir. Naissance de la prison*, Gallimard, Paris.
Ders. (1976), *»Bisogna difendere la società«*, übers. ins Ital. von M. Bertani u. A. Fontana, Feltrinelli, Milano 2009.
Ders. (2004), *Naissance de la biopolitique. Cours au Collège de France (1978-1979)*, hrsg. von M. Senellari, Gallimard-Seuil, Paris.
Franklin, John Hope (1947), *Negro. Die Geschichte der Schwarzen in den USA* (2.Aufl, 1980), übers. ins Deutsche von I. Arnsperger, Ullstein, Frankfurt a. M. / Berlin / Wien 1983.
Fredrickson, George M. (2002), *Breve storia del razzismo*, übers. ins Ital. von A. Merlino, Donzelli, Roma.
Gandhi, Mahatma (1969-2001), *Collected Works*, Neuausgabe in 100 Bänden, Government of India, New Delhi.

Gernet, Jacques (1972), *Il mondo cinese. Dalle prime civiltà alla Repubblica popolare*, übers. ins Ital. von V. Pegna, Einaudi, Torino 1978.

Gleason, Abbott (1995), *Totalitarianism. The Inner History of the Cold War*, Oxford University Press, New York / Oxford.

Goebbels, Joseph (1992), *Tagebücher*, hrsg. von R. G. Reuth, Piper, München / Zürich.

Gramsci, Antonio (1975), *Quaderni del carcere*, hrsg. von V. Gerratana, Einaudi, Torino.

Ders. (1980), *Cronache torinesi 1913-1917*, hrsg. von S. Caprioglio, Einaudi, Torino.

Ders. (1987), *L'Ordine Nuovo 1919-1920*, hrsg. von V. Gerratana u. A. A. Santucci, Einaudi, Torino.

Grigat, Stephan (2015), *Befreite Gesellschaft und Israel. Zum Verhältnis von Kritischer Theorie und Zionismus*, in Ders. (Hrsg.), *Feindaufklärung und Reeducation*, ça ira, Freiburg.

Guevara, Ernesto »Che« (1969), *Scritti, discorsi e diari di guerriglia 1959-1967*, hrsg. von L. Gonsalez, Einaudi, Torino.

Hardt, Michael (1999), *La nuda vita sotto l'Impero*, in »il manifesto«, 15. Mai, S. 8 f.

Hardt, Michael; Negri, Antonio (2000), *Empire. Die neue Weltordnung*, Campus Verlag, Frankfurt a. M. / New York, 2002.

Dies. (2012), *Questo non è un manifesto*, Feltrinelli, Milano.

Harvey, David (2003), *The New Imperialism*, Oxford University Press, Oxford 2013.

Ders. (2005), *Breve storia del neoliberismo*, übers. ins Ital. von P. Meneghelli, Il Saggiatore, Milano 2007.

Haug, Frigga (2007), *Rosa Luxemburg und die Kunst der Politik*, Argument, Hamburg.

Hegel, Georg Wilhelm Friedrich (1969-79), *Werke in zwanzig Bänden*, hrsg. von E. Moldenhauer u. K. M. Michel, Suhrkamp, Frankfurt a. M.

Heydecker, Joe; Leeb, Johannes (1958), *Der Nürnberger Prozess*, Kiepenheuer & Witsch, Köln 1985.

Hitler, Adolf (1925/27), *Mein Kampf*, Zentralverlag der NSDAP, München 1939.

Ders. (1928), *Zweites Buch. Ein Dokument aus dem Jahre 1928*, hrsg. von G. L. Weinberg, Deutsche Verlags-Anstalt, Stuttgart 1961.

Ders. (1951), *Tischgespräche*, hrsg. von H. Picker, Ullstein, Frankfurt a. M. / Berlin 1989.

Ders. (1965), *Reden und Proklamationen 1932-1945*, hrsg. von M. Domarus, Süddeutscher Verlag, München.

Hobson, John A. (1902), *L'imperialismo* (3. Aufl. 1938), übers. ins Ital. von L. Meldolesi, ISEDI, Milano 1974.

Ho Chi Minh (1925), *Le Procès de la colonisation française*, Le Temps des Cerises, Pantin 1998.

Ders., (1969), *Il Testamento*, in: Le Duan (1967), a. a. O.

Hofstadter, Richard (1958), *Great Issues in American History*, Vintage Books, New York 1982.

Holloway, John (2002), *Cambiare il mondo senza prendere il potere. Il significato della rivoluzione oggi*, Carta, Roma 2004.

Horkheimer, Max (1939), *Die Juden und Europa*, in »Zeitschrift für Sozialforschung«, Jg. VIII, S. 115-137.

Ders. (1942), *Autoritärer Staat*, in *Gesellschaft im Übergang* (2. Aufl.), Fischer, Frankfurt a. M. 1981 , S. 13-35.

Ders. (1950), *Lehren aus dem Faschismus*, in *Gesellschaft im Übergang*, a. a. O., S. 36-59.

Ders. (1963), *Gedanken zur politischen Erziehung*, in *Gesellschaft im Übergang*, a. a. O., S. 126-133.

Ders. (1967), *Eclissi della ragione. Critica della ragione strumentale*, übers. ins Ital. von E. Vaccari Spagnol, Einaudi, Torino 1969.

Ders. (1968a), *Die Psychoanalyse aus der Sicht der Soziologie*, in *Gesellschaft im Übergang*, a. a. O., S. 134-143.

Ders. (1968b), *Marx heute*, in *Gesellschaft im Übergang*, a. a. O., S. 152-161.

Ders. (1970), *Kritische Theorie gestern und heute*, in *Gesellschaft im Übergang*, a. a. O., S. 162-176.

Ders.; Adorno, Theodor W. (1944), *Dialektik der Aufklärung. Philosophische Fragmente*, Fischer, Frankfurt a. M. 2006.

Huntington, Samuel P. (1968), *Political Order in Changing Societies*, Yale University Press, New Haven.

Jaffe, Hosea (1980), *SudAfrica. Storia politica*, übers. ins Ital. von A. Carrer u. D. Danti, Jaca Book, Milano 1997 (überarb. u. aktual. Neuausgabe).

James, C. L. R. (1963), I Giacobini neri. La prima rivolta contro l'uomo bianco, übers. ins Ital. von R. Petrillo, Feltrinelli, Milano 1968.

Kakel III, Carroll P. (2011), *The American West and the Nazi East. A Comparative and Interpretive Perspective*, Palgrave Macmillan, London.

Ders. (2013), *The Holocaust as Colonial Genocide. Hitler's ›Indian Wars‹ in the ›Wild East‹*, Palgrave Macmillan, London.

Kant, Immanuel (1900), *Gesammelte Schriften*, hrsg. von der Akademie der Wissenschaften, Berlin / Leipzig 1900 ff.

Kaplan, R. D. (1999), *A NATO Victory can bridge Europe's Growing Divide*, in »International Herald Tribune«, 8. April, S. 10.

Kapur, Sudarshan (1992), *Raising Up a Prophet. The African-American Encounter with Gandhi*, Beacon Press, Boston.

Kautsky, Karl (1927), *Die materialistische Geschichtsauffassung*, J. H. W. Dietz, Berlin.

Kelley, R. D. G. (1990), *Hammer and Hoe. Alabama Communists during the Great Repression*, The University of North Carolina Press, Chapel Hill / London.

Kershaw, Ian (1985), *Der NS-Staat. Geschichtsinterpretationen und Kontroversen im Überblick*, 5. Aufl., Rowohlt, Reinbek 2015.

Ders., (2019), *Höllensturz. Europa 1914 bis 1945*, 4. Auflage, Pantheon 2019.

Kissinger, Henry (2011), *On China*, The Penguin Press, New York.

Kotkin, Stephen (2014), *Stalin. Paradoxes of Power 1878-1928*, Penguin, London.

Lacouture, Jean (1967), *Ho Chi Minh*, übers. ins Ital. M. Rivoire, Il Saggiatore, Milano.

Le Duan (1967), *Rivoluzione d'Ottobre, rivoluzione d'agosto*, EDB, Verona 1969.

Lenin, Wladimir I. (1956-1972), *Werke (LW)*, Dietz, Berlin.

Levinas, Emmanuel (1934), *Alcune riflessioni sulla filosofia dell'hitlerismo*, Quodlibet, Macerata 2012.

Lin Biao (1969), *Bericht auf dem IX. Parteitag der Kommunistischen Partei Chinas*, Verlag für fremdsprachige Literatur, Peking 1969.

Losurdo, Domenico (2000), *Der Marxismus Antonio Gramscis*, VSA, Hamburg 2000.

Ders. (2007), *Kampf um die Geschichte. Der historische Revisionismus und seine Mythen*, PapyRossa, Köln 2007.

Ders. (2009), *Nietzsche, der aristokratische Rebell. Intellektuelle Biographie und kritische Bilanz*, Argument, Hamburg 2009.

Ders. (2011a), *Freiheit als Privileg. Eine Gegengeschichte des Liberalismus.* Mit einem Nachwort von Oskar Lafontaine, 2. Aufl., PapyRossa, Köln 2011

Ders. (2011b), *Die Sprache des Imperiums. Ein historisch-politischer Leitfaden*, PapyRossa, Köln 2011

Ders. (2012a), *Stalin. Geschichte und Kritik einer schwarzen Legende*. Mit einem Essay von Luciano Canfora, PapyRossa, Köln 2012.
Ders. (2012b), *Psicopatologia e demonologia. La lettura delle grandi crisi storiche dalla Restaurazione ai giorni nostri*, in »Belfagor. Rassegna di varia umanità«, März, S. 151-172.
Ders. (2015a), *Gewaltlosigkeit. Eine Gegengeschichte*, Argument, Hamburg 2015.
Ders. (2015b), *Il revisionismo storico. Problemi e miti*, erweiterte Neuausgabe, Laterza, Roma / Bari 2015.
Ders. (2016a), *Der Klassenkampf oder die Wiederkehr des Verdrängten. Eine politische und philosophische Geschichte*, PapyRossa, Köln 2016.
Ders. (2016b), *Un mondo senza guerre. L'idea di pace dalle promesse del passato alle tragedie del presente*, Carocci, Roma 2016.
Ders. (2017), *Wenn die Linke fehlt. Gesellschaft des Spektakels, Krise, Krieg*, PapyRossa, Köln 2017.
Löwy, Michael (1988), *Redenzione e utopia. Figure della cultura ebraica mitteleuropea*, Bollati Boringhieri, Torino 1992.
Lukács, Georg (1922), *Geschichte und Klassenbewusstsein: Studien über marxistische Dialektik*, Luchterhand, Neuwied 1968.
Ders. (1924), *Lenin. Studie über den Zusammenhang seiner Gedanken*, Luchterhand, Neuwied / Berlin 1967.
Ders. (1967), *Prefazione* a Lukács (1922).
Ders. (1971), *Prolegomena zur Ontologie des gesellschaftlichen Seins*, Luchterhand, Neuwied 1968
Ders. (1980), *Gelebtes Denken. Eine Autobiographie im Dialog*, Frankfurt a. M. 1981.
Ders. (1984), *Epistolario 1902-1917*, hrsg. von É. Karádi u. É. Fekete, Editori Riuniti, Roma.
Macaulay, Thomas B. (1850), *Critical and Historical Essays, contributed to The Edinburgh Review*, Tauchnitz, Leipzig.
Mann, Golo (1951), *Vom Totalen Staat*, in »Die Neue Zeitung – Die amerikanische Zeitung in Deutschland«, 20./21. Oktober, S. 14.
Ders. (1986), *Erinnerungen und Gedanken. Eine Jugend in Deutschland*, S. Fischer, Frankfurt a. M. 1986.
Mao Zedong (Mao Tse-tung) (1969-75), *Opere scelte*, Casa editrice in lingue estere, Beijing.
Ders. (1979), *Rivoluzione e costruzione. Scritti e discorsi 1949-1957*, hrsg. von M. Arena Regis u. F. Coccia, Einaudi, Torino.

Ders. (1998), *On Diplomacy*, Foreign Languages Press, Beijing.

Marcuse, Herbert (1967), *Das Ende der Utopie*, Luchterhand, Neuwied 1967; hier in einer Version (vermutlich) aus dem Jahr 1980, unter www.irwish.de/PDF/Marcuse/Marcuse-Das_Ende_der_Utopie.pdf, nach dieser richten sich auch die Seitenangaben.

Ders. (1970), *Repressive Toleranz*, in *Kritik der reinen Toleranz*, hrsg. von R. P. Wolff, B. Moore u. H. Marcuse (7. Aufl.), übers. ins Deutsche von A. Schmidt, Suhrkamp, Frankfurt a. M. 1970 , S. 91-128.

Marcuse, Herbert (1998), *Der eindimensionale Mensch* (3. Aufl.), übers. ins Deutsche von A. Schmidt, Deutscher Taschenbuch Verlag, München 1998.

Margolin, Jean-Louis (1997), *Cina: una lunga marcia nella notte*, in S. Courtois et al., *Il libro nero del comunismo. Crimini – terrore – repressione*, übers. ins Ital. von A. L. Dalla Fontana et al., Mondadori, Milano 1998.

Marx, Karl (1953), *Grundrisse der Kritik der politischen Oekonomie (Rohentwurf) 1857-1858*, Dietz, Berlin.

Ders.; Engels, Friedrich (1955-89), *Werke*, Dietz, Berlin.

Mazower, Mark (2009), *Hitlers Imperium. Europa unter der Herrschaft des Nationalsozialismus*, C. H. Beck, München 2009.

Merleau-Ponty, Maurice (1947), *Umanismo e terrore*, übers. ins Ital. von A. Bonomi, Sugar, Milano 1965.

Ders. (1955), *Le avventure della dialettica*, übers. ins Ital. von F. Madonia, Sugar, Milano 1965 (beide Texte von Merleau-Ponty sind in einem Band veröffentlicht).

Mukerjee, Madhusree (2010), *Churchill's Secret War. The British Empire and the Ravaging of India during World War II*, Basic Books, New York.

Mussolini, Benito (1951), *Opera Omnia*, hrsg. von E. Susmel u. D. Susmel, La Fenice, Firenze 1951 ff.

Navarro, M. (1999), *U. S. Aid and »Genocide«*, in »International Herald Tribune«, 27./28. Februar, S. 3.

Olusoga, David; Erichsen Casper W. (2010), *The Kaiser's Holocaust. Germany's Forgotten Genocide*, Faber & Faber, London 2011.

Pischel, Enrica Collotti (1973), *Storia della rivoluzione cinese*, Editori Riuniti, Roma.

Ponting, Clive (1992), *Churchill's Plan for Race Purity*, in »The Guardian«, 20./21. Juni, S. 9.

Ders. (1994), *Churchill*, Sinclair-Stevenson, London.

Robespierre, Maximilien de (1950-67), *Œuvres*, Puf, Paris.
Romano, Sergio (2014), *Il declino dell'impero americano*, Longanesi, Milano.
Ders. (2015), *In lode della guerra fredda. Una controstoria*, Longanesi, Milano.
Roosevelt, Theodore (1951), *The Letters*, hrsg. von E. E. Morison, J. M. Blum, J. J. Buckley, Harvard University Press, Cambridge 1951 ff.
Rosenberg, Alfred (1930), *Der Mythus des 20. Jahrhunderts*, Hoheneichen, München 1937.
Rosenkranz, Karl (1844), *Georg Friedrich Wilhelm Hegels Leben*, Duncker und Humblot, Berlin 1944.
Ruscio, Alain (1998), *Introduction* zu Ho Chi Minh (1925), a. a. O.
Ders. (2003), *Au Vietnam: un siècle de luttes nationales*, in M. Ferro (Hrsg.), *Le livre noir du colonialisme*, Laffont, Paris.
Sartre, Jean-Paul (1946), *Der Existenzialismus ist ein Humanismus und andere philosophische Essays 1943-1948*, 9. Aufl., Rowohlt, Reinbek 2018.
Ders. (1947), *Materialismo e rivoluzione*, hrsg. von F. Fergnani u. P. A. Rovatti, Il Saggiatore, Milano 1977.
Ders. (1960), *Kritik der dialektischen Vernunft. Band 1, Theorie der gesellschaftlichen Praxis*, Rowohlt, Reinbek 1967
Ders. (1967), *Prefazione*, in Fanon, Frantz, *I dannati della terra*, 2. Aufl., übers. ins Ital. von C. Cignetti, Einaudi, Torino 1967.
Schmidt, Helmut (2012), interviewt von Giovanni di Lorenzo (*Verstehen Sie das, Herr Schmidt?*), in »Zeitmagazin«, 13. September.
Schreiber, Gerhard (1996), *La vendetta tedesca 1943-1945: le rappresaglie naziste in Italia*, übers. ins Ital. von M. Buttarelli, Mondadori, Milano 2000.
Shulman, David (2012), *Israel in Peril*, in »The New York Review of Books«, 7. Juni.
Sieyès, Emmanuel Joseph (1985), *Écrits politiques*, hrsg. von R. Zapperi, Éditions des archives contemporaines, Paris.
Snow, Edgar (1938), *Stella rossa sulla Cina*, 3. Aufl., übers. ins Ital. von R. Pisu, Einaudi, Torino 1967.
Spengler, Oswald (1933), *Jahre der Entscheidung*, Beck, München.
Stalin, Josef W. (1971-73), *Werke*, Roter Morgen, Hamburg.
Stoddard, Lothrop (1921), *The Rising Tide of Color Against White World-Supremacy*, Negro University Press, Westport (Connecticut) 1971.

Ders. (1923), *The Revolt Against Civilization. The Menace of the Under Man*, Scribner, New York 1984.

Strauss, Leo (1952), *Progress or Return?*, ital. Übers. in *Gerusalemme e Atene*, hrsg. von R. Esposito, Einaudi, Torino 1998.

Sun Yat-sen (1924), *The Three Principles of the People*, übers. aus dem Mandarin von F. W. Price, Soul Care Publishing, Vancouver 2011.

Taureck, Bernhard H. F. (2004), *Michel Foucault*, Rowohlt, Hamburg.

Thierry, Augustin (1853), *Saggio sulla storia della formazione e dei progressi del Terzo Stato*, ital. Übers. in *Scritti storici*, hrsg. von R. Pozzi, UTET, Torino 1983.

Timpanaro, Sebastiano (1970), *Sul materialismo*, Unicopli, 3., verb. u. erw. Aufl. Milano 1997.

Ders. (1975), *Prefazione alla Seconda Edizione*, in Timpanaro (1970), a. a. O.

Todorov, Tzvetan (1982), *La conquista dell'America. Il problema dell'«altro»*, übers. ins Ital. von A. Serafini, Einaudi, Torino 1984.

Ders. (2012), *La guerra impossibile*, in »la Repubblica«, 26. Juni.

Togliatti, Palmiro (1973-84), *Opere*, hrsg. von E. Ragionieri, Editori Riuniti, Roma.

Tronti, Mario (1966), *Operai e capitale*, Einaudi, Torino.

Ders. (2009), *Noi operaisti*, Derive Approdi, Roma.

Trotzki, Leo (1988), *Schriften. Sowjetgesellschaft und stalinistische Diktatur*, hrsg. von H. Dahmer et al., Rasch und Röhring, Hamburg.

Truong Chinh (1965), *Ho Chi Minh*, übers. ins Ital. von I. Bassignano, Editori Riuniti, Roma 1969.

Turati, Filippo (1919a), *Leninismo e marxismo*, in *Socialismo e riformismo nella storia d'Italia. Scritti politici 1878-1932*, hrsg. von F. Livorsi, Feltrinelli, Milano 1979, S. 329-333.

Ders. (1919b), *Socialismo e massimalismo*, in *Socialismo e riformismo nella storia d'Italia*, a. a. O., S. 335-359.

Wade Wyn Craig (1997), *The Fiery Cross. The Ku Klux Klan in America*, Oxford University Press, New York / Oxford.

Weil, Simone (1934), *Riflessioni sulle cause della libertà e dell'oppressione sociale*, Corriere della Sera, Milano 2011.

Woodward, C. Vann (1951), *Le origini del nuovo Sud*, übers. ins Ital. von L. Serra, il Mulino, Bologna 1963.

Ders. (1955), *The Strange Career of Jim Crow*, 2., durchgesehene Aufl., Oxford University Press, London / Oxford / New York 1966.

Ders. (1998), *Dangerous Liaisons*, in »The New York Review of Books«, 19. Februar, S. 14-16.

Young-Bruehl, Elisabeth (1982), *Hannah Arendt 1906-1975. Per amore del mondo*, übers. ins Ital. von D. Mezzacapa, Bollati Boringhieri, Torino 1990.

Žižek, Slavoj (2007), *Mao Tse-tung, the Marxist Lord of Misrule*, introduzione a *Mao. On Practice and Contradiction*, Verso, London.

Ders. (2008), *In Defense of Lost Causes*, Verso, London / New York.

Ders. (2009a), *In difesa delle cause perse* (2008), übers. ins Ital. von C. Arruzza, Salani, Milano.

Ders. (2009b), *Dalla tragedia alla farsa*, übers. ins Ital. von C. Arruzza, Ponte alle Grazie, Firenze 2010.

Ders. (2009c), *De la démocratie à la violence divine*, in A. Badiou et al. (Hrsg.), *Démocratie, dans quel état?*, a. a. O., S. 123-148.

Ders. (2012), *Un anno sognato pericolosamente*, übers. ins Ital. von C. Salzani, Salani, Milano 2013

Personenregister